キャリア発達支援研究 8

いま、対話でつなぐ願いと学び

―キャリア発達支援の新たな広がりと深まり―

【編著】 キャリア発達支援研究会

JN007111

巻 頭 言

　はじめに、「キャリア発達支援研究8」が皆様方のご協力によって発刊されたことに感謝申し上げます。また、昨年度のキャリア発達支援研究会年次大会第8回（東京大会）がコロナ禍の中でオンラインを駆使して開催され、今までにない新しい形の研究大会になりました。企画運営に関わっていただいた方々に感謝申し上げます。

　さて、2年前に突然始まった新型コロナウイルスの感染拡大ですが、先日、新聞に目をやると世界中で500万もの人が死亡したと書かれていました。収束の見通しが見えない中、各学校では教育活動の縮小だけでなく、感染状況によっては休校や学級閉鎖などが起こり、今まで当たり前であった子供同士の学びや地域社会との協働活動をとおした学びなどが大きく制限されてきました。同じ空間と時間を共有した学びの刺激の制限は、逆にGIGAスクール構想の追い風の中でICTを活用したオンライン授業を促進させ、新しい教育活動の工夫やポストコロナの世界に向けた「ニューノーマル」への移行を視野に入れた動きとなってきました。そのような状況の中で、「『令和の日本型学校教育』の構築を目指して～全ての子供たちの可能性を引き出す、個別最適な学びと、協働的な学びの実現～（答申）」（以下、答申）が令和3年1月に中央教育審議会により取りまとめられました。

　「個別最適な学び」と「協働的な学び」は、今までの特別支援教育で一番大切にしてきた視点であると言え、その意味では、特別支援教育の場においては、既に多様な「個別最適な学び」や「協働的な学び」を求めて実践に取り組んできたところです。しかしながら、通常の学級において、特に私が関わっている高校生に対する支援の現場では、現在も「個別」というハードルは高いと思われます。はじめて高等学校に関わった5年前は、「個別の支援」は「特別扱い」として捉えられることが少なからず存在し、また、本人の意識も「特別扱いしてほしくない」との思いから支援要請を出せずにいる生徒も存在していました。その背景には、「診断と自己受容」の壁と「一定の学力がある」という壁があり、困難があるにもかかわらず、支援要請を出せない要因の一つとも考えられました。その結果、自己肯定感が低下し不登校や二次的障害が発生し、退学、転校をする生徒も毎年見られました。現在の高等学校の現場においては、個々の生徒の困難に目を向け具体的な支援や配慮についてもっと理解し、必要な支援を具体化していきたいという声も増え、教員の意識も大きく変わりつつあります。

　いよいよ高等学校や特別支援学校高等部においても始まる新学習指導要領の実施に向けて、その主旨を実現するために中教審が取りまとめた答申の中で大切なことは、「学びの主体は子供たち」であるという視点です。答申には、「これからの学校においては、子供が『個別最適な学び』を進められるよう、教師が専門職としての知見を活用し、子供の実態に応じて、学習内容の確実な定着を図る観点や、その理解を深め、広げる学習を充実させる観点から、カリキュラム・マネジメントの充実・強化を図る」と示されています。また、「『指導の個別化』と『学習の個性化』を教師視点から整理した概念が『個に応じた指導』であり、この『個に応じた指導』を学習者視点から整理した概念が『個別最適な学び』である。」と示されています。子供たちが主語となり、学びの主体者として位置付けたこの答申の主旨を実現するためには、従前の教え込みの指導では

なく、一人一人の可能性を引き出す伴走者としての教師像への転換が求められます。

過去にWHO（世界保健機構）において障害観を個人の問題から社会モデルとして障害を捉え直したICFへの概念が示されたことは、まさにパラダイムの転換であったと言えます。同じように、新学習指導要領への全面実施とその理念の実現を図るためには、全校種を問わず社会を巻き込んだ「パラダイムの転換」を図る必要があり、そのために今後どのようなマネジメントが図られていくのかが楽しみです。

新型コロナウイルスが蔓延する直前の令和元年12月に、文部科学省より「高等学校等におけるメディアを利用して行う授業に係る留意事項について」（通知）が出されました。これは、義務教育でない高等学校段階の長期の入院や自宅療養等が必要な生徒が、情報メディアを活用し同時双方向型の授業を受けることで単位認定が可能になる制度について、受信側の教員の配置に関する要件を緩和する旨の通知です。小児がん等の治療のために入退院を繰り返すなど長期療養を余儀なくされてきた生徒の授業を受けたいという思いと保護者の願いを踏まえ、充分な制度の無かった状況の中で、病弱特別支援学校の院内学級に携わる教員と前籍校の教員が試行錯誤し、ICTを活用した双方向型の授業に取り組んできた成果と言えます。

なお、この通知が出された数ヶ月後に、新型コロナウイルスの感染拡大により全国の学校が緊急事態宣言に伴う長期休業の措置がとられることとなり、そのことが情報機器を活用したオンライン授業が全国各地で始まるきっかけとなり、一般化したことは皮肉な結果とも言えます。

いずれにしても、病弱教育での個のニーズから始まった同時双方向型の授業は、「個別最適な学び」だけでなく「協働的な学び」をとおして、学びに向かう意欲や共に学ぶ喜びをもたらし、結果として「生きる意欲」を育んできました。キャリア発達支援で大切にしている他者との「対話」をとおした学びは、共に生き、共に切り拓いていく資質と能力を育むものです。遠隔授業やオンラインによるICTを活用した学びの在り方は、今後益々加速し日常化していくと思われますが、目的と手段を間違わないように推進することが大切であると考えます。

令和3年12月に開催したキャリア発達支援研究会第9回年次大会（広島大会）のテーマは、「共創～多様な人が協働し、新たな価値を創造するキャリア教育～」です。これからの世界を予測する中で、"学校には、自分のよさや可能性を認識するとともに、他者を価値のある存在として尊重し、多様な人と協働して社会的変化を乗り越え、豊かな人生を切り拓き、持続可能な社会の創り手となることができるよう児童生徒を育成することが求められている"ということを認識し、今まで取り組んできたキャリア発達支援の成果をふまえて「共創」としています。この先の、Society5.0時代を生きる子供たちにとってのキャリア発達の在り方に何が求められるか、皆様の忌憚のないご意見をお聞かせいただけたら幸いです。

最後に、研究大会の開催ならびに本誌の発刊に尽力いただきました株式会社ジアース教育新社の加藤勝博社長様はじめ、ご協力いただきました皆様方に心より感謝申し上げます。

令和3年12月

キャリア発達支援研究会　会長　森　脇　　勤

Contents

第Ⅲ部　対話を通して学びあい・高めあう教員のキャリア発達

第Ⅳ部　キャリア発達を促す実践

実践報告

第Ⅴ部　資料

第 I 部

特 集

障害が重いと言われる児童生徒へのキャリア発達支援

　第 I 部では、「障害が重いと言われる児童生徒へのキャリア発達支援」をテーマとし、論説２本と実践報告４本で構成した。

　論説１では、特別支援教育分野におけるキャリア教育推進による３つの成果と本テーマに関する課題において踏まえるべき３つの視点を示すとともに、特集で取り上げた論説２と各実践報告等が示唆する７つのポイントを整理した。

　論説２では、特別支援学校卒業後の学びの場の１つである「訪問カレッジ」の取組を紹介するとともに、生涯にわたる視点を踏まえたキャリア発達を促す授業づくりの５つのポイントを示した。

論 説 1

障害が重いと言われる児童生徒へのキャリア発達支援

弘前大学大学院教育学研究科

教授 菊地 一文

1 特別支援教育分野におけるキャリア教育の推進による成果

特別支援教育分野におけるキャリア教育は、特別支援学校高等部学習指導要領への「キャリア教育の推進」の明示（2009）や国立特別支援教育総合研究所によるキャリア教育に関する諸研究（2008、2010）を契機に注目が高まり、各地で取組が進められてきた。

本邦においては、それ以前から松矢（2004）や松為（2001）等がCEC＊キャリア発達部会やBrolinらの研究等を紹介し、早期より特別支援教育分野におけるキャリア教育の必要性を指摘してきた。そして上述の学習指導要領への「キャリア教育の推進」の明示等を機に、知的障害教育等が抱えていた特別の教育課程における指導目標及び指導内容の一貫性・系統性の課題解決に向けた、教育活動全体を見直す視点として認識されるに至った。

当初キャリア教育は、知的障害特別支援学校を中心として、主に職業教育の充実を図る視点から取組が進められてきたが、その後、「児童生徒一人一人のキャリア発達を促す教育」という本質的理解が進み、障害種別を越えて広く組織的に推進されるようになってきた。このことは、当該分野において従前から重視してきた「本人主体」や「自立と社会参加」の考えと重なるものであり、各障害種別の教育において、その本質を改めて捉え直し、取組の充実を図る視点として寄与してきたと言える。さらに、このことは障害者の権利に関する条約への批准・発効（2014）と前後し、「共生社会の形成」や「インクルーシブ教育システム」の理念の浸透とその構築により、「支援する側・支援される側」という固定的な見方を越えた、キャリア教育による相互発達への着目と理解に至っていると言える。

このような背景から、特別支援教育分野におけるキャリア教育の推進による主な成果として、以下の3点の成果が挙げられる。

1点目は、地域リソースを活用した協働活動の推進による職業教育等の充実である。産業構造の変化に応じた「ビルメンテナンス」「接客サービス」「流通サービス」「PC入力」等の作業種目の充実と指導における専門性の向上に寄与し、「特別支援学校技能検定」等の産業界とのコラボレーションにつながった。これらの取組では、職業技能等の向上だけでなく「振り返り」により相手の身に立って考えることや、誰かの役に立つ喜びを実感すること等、他者意識や人間関係の形成を重視するようになってきて

いる。このような場の共有により、かかわる側においても障害等への理解促進が図られ、見方や意識が変容するなどのキャリア発達の促進につながり、共生社会の形成に資するものとなってきている。

さらにこれらの取組は、いわゆる軽度の知的障害を対象としたものという理解から、より多様な障害種別や程度の生徒が目的をもってチャレンジするキャリア発達を促す手段として展開されてきている点にも着目したい。

2点目は、competency に基づいた授業及び教育課程の改善と充実である。「4領域8能力」や「基礎的・汎用的能力」、「知的障害のある児童生徒のキャリアプランニング・マトリックス（試案）」等、各自治体や学校において、「育てたい力」の枠組みが検討され、指導目標や指導内容の一貫性・系統性の見直しを図る授業及び教育課程の改善の視点として導入されてきた。これらは現在の「育成を目指す資質・能力」や「カリキュラム・マネジメント」の考えを踏まえ、「学びをつなぐ」視点としての活用が図られている。

なお、ここでは知的障害教育の教育課程はもちろんのこと、いわゆる準ずる教育課程から自立活動を主とする教育課程までにおいても児童生徒にとっての「なぜ・なんのため」という学びの意義の再確認や、そのつながりを見直す契機になっていると捉えられる。

3点目は、本人の思いや対話を大切にした教育活動、すなわち「キャリア発達」に関する組織的理解と指導・支援の充実である。当初、学校現場では「キャリア教育」「キャリア発達」への理解が十分とは言えず、「就労に向けた職業スキル向上のための指導」や「○○能力等の『育てたい力』の育成」がキャリア教育であるという限定的な理解が散見された。特に前者については、障害の状態が重度といわれる児童生徒や小学部段階の児童生徒に対して「キャリア教育は難しく、関係のないこと」と捉えてしまうことや、「一般就労が難しいため、生活スキルや余暇スキルを身につけることそのものがキャリア教育」と捉えてしまうことを生じさせていた。

しかしながら、1点目、2点目に挙げた成果をとおして、地域協働活動等の諸活動における児童生徒の丁寧な振り返りを重視すると共に、児童生徒の「思い」を複数の教師の目をとおして捉えようとしたり、対話を通して理解に努めようとしたりするなど、キャリア教育の浸透は教育に対する教員の構えに影響を与えたと言える。その結果、体験的活動のみに終始せず、結果だけではなくプロセスを含めた見えにくい本人の「思い」や「願い」、「内面の育ち」を重視するなどの「キャリア発達」の本質的理解への接近につながったと捉えられる。

以上の3点は、本稿のテーマである「障害が重いと言われる児童生徒のキャリア発達支援」を理解し実践の充実を図る上でも重要な視点と言える。

2 障害の重い児童生徒に対するキャリア発達支援の課題

上述した成果が挙げられてきた一方で、未だ指摘されている課題の1つが、障害が重い、あるいは重度・重複障害と言われる児童生徒（以下、障害の重い児童生徒）に対するキャリア教

育はどうあればよいのかというものである。

　筆者は、これまでたびたび研修会等において、障害の重い児童生徒の「キャリア教育」や「主体的・対話的で深い学び」についてどのように考えたらよいかという質問を受けてきた。この問いは、突き詰めると「キャリア」「キャリア発達」の概念をどのように理解するか、そして「主体的・対話的で深い学び」の意味することをどのように理解するかという問題と捉えている。言い換えると、教員が「障害が重い」状態に置かれている児童生徒をどのように理解し、「なぜ・なんのため」「何を」「どのように」指導・支援を行うのかといった教育の有り様を問うことと考える。

　また、このことは、キャリア教育の意義・効果（中央教育審議会、2011）として示された「学校教育の理念と方向性の見直し」「学校教育が目指す全人的成長・発達の促進」「将来の生活と学習の関連付けによる学習意欲の喚起」を再確認するものと言える。すなわち、児童生徒の発語の有無や運動・動作の制約にかかわらず、眼前の一人一人を「思い」や「願い」をもつ、かけがえのない存在として受け止め、教育を行うチーム・組織として向き合い、児童生徒のいまとこれからの充実に向けて対応に努めていくことにほかならない。

　そこで、まずは障害の重い児童生徒に対する教育において、これまで何を大切にし、何を育てようとしてきたかについて再考し、関係者で対話していくことが求められる。その上で「キャリア発達」「主体的な学び」「対話的な学び」「深い学び」というキーワードの解説に目をとおせば、これらは遠いものではなく、まさに実践に

おいて大切にしてきたことやさらに充実を図りたいと考えていることと重なるはずである。

　いずれにしても障害の重い児童生徒と多くの時間を共にし、その児童生徒のことを誰よりも考えてきた教員だからこそ、彼らの「キャリア発達」や「対話的で深い学び」に接近しているはずである。ぜひこの問いについては児童生徒を支える教員間で、あるいは保護者とともに「思い」を語り合ってほしい。「思い」をもつ者同士の対話によって、大事なことへの気づきや新たな見方を得るなど、自身の考えを広げ、深められるはずである。

　さて、障害の重い児童生徒は、様々な障害による一次的な困難、そして障害の影響による二次的な困難を有していると言える。いわゆる外界からの様々な刺激を入力する困難、入力したことを認識し処理する困難、さらには処理したことを表出する困難のほか、これらの複数の困難を有することにより、多様な学習上又は生活上の困難と制約を抱えている状態に置かれている。これらの影響により、結果として周囲からのかかわりや理解においても困難や制約を生じているのである。教員はこのような児童生徒の状態を捉え、そして本人との関係性の中で指導・支援する役割を担っている。ここで大切にしたいことは、児童生徒の感覚・認知面や運動・動作面等のアセスメント等の「見取り」も当然必要ではあるが、何よりも困難な状態に置かれている本人の側に立って、その「思い」や「願い」の理解に努めることと考える。

　なお、我々は「障害が重い」という点に着目しがちであるが、それ以前に障害の程度や有無

にかかわらず、まず教育とは簡単なものではないということを確認したい。基本的な立ち位置として、教員は「分かっている」ことを「教える」側であり、児童生徒は「まだ分かっていない」ことを「学ぶ」側である。よって、どのような児童生徒であっても、まず「教える」側は「学ぶ」側である相手の身に立ってその理解に努めることが求められる。

授業においては、児童生徒一人一人の実態を踏まえた上で目標を設定し、実態と目標の間をつなぐための環境整備や教授行為、教材教具等の工夫等が求められる。その再現性は高いとは言えず、対応する児童生徒一人一人の実態に応じて、フィッティングや指導・支援のアップデートが不可欠である。加えて、障害等の状態に児童生徒の困難度が高い場合は、より丁寧な実態把握と本人理解に努め、環境側の工夫が求められることになる。

このような背景から、改めて障害等による困難の有無や状態にかかわらず、踏まえるべき視点として、児童生徒一人一人の「いま」を大切にし、本人の「思い」「願い」に着目する必要性が指摘される。そして次の3点を踏まえることが大切であると考える。

1点目は、時間軸としての「いま」と「将来」の意味や関係の再確認である。児童生徒の「いま」はこれまでを踏まえた「いま」である。様々な困難があることによる経験の不足やつまずき、周囲のかかわりが本人に影響を与え、いまがあるということである。

2点目は、「できる」と「できない」の間にあるはずの（見えにくい）児童生徒の「なりたい」「ありたい」という「思い」への理解である。

表出が困難である児童生徒にとっては、なおさらかかわり手の受信と共感、関係性によるところが大きくなる。

3点目は、「思い」の理解に努め、支えていくための教員自身の姿勢やかかわりである。様々な刺激に接する機会を工夫するとともに、「受け手」（鯨岡、1997）として、「聞き手」（Bates,Camaioni,&Volterra,1975）としてのかかわりが肝要となる。

3 本特集の論説・実践事例が示唆するもの

本特集では、これまで年次大会や機関誌で紹介してきた知見を踏まえつつ、依然ニーズとして大きい「障害が重いと言われる児童生徒に対するキャリア発達支援」をテーマとして取り上げた。各地でキャリア発達支援への理解が進み、新学習指導要領の趣旨を踏まえた実践が進められてきたいま、上述した経緯から改めてこのテーマについて正面から取り上げ、検討する必要性を感じたからである。

本特集では、まず論説としてこの分野の第一人者である飯野順子氏にご執筆いただいた。飯野氏は、障害の重い児童生徒に対する将来を見据えた授業づくりのほか、生涯に渡る教育支援に関して長年実践を積み重ねられ、研究されてきておられる。本論説においても、まさに「学ぶこと＝生きること」であることを示唆する、これまでの生涯学習支援の取組を紹介するとともに、学校教育段階がその土台作りとして重要であることを指摘いただき、そのカギとなる授業づくりのポイントについて提案いただいた。

そして実践報告として、訪問教育を受ける重複障害のある児童の実践事例、いわゆる重度重

複障害の実践事例、知的障害と自閉スペクトラム症を併せ有する、行動面に困難のある児童の実践事例等の4編を採り上げた。「障害の重い」という状態については、様々な困難性が挙げられるため、代表的な例を網羅するまでには至っていないが、できるだけ多様な状態を考慮した実践を採り上げるように努めた。

これらの実践では、いずれも対象児童生徒の現有能力から教育活動を限定的に捉えず、本人の「思い」や「願い」を大切にし、いかに環境側を調整し、本人にとっての「社会とのかかわり」を広げていくかについて創意工夫し、対応に努めている。その結果、対象児童の「できる」を増やし、その「できる」によって学びの広がりや新たな「ありたい」「なりたい」につなげている。

これらの実践事例からは、次の7点のポイントが挙げられた。①児童生徒の困難性に目を向けて「できない」と捉えてしまうのではなく、児童生徒のもつ「よさ」や「可能性」に目を向けるということ、②「ありたい」「なりたい」という本人の「思い」や「願い」の理解に努めること、③「思い」や「願い」を踏まえ、「できる」ことを生かした学びを追求すること、④「学び」における人・こと・ものとのかかわりを工夫すること、⑤児童生徒のよりよい学びのために様々な他者と連携・協働すること、⑥児童生徒が物事と向き合い、もつ力を発揮する姿について内面を含めて捉えようとすること、⑦児童生徒のいまの学びと将来をつなぐために「対話」に努め、取組への過程を意味付け価値付けること、などである。

これらのポイントは、障害の重い児童生徒のキャリア発達支援のみならず、障害の有無や状態によらない、キャリア発達支援そのものにおいて重要な視点を示唆している。

また、各実践事例では、実践者が児童生徒の視点に立って真摯にキャリア発達とは何かを問い、向き合ってきた「思い」を文字化していただいた。いずれもこれまで本機関誌で紹介してきた対象の異なる多様な実態の児童生徒へのキャリア発達支援と根本において共通する支援者側の「思い」と捉えられる。

ここでは、指導・支援の工夫によって児童生徒の行動等の変容が見られたということだけではなく、指導・支援する側の教員や周囲の児童生徒、関係者自身の変容、そして対象児童生徒との実践者との関係性の変容が確認できる。ぜひ、各実践者がキャリア発達の視点から児童生徒や自身を含むその周辺の様子を捉え、言語化した部分にも着目していただきたい。さらには、これらの論説や実践事例をとおして読者自身の取組や有り様を振り返り、日々の実践等を問い直し、新たな試みを指向していただけると幸いである。

なお、本特集に関連して、第2部の重度・重複障害のある生徒に対する本人の願いを中心とした関係諸機関連携の事例や吉藤オリィ氏の記念講演に関する報告、第4部の障害の重い児童生徒に対する複数の実践事例を併せて参考いただきたい。ICT活用等の環境側の整備によって本人と社会をつなぎ、活動・参加を大きく高めており、今後の教育活動の発展可能性を示唆している。

4　おわりに

　本特集を企画するにあたって、金沢大会（2019）において、渡辺三枝子氏が基調講演で触れられた「working（働くこと）」と、佐藤伸彦氏が記念講演で触れられた「どう問いを立てるか」というキーワードがしばらく筆者の頭をよぎっていた。最後にそのことについて少しだけ触れたい。

　渡辺氏は「誰であろうと社会的役割（児童生徒の場合は学ぶ者、助け合う者、教師から助けてもらえる者等々）をとおして他者のために役に立つ経験をしている」と述べ、それに気付けるよう価値付けていく必要性と根本にあるそれぞれの役割の意義を再確認する必要性を指摘した。また、そのことを表現する言葉として20世紀の終わりから21世紀にかけて英米で強調されてきた「working（働くこと）」概念について言及した。

　佐藤氏は終末期医療を受けられている方々と周囲の関係者との様々なかかわりやエピソードについて、まさに「ものがたり」として語られた。その「いのち」を取り巻く現実においてまさに私たち自身が「どう問いを立てるか」という本質的な問題提起をされた。

　講演を思い出し、改めて機関誌第7巻（2020）に掲載された2つの講演報告に目をとおすことにより、本特集のテーマについて考えるとともに、教育は「なぜ・なんのため」の行為であるのかについて考えさせられた。

　この本質的な振り返りは、私たち自身のキャリア発達にもつながるものであり、「教える」という行為と「学ぶ」という行為の間に生じる「関係性」や「相互性」の重要性を示唆するものと考える。ぜひ既刊の2篇についても目をとおしていただきたい。

＊CEC（The Council for Exceptional Children）
　障害のある子どもや天才児など特別な（Exceptional）人のための教育を改善することを目指した国際的なNPO組織。1992年に設立され、30ヶ国以上の会員で構成されている。

文献

Bates, E., Camaioni, L. & Volterra. V. (1975) The acquisition of performatives prior to speech, Merrill-Palmer Quartelyj, 21 (3), pp205-226.

中央教育審議会（2011）今後の学校におけるキャリア教育・職業教育の在り方について（答申）.

菊地一文（2021）知的障害教育における「学びをつなぐ」キャリアデザイン．全国特別支援学校知的障害教育校長会編著，ジアース教育新社.

国立特別支援教育総合研究所（2008）知的障害者の確かな就労を実現するための指導内容・方法に関する研究 研究成果報告書.

国立特別支援教育総合研究所（2010）知的障害教育におけるキャリア教育に関する研究 研究成果報告書.

鯨岡峻（1997）原初的コミュニケーションの諸相．ミネルヴァ書房.

松為信雄・菊池恵美子（2001）職業リハビリテーション学．協同医書出版社.

松為信雄（2021）キャリア支援に基づく職業リハビリテーションカウンセリング．ジアース教育新社.

松矢勝弘（2004）主体性を支える個別の移行支援．大揚社.

佐藤伸彦（2020）イノチのものがたり～どう問いを立てるか～．キャリア発達支援研究第7巻，キャリア発達支援研究会.

渡辺三枝子（2020）「キャリア」から「働くこと（working）」へ．キャリア発達支援研究第7巻，キャリア発達支援研究会.

論 説 2

障害の重い子どもの生涯にわたる
キャリア発達を見据えた授業づくりの今

ＮＰＯ法人地域ケアさぽーと研究所
社会福祉法人天童会秋津療育園理事長　飯野　順子

1　授業づくりの基盤になること

（1）　はじめに～生涯学習の時代へ

　文部科学省は「障害者の生涯学習の推進方策について（通知）」（平31.3）を発出し、「目指す社会像として、障害者が健康で生きがいのある生活を追求することができ、自らの個性や得意分野を生かして参加できる社会であること」と示し、その後、生涯学習の推進に踏み出しました。

　それは、「障害者の権利に関する条約」第24条の「あらゆる段階における障害者を包容する教育制度及び生涯学習を確保する」という理念の実現のためです。日本では、インクルーシブ教育システムの整備が一定程度図られ、次のステップに踏み出したものと思われます。

　まさに生涯学習時代の到来です。

（2）　「訪問カレッジ＠希林館」の運営に携わって～発想のバックグランド・その1

　生きることは、学ぶこと。学ぶことは、生きる喜びです。学校時代の子どもは、学びたいという意欲と好奇心に満ち、眼を耀かせています。その輝きを、いくつになっても、どこにいても、

生涯にわたってもち続けてほしいと考え、学校卒業後の「訪問カレッジ＠希林館」（以下、「訪問カレッジ」と略）を創設しました。平成24年7月から活動を開始し、10年目です。

　「訪問カレッジ」の趣旨は、かけがえのない人生のかけがえのない「時」を、学びたいことを学ぶ「時」とすることです。

　「訪問カレッジ」での学生の「学び」の状況を踏まえて、私は外部専門家として、学校に対し、授業は将来を見据えて、「今」を創ることが大切であると助言しています。学校時代には、キャリア発達の視点を尊重し、「学び」に主体的に関わり、学ぶ喜び・楽しさの体験によって、希望や夢を育み、ライフステージに応じて、その人らしい自己実現ができるようにすることが大事です。この視点は授業づくりに欠かせない視点です。

　このことについては、「その人らしく輝く、学びの履歴をつくるためのポイント」として、後述します。

（3）　「秋津療育園」の入所生に出会って～発想のバックグランド・その2

　重症心身障害児者入所施設の「秋津療育園」

（昭和 33 年創設）の理事長を拝命し、4 年目となりました。入所生 175 名、平均年齢 50 歳です。秋津療育園では、例えば、70 歳のご高齢で、在園年数 50 数年等の長期入所者の訃報に接することがあります。どなたも好きなこと、好きな歌があり、枕もとでは、その歌が流れています。その際、楽しい思い出をたくさん抱いて旅立ったとの思いもありつつ、その一方で、この方の人生の履歴はどうなっているのか、生きた証しはどこにあるのか、と問うてしまいます。細やかな目と優しい手で、生命と健康を守ることは入所施設の使命です。職員の方々は「その人らしく、輝く、人生を！」と願っています。入所施設でも、今は「個別支援計画」を作成しますので、その中に人生の履歴として記されているものの、学校教育とのつながりなどがまだまだであり、教育と福祉の溝は深いと思わざるを得ません。

　学校時代は、人生の基礎づくりの時です。学校時代に培った力が、いくつになっても、ライフステージに応じて、生き生きと発揮できるようにするという長期的な見通しをもつことも求められています。これは、キャリア教育の出番です。

（4）「訪問カレッジ」の活動紹介

　学びは、人間にとって根源的なものです。医療的ケアを必要とする方の多くは、在宅生活を余儀なくされていますが、「大学に行きたい！」「もっと勉強したい！」などの「学び」を希求しています。それは、存在を懸けた声にならない叫びです。

　このような生涯にわたり学び続けたいという

夢や願いに応えるために、学びの機会と場として、「訪問カレッジ」の仕組みを創出してきました。「訪問カレッジ」は、「余暇活動」ではなく、「キャリア発達形成」の場です。このことによって、生きがいと喜びがあり、生き生きと輝く地域生活を可能にすることと考えています。その目的は、学校卒業後、医療的ケアが必要なために、通所施設等の毎日の利用が難しい方の自宅等へ、学習支援員を派遣して、生涯学習を支援する仕組みです。

（5）「訪問カレッジ」の概況
①「訪問カレッジ」の現状

　令和 2 年度は 21 名が在学しました。訪問先は家庭が 13 名、病院が 1 名、入所施設が 7 名です。退学者は 8 名おり、その理由は死亡が 6 名、施設入所が 1 名、転居が 1 名です。医療的ケアの必要な学生数（一人につき複数カウントあり）は以下のとおりです。

年度	在籍者	気管切開	人工呼吸器	酸素療法	吸引	経鼻胃管	胃瘻腸瘻	IVH	人工肛門
平24	6	3	3	3	5	5	1	1	1
25	10	6	6	5	9	6	3	1	1
26	11	7	7	5	10	7	5	2	2
27	11	8	7	5	10	4	5	2	3
28	10	8	7	5	9	4	3	1	2
29	12	8	7	5	9	4	4	1	2
30	15	10	9	7	11	7	4	1	2
令元	19	13	12	9	15	9	6	1	2
2	21	14	13	10	16	10	7	0	1

②学習内容

　学習内容は、「体の取り組み（静的弛緩誘導法）」「音楽・音楽鑑賞、作曲、カラオケ」「家庭科（調理・ミシン）」「ICT の活用：意思伝達装置（レッツチャット・マイトビー等）、

iPad」「読み聞かせ」「美術・制作」「俳句」「英語」「創作（物づくり）」「文化フェスタ（学習発表・作品展示・音楽鑑賞）」と多様に対応しています。

③授業体制

概ね週１回（１回２時間）

前期・後期（８月と３月は休業月）制です。

以下に授業の様子を示します。

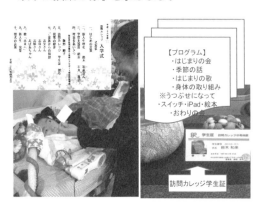

【情報の時間】（Sくん）「伝の心」で、facebookに日記を書く。　飛行機で、沖縄に行きたい！

あじさいの
俳句とスタンプ画
入所施設　Mさん

ミシンでエプロンをつくりました。

授業料　年間１万円

④学習支援員（元特別支援学校教員）

20名　２か月に１回打合わせ

１回につき 3,000 円の支払い

（交通費無し）　事故補償保険有り

⑤訪問カレッジの意義と役割

次は、訪問カレッジの意義と役割です。

ア．一人一人の個性や得意分野を生かした学びと心豊かな人生への支援

イ．本人主体の活動を創出し、健康と生命を育み、生きる力を強める。

ウ．日常生活の空間を、知的刺激のある学びの環境へ整え、生活の質を高める。

エ．社会の構成員として、家族以外の人とのつながりを広げる

オ．家族の方への支援〜本人支援は、家族支援となっている。

・家族の孤立化を防ぐ〜話し相手・心理的な支えとなる。

・活動への家族の側面的・主体的・積極的支援があり、親自身の意識を高めている。

・学ぶ喜びを共有し、喜びを分かち合える。

カ．地域社会への発信

・力を尽くして、精いっぱい生きていることの価値観を地域の人に伝える。

（6）「訪問カレッジ」の活動を通して分かったこと

「訪問カレッジ」の学びには、可能性へのチャレンジがあり、感動の瞬間に立ち会える時もあります。学習支援員は、学びによって学生を「支えている」のですが、体調に波があり、ターミナルと云われつつも、学びに集中しているその

姿に「支えられている」と、双方向の関係性が成立しています。

10年間の「学び」の積み重ねの中で、次のようなことを教えられました。その内容は、卒業生からの在校生への伝言のように思っています。

①学校時代に身に付けたことを、ゆっくりと、自分のペースで、時間をかけて、自分の力を発揮しながら、自分らしさ・その人らしさを育んでいる。学校卒業後は、ゆっくりとした時間軸がある。

②何歳になっても、緩やかではあるが、成長・発達をし続けている。ライフステージに応じて、好みや興味が変化し、年齢に応じた精神面（内面）の変容がみられる。

③「〇〇がしたい」、「〇〇を学びたい」などの希望や夢を持ち続け、時間をかけて実現している。

④授業が始まると、学校時代に蓄積した力を発揮し、顔が輝き、笑顔一杯になる。

例えば、「朝の会」で歌っていた歌などを歌うと、思い出して、笑顔が見られる。学校での教育が、卒業後の生きがいにつながっている。

⑤一週間に一度の訪問であっても、その日を心待ちにし、体調や生活リズムを整えている。カレンダーに予定がある生活は、精神面でのメリハリをもたらしている。

⑥進みがちな筋緊張や拘縮を予防し、自分の体を知る機会である。加齢に伴って身体の状況が変化してくるので、体の取り組みは、効果的である。

⑦入学式や修了証の授与など、節目の時の設定によって、学びの履歴を刻んでいる。

⑧パソコン等の入力装置の多様化・個別化によって、スイッチ一つで夢を叶えている。好みや得意分野を広げるために、ICT機器の活用は、可能性へのチャレンジとして、最も求められている。

（7）今、直面していること

いのちと向き合い、いのちを輝かせ、懸命に学ぶ「訪問カレッジ」の学生の姿には、人を動かす力があります。小さないのちを灯し、時を刻んで、糸を一本一本紡ぎながら、「夢」を織り上げています。

そして、今、直面していることは、運営面での諸課題です。諸課題を解決するために、ネットワークを構成しました。課題は、各団体によって異なりますが、安定した運営資金と人材の確保が困難なことです。生涯学習のニーズは、年々高くなっていますので、その期待に応えて、医療的ケアの必要な方々の「訪問型の学びの場」を拡充するには、ステップアップが必要であると切実に感じています。

その方途は、何らかの形での法制度の確立です。私たちの活動は、小さなものですが、その小さな力の集積が大きな力になり、社会を動かす日の招来を心待ちにしています。

2　キャリア発達を見据えた授業づくり　～その人らしく輝く、学びの履歴をつくるためのポイント～

学校は、「学び」と「育ち」の場です。また、授業は子どもの存在を創る場、自己実現の場で

す。子どもの内的で主体的な学びの場です。

子どもたちにとって、学校時代は人生の生命の糧を培うかけがえのない「時」、「存在」をつくる時です。その「時」を、「今が大切、今がその時、子どもたちの今が、失われないように！」との姿勢で、充実した「場」とすることは、教師の使命です。教師は授業づくりのプロです。授業は子どもが輝く舞台となるよう、意匠をこらしましょう。

キャリア発達を見据えた授業づくりにあたって、大切にしたいこととして「その人らしく輝く、学びの履歴をつくるためのポイント」を次に述べます。

【ポイント１】 子どもの主体性の感覚を磨く

①子どもの内的で主体的な場づくり

授業は、教師が盛り上げるものだと言われ、大きな声や音などによって、にぎやかに展開し、子どもにやる気を出させることが教師の技と言われ、「神話」になっています。

そういう時代があったとも言えますが、これは、教師主導の授業であり、子どもの内的で主体的な場から、程遠い授業です。子どものペースで、声援のタイミングや音の使い方を修正すれば、質的に高い授業になります。

②主体性を育む手立て

子どもの主体性を育むことは、授業の根幹です。「主体性を育む」「主体性を尊重する」と目標に掲げていても、介助にあたって、子どもへの声かけもせずに、子どもの体を起こしている場面に出会います。主体性を育むためには、子どもを起こす時であっても、起きる動作を子ども自身が内面でイメージできるように、声かけ

を行うことは、忘れてはならないことです。

更に、子どもが活動した結果を、教師が先に「できた」と確認して、教師が先取りすることは子どもの「主体性」の芽を摘んでします。自分の行った結果を、子どもが主体的に自己確認し、成就感を味わえるようにします。子どもが自己確認するゆとりがないままに、次の展開に入ることの無いように、「間」と「ゆとり」をとることが大事です。

【ポイント２】「子どもは何を学ぶか」明確にした授業を創ること

①子どもが学ぶ事柄や言葉のリストアップ

授業の中で、子どもに何を学ばせたいのか、子どもは何を学ぶのか、子どもの学びを明確にしていない授業があります。子どもの学びを明確にした授業にすることが、授業をデザインする時、最も大切です。このことによって、子どもの学びが実現しているかどうかを評価するためにも、教員自身が意図的に設定するよう心がけたいことです。

例えば、ある先生は、授業の中でとくに子どもが感じ取ったり、イメージを深めてほしい言葉や台詞を「重要ワード」として設定し、「重要ワード」を言う際には、抑揚や音量、緩急に変化を付けたり、教材の提示方法を工夫したりして、子どもの場面理解や言葉の理解を促す工夫をしています。

②子どもの学びを明確にする「３Ｓ＋１」

授業改善にあたって、次の視点でブラッシュアップしてみて下さい。

【Simple: シンプル】

・子どもに伝わり易く、子どもが分かるシンプ

障害の重い子どもの生涯にわたるキャリア発達を見据えた授業づくりの今

ルな言葉を使う。説明ではなく、伝えること
を主眼にした声かけをする。
・キーワードを設定し、言葉による豊かなイメー
ジをつくれるようにする。オノマトペを活用
し、聞いて分かるようにする。
・シナリオを作成し、余計な言葉を省く。
【Slim：スリム】
・指導内容を絞り、子どもが受け止め易い内容
にする。
・刺激を整理し、刺激を絞る。
・スリムな内容の積み重ねで、深い学びができ
るように授業をつくる。
【Straight：ストレート】
・子どもの心にストレートに届き、その内容が
伝わるような働きかけをする。
【プラス1 Small step：スモール・ステップ】
・次の階段（課題）は、子どもが上り易い、小
刻みな、ステップとする。
・子どもが自分で課題をクリアできるようにす
るとともにチャレンジしようとするなどの見
通しをもてるようにする。

【ポイント3】授業改善のツールとして、活動分析を活用すること

　子ども自身が授業の評価者です。このことは、
授業観察の外部専門家として、数校の授業を見
て、辿りついた結論です。

　授業の活動分析によって、「子どもの変容が
その授業を評価する」ということが明白になっ
たからです。

　活動分析では、学習内容の活動を分析し、項
目を作成します。授業を観察し、その様子を記
録し、評価します。評価の段階は、例えば、◎・

○・△・×などのように表記します。観察した
子どもの様子を、授業担当者同士で情報交換し、
表として一覧できるようにします。回を重ねる
と、子どもの変容が明らかになります。

　次の表は、「お化け屋敷」の活動分析表です。
活動の目標は、①お化け屋敷という仮想の空間
で、急に現れた、消えた、冷たい、驚いた、怖
い等の減少や感覚を体験し、受け入れて、感性
を豊かにする。②自ら近づく、操作する、逃げ
る、助けを求める、戦うなどの自分に合ったや
り方でお化けに反応する。③友達と一緒に役割
分担をして、活躍する。④友達と関係をもって
活動する。です。

　火の玉ゾーン・霧ゾーン・スイッチお化けゾー
ンなどの活動場面ごとに評価項目を挙げていま
す。

お化け屋敷全3回に関する児童の評価
※変化した点は「→」、「網掛け」で示す。
◎ほぼ確実に見られた・できた(10〜9)、○その様子がよく見られた・できた(8〜5)、△募生

		活動分析	Aさん	Bさん	C
[1]火の玉		火の玉に気付く(視線を向ける)	■→△→△	■→△→△	◎→○
		火の玉に気付く(手を伸ばす、触る)	■→△→△	■→△→△	○→○
		火の玉を注視する	■→△→△	■→△→△	○→○
		気持ちを表現する(笑う、怖がる、泣く等)	■→△→△	■→△→△	◎→○
[2]霧吹き		水をかけられていることに気付く	■→△→○	■→△→○	△→○
		気持ちを表現する(笑う、怖がる、泣く等)	■→△→○	■→△→○	△→○
[3]ブラックライトお化け		スイッチに手を伸ばせる	■→△→△	■→×→×	△→○
		お化けに気付く	■→△→△	■→△→△	○→○
		スイッチを操作すると、お化けが浮き上がることに気付く	■→△→○	■→△→△	○→○
		気持ちを表現する(笑う、怖がる、泣く等)	■→△→△	■→△→○	○→○
[4]びっくり箱お化け		箱を開けようとする	■→×→×	■→×→×	×→×
		出てきたお化けに気付く	■→×→×	■→△→△	×→×
		気持ちを表現する(笑う、怖がる、泣く等)	■→×→×	■→△→△	×→×
[5]教員おばけ		教員おばけに気付く	■→△→△	■→△→○	○→○
		自分なりの方法で対処する(倒す、逃げる等)	■→△→△	■→△→○	○→○
		気持ちを表現する(笑う、怖がる、泣く等)	■→△→△	■→△→○	○→○
[6]ミラーボール＋おふだ		ミラーボールに気付く	■→△→△	■→△→△	○→○
		おふだに気付く	■→△→△	■→△→△	Y→Y
		おふだを取る	■→△→△	■→△→△	△→○
[7]おどかし役		火の玉に気付く、棒を持つ	■→×→×	■→△→△	△→○
		霧吹きで水をかけられる	■→×→×	■→×→△	■→△
		自分が脅かし役だということに気付く	■→×→×	×→△→△	×→×
		気持ちを表現する(笑う、怖がる、泣く等)	■→×→×	×→△→△	○→○
[8]おばけやしきの外で待機		中の様子を気にしている	■→×→△	■→△→○	△→○
		気持ちを表現する(笑う、怖がる、泣く等)	■→×→△	■→△→○	△→○

　活動分析を行うメリットは、次のことです。
①担当者同士が共通の視点に立って、観察を

キャリア発達支援研究　Vol.8

19

行ったり、改善策や支援策を考えたりしやすい。

②学びの「履歴」が残り、評価の見える化・可視化ができる。

③活動分析表の集約によって、どの学習（活動）内容がどのように伸びたか明らかになり、次時や次単元に生かしたりできる。

④子どもの変容を客観的に把握し、次の学びのステップを明確にし、系統性・一貫性・発展性を図ることができる。

⑤チーム力を高めるツールとして、教員間での共通した指標として、共通の視点に立って、授業づくりを協働で行うことができる。

⑥授業改善のツールとして、授業後、改善点を数項目あげる。→改善後の子どもの変化を記録する。→次の授業に反映させるなどのプロセスによって、授業の質を高めることができる。

【ポイント４】時間感覚を育てる
①「絵画配列」を参考にする

子どもの学びを子ども自身が分かるようにする方法として、課題毎の「手順表」（＝課題カード）を使用する場合があります。その時間に学ぶことを、カードを縦に並べる方法です。その代表例が「朝の会」です。毎日その日の日程を確認するために、教科や活動名を入れたカードを並べていきます。更に、一つ終わる毎にカードをはずしていきます。このことは、子どもたちに時間感覚を身につける意義ある体験であると思っています

手順表によって、小学部から、中・高等部へのつながりとして、育てています。例えば、生活単元学習や作業学習では作業工程表などを見ながら、学習を進めていきます。小学部の時から、この学び方を学んでいれば、主体性を育み、学習の手立てとして、習慣化できると思われます。

WISCには、「絵画配列」という動作性のテストバッテリーがあります。これは、事柄の順番を並べるテストで、時間的な順序の認識・時間の結果を予測する力、時間経過の理解などをテストするものです。

生活単元学習等で使用する手順表としてのカードの活用は、このテストと同様、将来につながる学習の基盤として位置づけたいことです。

②小・中・高等部の系統性を意識すること

キャリア発達を見据えた授業づくりにあたって、小・中・高を見据えて、つながりのある授業づくりが必要です。そのためには、各学部の授業を見る機会をつくることです。

小・中・高のつながり・系統性（例：調理学習）

小学部「夏のデザートをつくろう」目標
①食材の味と種類を知る（食材）
②調理される前の食べ物の形を知る
③調理器具の使い方を知る。
④仲間と食事を食べることで、好きな食べ物を増やす

中学部「食べるってどんなこと」目標
①季節と食材の関連に気づき、興味を持つ。
②朝食の大切さを知り、意識を高める。
③栄養についての知識を得る。
④簡単な調理の知識を得る。

高等部「カフェを開こう」目標
①生徒が主体となって店名・メニューや店内装飾を決め、学習を進める。
②生活におけるお茶の種類や入れ方、楽しみ方を一連の活動として体験する。（食材）
③生活の中で必要な買い物の方法を知り、日常生活のつなげる。

【ポイント５】「ほめる」ことから自己肯定感へ

「分かった！できた！」と自分で気づけるよう、自己選択・自己決定・自己確認の活動を設定し、取り組むプロセスを重視する授業が多く

見られるようになりました。何を、どのように選択できるようにするかは、授業の目的によって異なります。

しかしながら、できたことを褒める、賞賛する、認める場合、用いる手立てには、工夫が必要です。

課題が遂行できた時に、大きな拍手をすることが多いのですが、これも高等部になってからまで行っていることに疑問を感じます。

学校卒業後の「生活介護」の場では、そのような対応をしないからです。

ほめられたり、自分のやったことを肯定されたりする体験は、自己を肯定的に捉え、自己に対する肯定的な自己イメージや自己有能感を育てる大事な機会です。

特別支援学校学習指導要領の自立活動の箇所には、「児童生徒が目標を自覚し、意欲的に取り組んだことが成功に結びついたことを実感できる指導内容」「自己を肯定的に捉え、自己に対する肯定的な自己イメージや自己有能感を育てる」と示されています。

大人になっていくプロセスの中で、「意思決定支援」なども課題になっていますので、今後も実践を積み重ねて発信していく課題と思っています。

3 終わりに〜完成度80%の授業づくり

子どもたちは学びたいと思っています。子どもたちは、先生の授業に懸ける思い・願い・熱い気持ちに応えようと、授業の始まりをドキドキ・ワクワクしながら待っています。子ども主体の子どもが分かる、しかけの多い授業を展開

すると、喜びを感じ、心が動きます。そこには感動があります。そして、子どもの変容があります。その変容は、ゆっくり、ゆっくりです。質の高い授業は、観ている第三者にも、子どもの気づきと教師の気づきが一体となり、共感しあい、響きあっていることが伝わってきます。

子どもたちの学ぶ喜び・楽しさは、学校時代にしっかり身に付けます。何よりも、先生たちには、「授業づくりって、愉しい！！」と思って、元気で、自信をもって子どもたちの前に立ってほしいです。

授業は愉しいと思えるために、「授業は完成度80%でスタートし、実践的指導力を発揮して、授業を練り上げていきましょう」と提唱しています。80%とは、自己評価です。立てた学習指導案は、80%だと思って、1時間ごとに指導内容や指導体制を練り上げていきます。単元の始まりと終わりの頃には、授業が変化し、生き生きしていることが分かります。それでも完成度100%にはならないのが授業です。いつも、いつも子どもたちが教えてくれると思って授業づくりをしましょう。

1 訪問教育におけるキャリア教育を考える
～Ａの願いに寄り添った場面設定の工夫を通して～

名古屋市教育センター指導主事　和田　茉莉子
（前名古屋市立南養護学校　教諭）

　生徒のキャリア発達を促すためには、友達や校内、身近な地域とのかかわりから自己肯定感を形成していくことが必要不可欠である。本実践では、訪問教育学級において、「学校に行きたい」「友達に会いたい」という生徒の願いに寄り添い、場面設定の工夫を行った。自分の思いを実現していく過程や、オンラインを用いた友達との活動をとおして、生徒は自分に任せられた役割に楽しみながら取り組み、友達とのやりとりを通して満足感を得ることができた。人とのかかわりを大切にしながら、生徒の生活場面を広げることができた事例を報告する。

◆キーワード◆　訪問教育、オンライン、かかわり

1　対象生徒について

（1）生徒の実態

　訪問教育学級に在籍する中学部2年生のＡは、自分の思いを言葉で伝えることができる。知的障害、視覚障害、肢体不自由など障害の重複はあるが、とても元気に生活している。視力はほとんどないが、耳から聞こえる情報にはとても敏感に反応することができ、体調の良いときには、学級担任（以下、担任）とのやりとりを楽しみながら、国語や数学、自立活動などの学習に意欲的に取り組むことができる。

　Ａは、以前は近隣の特別支援学校に通学していた。しかし、病気のために通学することが難しくなり訪問教育学級に在籍することになった。いつも家にいるＡにとって「学校」という場所は憧れの場所であり、「学校に行きたいよ」「友達に会いたいよ」と筆者に伝えたことがある。

（2）キャリア発達支援の捉え方

　日常生活のほとんどを自宅で過ごしているＡにとって、自分でできたといった体験や、自分が行動したことで感謝されたといった体験が不足していると考える。また、「学校に行きたいよ」「友達に会いたいよ」というＡの発言からも、家にいる自分だけでなく、学校での自分や、友達と過ごしている自分という生活場面の広がりを求めていることが分かった。

　そこで、Ａの生活場面を広げ、人とのかかわりを感じながら学習できる機会を作るために、学校に行くことができるように場面設定の工夫を進めていくこととした。

2　実践で大切にしてきたこと

　まず、本単元を構想するにあたって、「学校に行きたい」「友達に会いたい」というＡの願いを大切にした。

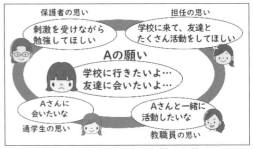

図1　Ａの周りの人々と様々な思い

　Aの場合、学校に行くには、保護者の協力が欠かせない。保護者と話したところ、保護者も、Aが様々な刺激を受けながら学習するために学校に行くことができたらよいという思いがあった。また、担任である筆者には、学校に来て、友達とたくさん活動をしてほしいという思いがあった。そして、校内の教職員からも「Aさんと一緒に活動したいな」、通学生の友達からも「Aさんに会いたいな」という思いがあった。

　しかし、世の中では新型コロナウイルスの感染の心配があり、Aを学校に行かせることには大きなリスクが伴う。何とかしてAの願いをかなえられないかと検討した結果、オンラインでAの自宅と教室をつなぎ、通学生と同時双方向にやりとりをし、Aの願いを踏まえながら学びを深めていくことを試みた。

3　実践で工夫したこと

　校内の教職員と連携し、事前に何度もオンライン接続の練習を行い、接続方法や音量調整などを確認した。実際に訪問教育学級の授業日にも練習を行ったところ、スピーカーの音量について改良すべき点が見つかった。Aは、自分の思いを伝えることができるが、友達に聞き取ってもらうには、声を大きくして伝える必要があった。そこで、活動中、マイクを身に付け、モニターの向こう側の相手にもAの声をしっかりと届けられるようにした。

　また、校内の教職員へAの頑張りを見てもらいたいと考え、以前から訪問教育学級の取組を伝えるために、訪問教育学級新聞（たんぽぽ新聞）を月に一回作成していた。たんぽぽ新聞には、Aがどのような活動をしているのか、どんなことができるようになったのかを分かりやすく書き、教職員が必ず通る廊下に掲示した。それを見た教職員から「Aさん、笑顔が増えましたね」「誕生日が近いね。よかったらお祝いカードを一緒に作りませんか」と声を掛けてもらう

など、たんぽぽ新聞をきっかけに活動が広がることがあった。今回の実践についても、当日だけでなく、それまでの様子などをまとめ、訪問学級生と通学生との共同での取組を積極的に発信していくことにした（図2）。

図2　たんぽぽ新聞（実践以前のもの）

4　取り組みの実際
（1）生活単元学習「あきまつり」の共同実施

　Aと同じ学年の通学生の学級担任と連携し、一年前から通学生との交流を進めてきていた。昨年度は季節の手紙をやりとりしたり、ビデオメッセージを送り合ったりし、互いの様子を伝え合ってきた。筆者がオンラインでの同時双方向でのやりとりを提案した際、通学生担任から、生活単元学習「あきまつり」で、お祭りのように店を運営したり、店を回って楽しんだりする活動に取り組むことを聞いた。

　そこで、「あきまつり」を共同実施できるよう、訪問教育学級の単元配列や指導内容を見直した。Aも店を一つ担当しWeb会議システムを使って同時双方向に友達と実際にやりとりすることをとおして、相手や目的に応じて状況に合った言葉を使うことをねらいとした。

　また、あきまつりの単元を24時間計画で構成し、表1のように各教科等を合わせた指導計画として取り組むこととした。

表1 「あきまつり」の単元計画

単元名	教科・時間	指導内容
あきまつり 24時間	国語 （6時間）	相手や目的に応じて、自分の伝えたいことを明確にすること。
	数学 （3時間）	一つの数をほかの数の積として見るなど、ほかの数と関連付けて見ること。
	理科 （3時間）	植物の成長は、暖かい季節と寒い季節などによって違いがあること。
	美術 （5時間）	材料や用具の扱いに親しみ、表したいことに合わせて表し方を工夫し、材料や用具を選んで使い表すこと。
	職業・家庭 （2時間）	作業や実習等で達成感を得ること。
	外国語 （2時間）	英語の音声を聞き、真似て声を出したり、話したりしようとすること。
	自立活動 （3時間）	場に応じたコミュニケーションを取りながら自ら活動に取り組むこと。 ［人-(1) コ-(5)］

(2)「あきまつり」の計画

　Aにあきまつりを行うことを伝え、内容について一緒に考えた。お店をやろうと提案すると、「クッキー作りたいよ。黄色クッキーほしいよ」と自分の思いを伝える姿が見られた。そこで、あきまつりでは、模擬的なものではあるが、紙粘土で作ったクッキー屋さんをすることに決めた。黄色のクッキーがほしいということだったので、その言葉についてもう少し詳しく聞いてみると、黄、赤、白、茶、緑のクッキーが作りたいと考えていることが分かった。

(3) クッキーづくり

　クッキーづくりでは、左手を振り上げ紙粘土に向かって下ろしたり、指で押したりして、粘

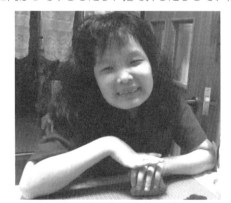

写真1　クッキーづくりの様子

土を積極的にこねることができた。力を入れてこねる場面では、パン屋さんの歌をアレンジした曲を、「こねこねっここねこねっこ」と筆者と一緒に歌いながら、楽しく活動することができた。

　また、成型の際には、机上に置いたクッキー型を筆者と一緒に力を入れて押し、集中して型抜きを行うことができた。

　黄色のクッキーづくりの際に、筆者が「Aさん、黄色のクッキーはどんな味かな」と尋ねると、「バナナ」と答えた。保護者からの聞き取りの中で、Aはバナナが好きと聞いたことがあった。Aはバナナが好きだから「黄色クッキーほしいよ」と言ったのかもしれないことが推察された。他の色にも意味があるかもしれないと思い、赤や白についても聞いてみた。筆者が「緑色のクッキーは何味かな」と尋ねられると、「…ピーマン」とうれしそうにAは答えた。そのやりとりを近くで聞いていた保護者が「ピーマン…。抹茶の方がいいんじゃない」とアイデアを出してくれる場面も見られた（図3）。

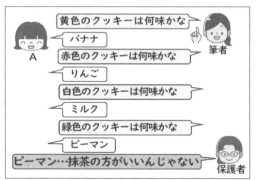

図3　クッキーの味についてのやりとり

　また、仕上げでは、筆者と一緒にはけを持ち、「ぬりぬり」と声に出しながら、クッキーの表面にニスを塗っていくことができた。ニスにラメを混ぜ、キラキラと光るようにしたことで、誰もが欲しくなるオリジナルクッキーを完成させることができた。

（4）ラッピングをしよう

　出来上がったクッキーを、3個ずつのまとまりにし袋に入れた。Aは、クッキーがたくさん入った皿から、自分でクッキーをつかみ、「いち、に、さん」と言いながら3個ずつのまとまりを作っていった。Aは片手に麻痺があるが、筆者が袋の口を開いてもっていることで、手に取ったクッキーを自分で袋に入れることができた。一袋出来上がるごとに称賛すると、Aは自分でできたことを喜びながら、集中してラッピングに取り組むことができた。

　また、当日、クッキー屋さんの前で、誰もが足を止めて買いに来てくれるよう、陳列方法も工夫して、お菓子の空き箱を使ったところ、本物のようなクッキーに什上げることができた（写真2）。

写真3　作成の様子

通学生たちが、Aの店のために旗を作成してくれた（写真4）。Aと協働して活動することに通学生も楽しみや意欲を感じていることが分かる出来事であった。Aや保護者にも旗について伝えると、「やったあ」といって嬉しそうにする姿が見られた。

写真2　完成したクッキー

（5）協働活動

　通学生担任から「通学生たちが行うお店に、Aさんが作った作品も通学生と同じように並べさせてください」という、うれしい言葉をもらった。Aも、通学生と同様にチョコバナナやうちわを通学生と同じように作成した。Aは、「バナナ食べたいよ」「チョコレート食べたいよ」と言いながら、楽しみながら作成することができた（写真3）。

　また、Aがクッキーの店を担当すると知った

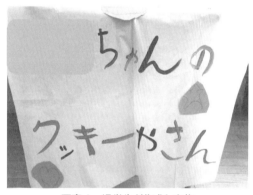
写真4　通学生が作成した旗

（6）客とのやりとり練習

　当日を想定して、店員役のAとお客さん役の筆者でやりとりの練習を繰り返した。慣れてくるとアドリブも交えながら、楽しそうに店員役を行う姿が見られた（図4）。

（7）当日の活動

　当日、筆者はAの自宅での指導を行うため、

図4 Aと筆者とのやりとり

学校での対応は特別支援教育コーディネーター（以下、コーディネーター）にお願いした。筆者がAの自宅でWeb会議システムの準備をしていると、保護者から、「これを付けると雰囲気が出ると思います」とサンバイザーを貸してもらった。Aは喜んで身に付け、Aも保護者もあきまつりを楽しみにしていることが伝わってきた。通学生が身に付ける法被をAも身につけ、開店に向けての準備を整えた（図5）。

図5 Aの自宅と学校の様子

いよいよ開店すると、Aはモニター越しに「いらっしゃいませ」と何度も言い、一方的に話す様子が見られた。筆者からAに「友達の声が聞こえてから言ってみよう」と伝えると、耳を澄ませて様子を伺っていた。スピーカーから「Aちゃんこんにちは」という声が聞こえると、笑顔になり、「いらっしゃいませ」と応答することができた。そして「何色クッキーにしますか」

と伝えると、友達から「茶色をください」と返事があった。Aは「茶色ですね。はいどうぞ」と伝えると、手元に持っていたクッキーを手前に差し出すことができた。自分の声に反応して友達の声が聞こえることがとても嬉しかったようで、目を細めながら喜ぶ姿が見られた（図6）。

図6 友達とのやりとり

Aは友達とのやりとりを楽しみながら、応答を聞いたり待ったりしながら、状況に応じてやりとりすることができた。モニターを通して友達とつながっていることを感じたAは、モニターに向かって「Bちゃん、こんにちは、Bちゃん」と積極的に話し掛けていた。声を聞いたBが反応し「はあい」という返答がスピーカーから聞こえると、嬉しくなり、身を乗り出してBとのやりとりを楽しむ姿が見られた（写真5）。

写真5 やりとりを楽しむA

学校では、Aがモニターの先にいることを認識し、積極的に声を掛けてくれる通学生や、何度も挨拶をする通学生の姿が見られた。

店の開店時間中は、コーディネーターがAと通学生との橋渡しを行い、Aの「はいどうぞ」という言葉を聞き、その後通学生にクッキーを手渡すようにしていた。クッキーを手にした通学生は、Aが作ったクッキーを手に取り嬉しそうに見たり、画面に向かってクッキーを見せる仕草をしたりし、喜んでいる様子がモニターを通して伝わってきた（写真6）。

写真6　モニターに向かってクッキーを見せる通学生

5　実践を通して考えたこと

本実践は、「学校に行きたい」「友達に会いたい」というAの願いを大切にして取り組んだ。Aは、友達とやりとりすることを楽しみにしながら、終始意欲的に活動することができた。また、あきまつりの当日、途中で疲れてしまうことも予想されたが、友達とのかかわりをとおして充実感や満足感を得て、予定時間いっぱい活動に取り組み、友達とやりとりすることができた。

活動後、Aからは「友達と話してうれしかったよ、また話したいよ」という感想を聞くことができた。保護者からも「自宅でも友達を身近に感じることができ、とても良かったです」という感想をいただいた。また、通学生からは、「Aちゃんと話せて楽しかった。今度は会いたいな」という感想が挙げられた。

本実践を通して、Aは自分に任せられた役割に楽しみながら取り組み、友達とやりとりを通して満足感を得ることができたと捉えている（写真7）。これらの姿から、Aの生活場面を広げることができたと考える。今後も人との関わりを大切にしながらAのキャリア発達を促していきたい。

写真7　とてもうれしそうなA

Comments

　学校に登校することが難しい生徒へのICTを活用した学習活動の実践として参考となる実践である。本報告では、単につながるだけではなく、本人の実態に応じた内容の焦点化、そして協働的な学びを取り入れることで自己有用感や自己肯定感の育成を図っているところに着目したい。これらのことは、今後のオンラインによる双方向型の授業の1つの在り方を示唆していると言える。

2 特別の教科道徳をベースに対話を積み重ねるキャリア教育

横浜市立若葉台特別支援学校教諭 関戸 優紀子

本校は平成25年1月に横浜市緑区新治町から移転し、横浜市立若葉台特別支援学校（横浜わかば学園）として開校した。同年4月に、それまでの30年の歴史がある肢体不自由教育部門（A部門）に加えて、知的障害教育部門高等部（B部門）を開設し、横浜市立では初の異なる障害種を設置する併置校となった。

また、校内にコミュニティハウス、カフェのある本校の特徴を活かした教育活動を進めている。B部門パン工房のパンは、カフェで売られ、地域の方に購入していただいている。A部門中学部では授業で育てたシソ、バジル、サツマイモなどをB部門のパン工房へ納品するコラボ授業を数年前から実施している。

本稿では、A部門中学部の生徒自身が様々な場面で自ら考えて決めていくことをねらいとして、特別の教科道徳をベースとした対話を重ねる実践について紹介する。

◆キーワード◆ 特別の教科道徳、コミュニケーション能力の育成、生活年齢相応のかかわり

1 はじめに

本校は学校教育目標として「一人ひとりを大切にした教育を行い、地域とともに歩み、自立と社会参加を目指す教育を充実させます」と示している。A・B部門それぞれにおいて、児童生徒の特性や教育的ニーズに応じた学びの実現に向けて、保護者、地域、福祉・医療関係者、学校運営協議会等、様々な関係機関と連携し、教育活動の充実を目指している。

A部門の児童生徒の多くは肢体不自由があることにより生活や社会参加の経験が不足している場合が多い。また、環境の把握やコミュニケーションに困難を抱えることから、小学部段階では丁寧に個々に寄り添う教育を行っている。認められ、安心もできる環境で学習することで、児童生徒の育ちがあると考える。

筆者の所属する中学部段階では、「集団の中の自分」を意識した教育が必要と考えている。そのことで、「社会の一員」としての自覚をもつきっかけになると考える。

特別の教科道徳（以下、道徳科）では、自らを見つめるとともに、友だちや教員との対話により、新たな気づきを見いだせると考える。また、「自分がどうしたいか」を常に意識し、選択できることの喜びを感じ、選択することが当たり前であることに気付いてほしい。

障害が重いと言われる児童生徒へのキャリア教育においても、自らの力で生き方を選択していくことができるように必要な能力や態度を育てていくことが大切であると考える。

2 本校の特別の教科道徳について
（1）基本的な考え方

本校において、日々の指導・支援のすべてが道

徳教育と関連があると捉えている。道徳教育との関連を意識して指導・支援を行うことをとおして、特別支援学校 小学部・中学部 学習指導要領「第１章総則」第２節の２（２）に示す道徳教育の目標「小学部においては、自己の生き方を考え、中学部においては、人間としての生き方を考え、主体的な判断の下に行動し、自立した人間として他者と共によりよく生きるための基盤となる道徳性を養う」に迫っていけると考える。

（２）道徳科年間指導計画

以下に、中学部における道徳科の年間指導計画と取り扱う内容を示す。

【目標】

- ・望ましい生活習慣を身につけ、心身の健康の増進を図る。
- ・より高い目標を設定し、その達成感を目指し、希望と勇気をもって、困難や失敗を乗り越えて着実にやり遂げるようになる。
- ・自分の考えや意見を相手に伝えるとともに、それぞれの個性や立場を尊重し、いろいろなものの見方や考え方があることを理解し、寛容の心をもって謙虚に学び、自らを高めていく。
- ・勤労の尊さや意義を理解し、将来の生き方について考えを深め、勤労を通じて社会に貢献する。

【取り扱う内容】

4～5月	挨拶
6～7月	集団のなかの自分の役割
8～9月	考え方を変えると思いも変わる
10月	安全で健康な生活
11～12月	礼儀
1月	自分の個性を伸ばす
2～3月	認め合う心

中学部には、重度・重複障害のある生徒が多く在籍しているが、教員が支援しながら生徒と丁寧な対話を重ね、考えをくみとっている。また、それぞれの意見を述べる機会を多く設定することで、いろいろな考え方を知ることができ

るようにしている。そして、体験的な学習を取り入れるようにし、教材についても生徒の実態に合わせて工夫をしている。

本校では「日々の指導・支援すべては道徳教育と関連があるといえる」という方針で取り組んでいるため、対話をすることの大切さや、何よりも自分で考えることの大切さを常に問いかけている。これこそがキャリア教育の土台となると考える。

3　キャリア教育の実践

（１）対象生徒（A）の実態 (以後 A さんとする)

本校９年在籍の現在中学部３年生で、知的障害、筋ジストロフィーによる障害がある。内言語は豊かであるが、表出方法の獲得が十分にできていないため、自分の思いを伝えることが難しい生徒である。

【実態表】

身体面	・安定した独歩ができる。 ・走ることやジャンプすることはできないが、早歩きやダンスなどができる。 ・障害から筋力の低下はあるものの、手押し車などの自分の体を支えることができる。
心理面	・人とのかかわりが好きで、友だちへの接し方も優しい。 ・苦手な活動や難しいと感じたものへの拒否感が強い。 ・一人で行動することへの不安感がかなり強い。・模倣ができる。
認知面	・簡単な日常会話の理解力がある。また、言葉の指示で行動することができる。 ・ひらがなが読める。書字はできない。 ・空間の把握が弱いため、立ち位置などを指示する際は配慮を要する。 ・活動の終わりがわかりにくく、ずっと同じ行動をしていることがある。提示の仕方を工夫することで活動を切り替える時間が短くなる。 ・時計の数字を読むことができる。

コミュニケーション面	・発声、発語はあるが発音は不明瞭であり、言いたいことが伝わらないことが多い。 ・内言語は豊かであるが、表出の手段が乏しい。 ・教員の言葉の指示で行動できる。
生活面	・自食することができる。 ・紙パンツを使用している。トイレでの排泄の成功体験を積んでいる。 ・スクールバスを利用して通学している。 ・歯磨きの仕上げ、入浴は介助が必要になる。
家庭生活	・自身のタブレットで動画サイトをみて楽しんでいる。 ・家族での買い物や外食、外出多く、その面では生活経験が豊かである。 ・コロナ禍以前は放課後等デイサービスを利用していた。

（2）ねがい

　個別の教育支援計画作成におけるアセスメントで把握したAさんのねがいは「友だちと仲良くしたい。いろいろな活動を楽しみたい。勉強をしたい」であった。また、保護者のねがいは「自分の名前を書けるようになってほしい。友だちと仲良く過ごしてほしい。社会に出ても通用するようになってほしい」というものだった。なお、このAさんのねがいは、保護者との会話をとおして捉えられたものであり、Aさん自身だけで考えられたものではない。

　A部門中学部では「理科／社会」という集団授業で、職業について学ぶ機会があった。授業を通して、将来ウエイトレスをしてみたいという本人からの話が聞けた。将来に対する初めての本人からの発信であった。将来について自分事としてとらえ、より自分について考えたり、発信できるようになったりするきっかけになると考え、三者面談を行うことにした。

（3）三者面談の実施

　中学部では個人面談は保護者と教員の二者で行うことが通常となっていた。Aさんは中学部3年生ということもあり、進路についても考え始める時期にある。今後身につけてほしい力については、学校だけでなく家庭の協力が不可欠であるということ、また、家庭と学校との連携をAさん自身が知ることで、指導効果が上がると考え、三者面談を実施した。面談には進路専任教員も同席し、Aさんの将来について話し合いをした。そして、個別の教育支援計画等（以下、個別の諸計画）を基に今後身につけてほしい力について確認した。この三者面談後、家庭との連携がより図れるようになった。

　今まで保護者との二者面談では、個別の諸計画等の確認を保護者と教員だけでしてきた。しかし、今回の三者面談を行うことで、Aさんも自分の目標を知り、それを達成するために学習を積んでいかなければいけないということが明確になったと考える。また、Aさん本人が自分事として捉える経験が不足していたことについて教員も気づかされた。

（4）実際の取組

　自分のことであっても保護者や教員に導かれてきたAさんに自分事として捉え、自分の思いをきちんと伝えられるようになってほしいと考え、以下の様々な取組を進めてきた。

【自立活動（コミュニケーション）】

　対話において必要なスキルとして、自分の思いを正確に人に伝えられるようにするために、文字盤、タブレット端末のコミュニケーションアプリなど様々な教材を活用し、コミュニケーション能力の向上を図る取組を進めてきた。ここでは手話の学習について取り上げる。

　まずは手話の表現で伝わる喜びを感じられる

よう、Aさんに毎朝歌う朝の会の曲を手話で歌うように提案した。Aさんはすぐに「いいね！」と答えた。本校には事務室にも、職員室にも手話に長けた教職員がいる。そこで、Aさんに「事務室に行ってこの曲の歌詞の手話を教えてもらおう！」ことを提案した。事務室は教室と同じフロアにあり、距離も近く一人で行動するにはちょうど良い。事務職員とあらかじめ打ち合わせし、Aさんに一人で事務室に行くように促した。朝の会の歌の歌詞と手話を教えてほしい旨のメモを手に持ち、緊張した様子で事務室へ行った。事務室から出てきたAさんに教わった手話を確認してから、一緒に事務室に戻り、答え合わせをした。手指の不器用さもあり、正しく覚えて表現することが難しい単語もあった。正しく伝わるために、繰り返しいつでも練習ができるようにイラストを入れたプリントを作成した。Aさんは家庭に持ち帰り、意欲的に取り組んだ。

今まで朝の会の歌では発音できる一部分で声を出したり、手拍子をしたりしていたAさんが、曲に合わせて手話をしながら大きな声で歌う様子はできた喜びを感じさせるものだった。朝の会の手話をきっかけに、Aさんの手話を覚える意欲は高まり、今では簡単な会話もできるようになっている。また、その姿を見て、学級担任や養護教諭等たくさんの教員がAさんの使う手話を覚えるようになった。手話を使うことが日常になった環境もあり、ほかの生徒が自然と手話を使うようになった。A部門ではなかなか提供することが難しい、生徒同士の学び合いができたことは素晴らしい成果だと感じている。

【運動会】

様々な困難を抱えて生まれてきたAさんを保護者は大切に愛情いっぱいに育てている。学校生活を送る中で、活動内容や教員の指導についても、心配なことや不安感を訴える時期が長くあった。そのことだけが要因ではないが、Aさんは力があるはずなのに一人で行動する機会を逃している現実があった。そこで、中学部では段階を経ながら、見守りの距離をのばしたり、わずかなことでも一人でできたという成功体験を積んだりすることを心がけて指導した。1年生の頃は保護者の不安もまだ強かったが、Aさん自身の成長を感じられるようになり、保護者の気持ちにも変化がでてきている。特に3年生の時の運動会のエピソードから、本人と保護者の思いの変容を感じとった。

運動会でAさんは全校生徒の前でラジオ体操をすることと、A部門の代表として参加賞の受け取りの係りになった。そこで、「先生は生徒席から見ているから一人でやってみよう！」と提案をした。最初Aさんは激しく拒否したため、対話を重ねることにした。Aさんの拒否する理由は「一人ではできない。先生とやりたい」というものだった。それを受けてどんな人もどんなことも最初からできるわけではないことを伝え、練習を重ねることを提案した。テンションは低めであったが、校庭で参加賞を受け取る練習を重ねるうちに見通しをもち、元気に取り組むことができるようになった。ラジオ体操についてはもともと上手にできていたが、練習時に称賛することで、意欲的に取り組むことができた。この取組で本人の運動会に向けた意欲が高まっていたため、運動会の競技について

も一人で行うことをＡさんに提案した。

　運動会当日、代表の係も、競技についても堂々と一人でやりきることができた。校庭から教室に戻る際のＡさんの満足気な表情がとても印象的だった。当日、参観にきていた保護者も非常に感動していた。全職員から、そして家庭でもたくさんの称賛を受けたことで、Ａさんの自信につながった。

　運動会が終わった数日後、Ａさんと振り返りをした。対話をとおしてＡさんからは「最初は自分だけ先生が近くにいないのが泣くぐらい嫌だった。でも、一人だけでもできてみんなに褒められて嬉しかった」という思いが聞けた。

【朝の活動（スクールバスから教室までの移動）】

　Ａさんはスクールバスで学校に通っている。毎朝バスで登校する子どもたちを待つ教員でプラットホームはにぎわっている。独歩のできるＡさんにも運動会までは一人の教員が近くについていた。しかし、運動会で自信をもった今が良い機会であると考え、一人でバスから降りて教室まで行くことをＡさんに提案した。これに対するＡさんの拒否感はかなり強いものであった。そこで対話を重ね、スモールステップで取り組むことにした。まずは、少し離れた所から手話で挨拶を交わし、教員から「早く教室に行こう」という手話で伝えた。それに対しＡさんが「わかった」という手話を返してバスから降り、少し離れた所にいる教員の所までＡさんが来たら朝のミッションを確認する。ミッションとは①事務室に行き、事務職員に自分から声をかけて挨拶をする。②急いで教室に来る。③教室についたら朝の支度を手早くする。という３点にした。Ａさんと確認をしたら、教員

はまた距離をとり、最初は事務室前、次は保健室前、その次は教室前と距離を徐々にとって見守るようにした。事務室には防犯カメラのモニターがあり、バスターミナルと玄関の様子が見られる。そこで、次の段階として、バスが到着したらまずＡさんと朝のミッションを確認し、「教室で会おうね。」と声をかけて、教員は事務室のモニターでＡさんの様子を見守ることにした。しばらくは、バスからゆっくりと降り、立ちすくみ、バスターミナルにいる教員に声をかけられると歩き出すという様子が見られた。この取り組みのなかでも毎日対話を重ねた。現在の段階は、前日の下校前に朝のミッションを確認し、さらに５分以内に教室に来ることを確認し、教員は教室で待っている。時間を意識しながら成功体験を積み始めているところである。

【特別の教科道徳】

　単元「挨拶名人になろう」において、導入でどのような挨拶が気持ちの良い挨拶なのかを考えるための動画（自作教材）をテレビに映すとＡさんは画面から目を離すことなく良く見ていた。その後、ロイロノートを使用し、出された課題に意欲的に取り組んだ。Ａさんが決めた挨拶の目標は「大きな声と手話で自分から挨拶をする」だった。ロールプレイをした際は、「自分から」という部分が難しいようだった。Ａさんは「ドキドキする」と手話で伝えたため、経験を積めるようにした。現在は自然に自分から挨拶する場面をよく見かけるようになった。

（5）考察

　様々な取組をとおして、常に「自分がどうしたいのか」を問われることへの緊張感によりＡ

さんを萎縮させてしまうこともあった。筆者は本人の自己肯定感を維持しながら挑戦することへの難しさを感じることがあった。そこで、Aさんに「困っている」という手話を教え、使うことを提案した。Aさんには「間違えても失敗してもいい」ことを伝え、本人の思いを聞きとり、それを伝える表現方法をその都度教えることを繰り返し行っている。Aさんには自分の思ったことをどんどん伝えられるようになってほしいと願っている。

4　おわりに

　重度・重複障害のある児童生徒が通う特別支援学校では、適切とは言えないアセスメントや過度な支援があることも散見される。子どもたちの多くは、未経験なことが多くある。環境の把握や人間関係の形成が難しい子どもたちも多いため、小学部低学年段階では、学校は安心・安全な場所だとわかるようなかかわりが大切と考える。しかし、その一方で長年の教員の過度な支援により未経験のまま過ごし、十分な学びを得られなかった子どもたちがいることも考え

られる。そして、生活年齢相応のかかわりを受けないことも見られる。キャリア教育においては障害の有無や状態、発達段階、家庭環境などにかかわらず、誰もがよりよい学びを受ける権利があると考える。

　「自分がどうしたいのか」常に私が生徒に問いかける言葉である。人生は選択の連続であり、選択できることは幸せなことである。また、逃げない、諦めないことが自分の選択肢を増やすことにつながる。年齢相応のかかわりをとおして自己肯定感を高めることも大事である。「社会の一員」としての自覚をもち、将来に夢をもつためには、周りの人に決めてもらうのではなく、自らが選ぶべきだと気がついてほしい。もちろん「やらない」という選択もできるが、できた喜びは子どもを成長させる。できたことで人から認められるということが心の栄養になり、向上心や諦めない気持ちを育てると考える。より豊かで自分らしく生きていくために、それぞれのニーズを的確に把握し、対話を重ねるキャリア教育の実践に今後も取り組んでいきたい。

Comments

　初めて取り組むことに対しては、誰でも抵抗がある。まして障害による経験不足が重なり、見通しをもつまでに時間もかかってしまうことが少なくない。本実践は、体験的な活動と丁寧な対話を繰り返すことで、本人の意欲と自己肯定感を高めるだけではなく、「自分ごととして捉えること」の重要性を示唆している。本報告では、児童生徒自身が取り組んでいることを十分に理解しながら、考えを深めていくことができるように支援することの大切さが再確認できる。

3 重度・重複障害がある児童生徒のキャリア発達支援
~「自立活動実践シート」に基づく中心課題を明確にした指導 ~

広島県立広島特別支援学校高等部主事　片岡　愛

　本校では、重度・重複障害がある児童生徒のキャリア発達を促進するため、本人や保護者の願いを踏まえ、「自立活動実践シート」の課題関連図で中心課題を導き出した上で、育成を目指す資質・能力を明確にした指導を行っている。本稿では、自立活動を主とした教育課程で学ぶ小学部及び高等部の児童生徒を対象とした事例を中心に実践の概要を報告する。

◆キーワード◆　自立活動実践シート、中心課題、育成を目指す資質・能力

1　学校概要
（1）歴史
　本校は、昭和 38 年に設置された県内最初の養護学校で、県西部の広島市安佐北区に位置する。平成 28 年度に知的障害部門が設置され、県内唯一の肢知併置校となった（令和 3 年 5 月 1 日現在、児童生徒は 198 名（肢体不自由部門 114 名、知的障害部門 84 名）、教職員 177 名（非常勤職員を含む））である。

（2）教育課程
　学校教育目標は、「健康・挨拶・規律・行動」であり、これを基に各学部において学部教育目標を立て、児童生徒の多様な実態に応じた教育を実践している（表 1）。
　本稿では、肢体不自由部門小学部及び高等部におけるⅢ類型の教育課程を履修している生徒に対する実践事例を報告する。

表1　教育課程

肢体不自由部門	知的障害部門
Ⅰ類型： 小学校、中学校、高等学校に準ずる教育課程	小学部・中学部： 各教科等を合わせた指導を主とし、個別の課題に応じた学習を設定する教育課程
Ⅱ類型： 知的障害者である児童生徒に対する教育を行う特別支援学校の指導内容を取り入れた教育課程	高等部　単一Ⅰ： 主に企業への就労を目指し、職業に関する教科の履修時間を多く設定した教育課程
Ⅲ類型： 自立活動の内容を中心とした教育課程	高等部　単一Ⅱ： 様々な実態に合わせ身辺の自立を図り、日常生活に必要な力を付けていく時間を設定した教育課程
Ⅳ類型： 知的障害特別支援学校の指導を取り入れた又は自立活動の内容を中心とした教育課程（訪問教育）	

2　キャリア教育の取組
　本校では、進路指導の目的を「児童生徒が自らの在り方や生き方を考え、将来に対する目的意識をもって、主体的に自己の進路を選択決定し、生涯にわたり自己実現を図っていくことができるような能力や態度を身に付けること」とし、キャリア教育の視点に立った以下 3 点の方針を示し、進路指導の充実を目指し学校全体で取り組んでいる（図 1）。

① 進路指導を生き方の指導と捉え、「出口指導」に偏らないよう取り組む。
② 学校の教育活動全体を通じて、入学時から生徒が希望する進路を実現できるよう系統的、計画的、組織的に推進する。
③ 「個別の教育支援計画（移行支援計画）」を作成し、一人一人の教育的ニーズを把握し、関係機関との連携を図りながら、将来の自立と社会参加を見据えた目標と支援内容を明らかにして取り組む。

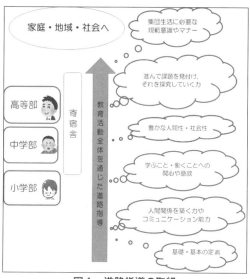

図1　進路指導の取組

　また、「キャリア教育全体計画」を作成し、各学部及び寄宿舎のキャリア教育指導目標を「基礎的・汎用的能力」に沿って設定し、これに基づいた指導を行っている。さらに、本校では、令和元年度から研究主題を「主体的な学びを引き出す基盤を大切にした授業づくり」とし、肢体不自由部門では副題を「指導すべき課題の整理に焦点を当てて」と設定して特別支援学校学習指導要領に示されている「自立活動」の個別の指導計画作成の過程に新たに追加された「指導すべき課題の整理」に焦点を当て、より明確な指導目標・内容を設定できることを目的として取り組んできた。

　具体的には、個別の教育支援計画を基に、本校独自の様式である「自立活動実践シート」を用いて、①：生徒実態の記述を6区分に分類し、「児童生徒の将来の目指す姿」を明確にした上で、②：①を基に課題関連図の作成を通して課題の整理を行い、中心課題を導き出し、③：中心課題を基に自立活動の目標を設定する手順で取り組んだ。

3　就業体験・職場実習

　本校では高等部1年の時から、実態に応じて就業体験・職場実習を実施している。1年次では必要に応じて、2年次では2回、3年次では就労先が決定するまで実施している。実習の流れは以下のとおりである。

生徒・保護者・担任・寄宿舎担任で相談し，希望先を決定する。

↓

事前打ち合わせ

↓

実習

↓

反省会

4　卒業生の進路状況

　過去3年間の肢体不自由部門の高等部生徒の進路状況を示す（表2）。

　重度・重複障害のある生徒については、生活介護事業所に進路を決定する場合がほとんどである。その理由は、医療的ケアを必要とする児童生徒の進路、特に呼吸器系の基礎疾患により気管カニューレ及び人工呼吸器を装着していること又は吸入及び吸引を必要とする生徒については、看護師が進路先に常駐していることが必須の条件となってくるためである。また、看護師についても複数名いるなどの体制が整っていることも必要条件となる。

就業体験先の決定については、高等部在学中から利用している福祉事業所等において実習を行って進路決定につなぐ場合が多いが、看護師のいる福祉事業所の候補を提示し、本人・保護者の希望を基に実習先を決定し、進路決定する場合もある。場合によっては生徒の居住区域の福祉課、障害者基幹相談支援センター、計画相談事業所、現在利用している事業所等の関係者が集まってケース会議を実施し、協議、検討し進めていくこともある。

その他、学校として事業所説明会を実施するとともに、広島市や周辺の自治体の障害者基幹相談支援センター等に協力いただき、事業所情報を保護者へ提供している。

表2　進路状況

			平成30年度	令和元年度	令和2年度
就職			0	0	2
障害者福祉サービス（日中活動）	就労継続支援B型		2	0	3
	生活介護		4	9	5
	自立訓練		0	0	0
	就労移行支援		0	0	2
地域生活支援事業	日中一次支援		—	—	0
教育機関（大学・専門学校など）			1	1	3
合計			6（併用1）	10	15（併用1）

5　小学部、高等部における実践

自立活動実践シートを活用して将来の目指す姿、指導目標及び内容を明確にした上で実践した進路指導の取組を2事例報告する。

（1）事例1（小学部）

肢体不自由部門小学部6年のA児は、Ⅲ類型（自立活動を主とする教育課程）に在籍する児童である。「障害・基礎疾患」は、ダウン症による体幹機能障害、知的障害、先天性白内障、軽度難聴（両耳40dB）、ウエスト症候群がある。「学習認知」面は、因果関係の理解が進んできており、目的意識をもって活動に取り組むことができてきているが、離れたものの注視や追視が難しい。「運動と移動」に関しては、好きな物を見付けてずり這いや四つ這いで移動できる。

また、胡坐座や膝立ちの姿勢を一定の時間保持することができる。「コミュニケーション」に関しては、好きな活動で、声や表情で楽しい気持ちを表すことができる。しかし、支援者に自ら働きかけることは少ない。

「個別の教育支援計画」の作成に当たっては、以下の保護者の願いを踏まえた。

・集団の中で何らかの形で仕事（活動）ができるようになって欲しい。
・自分の気持ちを伝え、相手の気持ちを受け止めるようになって欲しい。

その上で、学部修了後の生活を目指した目標を以下のとおりとした。

・生活や遊びの中で、目的的に移動したり、手を使ったりする力を高めることができる。
・身体や頭部を支える力を高め、活動に意欲をもって長い時間、参加することができる。
・好きな活動を通し、いろいろな方法で自分の思いや要求を相手に伝えることができる。

次に自立活動の6区分で課題関連図（図2）を作成し、中心課題を基に次の指導仮説を立てた。当該児童は、学習への意欲や集中の持続が難しいため、覚醒の低下に伴う姿勢保持の力の低下、コミュニケーションの機会の減少が起こっていると考えた。その主たる要因は、活動や興味の幅が限定的であったり、身体を活動に応じて動かす力が十分ではなかったりするためであ

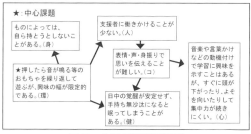

図2　A児の課題関連図

ると仮定した。活動や興味の幅を広げ、活動に応じて身体を調整する力を高めるためには、目的的に身体を使って人や物とかかわる力を伸ばしていくことが大切である。そのため、表3に示すとおり指導目標等を設定して指導を行った。

表3　A児の自立活動の目標等

指導目標	指導内容	学習評価
遊びを通して目的的に身体を使う力を高めることができる。	遊びを通して教師とやり取りを行う。	操作したものと、その結果起こった刺激に対する反応が見られ、繰り返し活動することで、因果関係に気付いて自ら活動する姿が見られた。
	体幹や頭部を保持して活動する力を高める。	座位姿勢を保持して活動したり、両手を使って操作したりしようとする場面が見られた。
	目的的に移動したり、手を使ったりする力を高める。	他の学習場面でも、教材に近づき、操作することが増えた。

今後の指導方針は、「遊びを通して他者とかかわったり、自ら働きかけたりしながら、自分の要求を伝えることができるような力を付けること」「活動中に自分の姿勢を保持する必然性のある場面設定をすることで、活動や目的に応じた身体の使い方を意識できるよう指導を継続すること」「課題の難易度を上げたり、種類を変更したりしながら、因果関係の理解を深めることができるよう、活動の機会を増やしていく

こと」の3点である。

最後に、自立活動とキャリア教育のつながりにおいて重要な点が2点あると考える。

1点目は、学部修了後や高等部卒業後の生活を想定し、今、何を指導すべきかについて検討することである。卒業後の視点を踏まえた実態把握という意味で、キャリア教育の視点を踏まえたものであると考える。

2点目は、設定した自立活動の指導目標及び指導内容と育てたい力との関連を明確にすることである。例示されている基礎的・汎用的能力との関連が多くあると考える。

A児については、例えば遊びをとおして認知を高める指導（図3）が、課題対応能力へと発展し、教師とかかわることにより、人間関係形成能力や社会形成能力に結び付くと考える。また、保護者や医療、福祉等との関係者会議を小学部段階からもち、「個別の教育支援計画」の実践を共有することが、本人や保護者の願いを実現するための重要な取組になるものと考える。

図3　遊びを通して認知を高める指導

（2）　事例2（高等部）

高等部の自立活動を主とするⅢ類型の教育課程に在籍していた令和2年度卒業生を紹介する。B児の障害名は、染色体異常（18トリソミー）、心室中隔欠損症、点頭てんかんである。本校中学部2年までは訪問学級に在籍しており、中学部3年時から通学生となった。高等部

在籍中の出席状況は、以下のとおりである。

	出席日数	授業日数
第1学年	118日	196日
第2学年	97日	179日
第3学年	127日	174日

「学習認知」面においては、物を追視したり、次の動きを期待したりして見ることができていた。また、触ったら鳴る、話したら動くなどの因果関係が分かる。具体的には、鈴など音の鳴るものやキラキラしたもの、感触の優しい物に興味・関心を示し、つかんで長時間の目の前で動かし注視したり、クラスメイトや教師の声がする方を見て注目したりすることもできる。「運動と移動」では、仰臥位から側臥位への姿勢変換は自力で行うことが可能である。また、側臥位から伏臥位になったとき、自分で上腕を抜くことができる。左手優位で見たものを握ったり、引っ張ったりすることができる。なお、上肢を自由に動かすことができ、手指でつかむ力は強い。「コミュニケーション」に関しては、自ら他者に働きかけることは難しいが、快・不快を声の出し方や表情で表すことができる。また、繰り返し行ってきた内容については、期待したり、拒否したりすることもできる。

　3年間通した保護者の願いは、「体調に気を付けながらいろいろなことに挑戦し、経験を増やすことにより『やれる』という自信を付けさせたい」、「学校でしかできない活動を大切にしてほしい」、「楽しいという気持ちを声に出して表現してほしい」であった。

　作成した「個別の教育支援計画」を基に、保護者の願いと卒業後の生活を目指した目標を共有した。B児及び保護者の願いは次のとおりである。

　自分のペースにあった生活介護事業所を希望する

　これを基に学部修了後の生活における目標を「日中の活動時間を少しずつ伸ばせるように生活リズムを整える。気持ちを表現していく力

を付ける」と設定し、年間目標を「体力向上・健康促進につながるようストレッチをしたり、ウォーカーで歩いたり、日々の学習を継続して取り組む」と設定した。

　次に自立活動実践シートを基に生徒実態を書き出し、将来の目指す姿を「日中の活動時間を少しずつ伸ばせるよう生活のリズムを整える。」「大人だけでなく友達とのかかわりも楽しめるよう、表現していく力を付ける。」と設定した。次に、自立活動の6区分で整理し、課題関連図（図4）を作成して中心課題を基に指導目標を立てた。

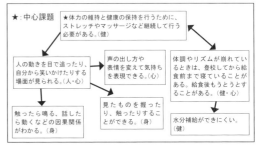

図4　B児の課題関連図

　その上で、表4に示すとおり指導目標等を設定して指導を行った。

　3年次は年度当初から新型コロナウイルス感染拡大防止の観点から学校が休校、分散登校となったが、個人目標を「好きなもの、好きな活動を増やし、いろんな人とのふれあいを楽しみに元気に過ごすこと」と設定して進路指導を進めていった。この時期に保護者から「コミュニケーションできるわけではないが、学校に来ることが本人にとって良い刺激になっていたことを、退屈そうにしている様子を見るとつくづく思う。」との言葉をいただくとともに、保護者は卒業後の生活について具体的に考えるようになった。就業体験については、高等部2年の2月に1回（事業所A）実施したのみであったが、5月に事業所Bで実習を行い、6月に事業所Cに見学希望を出し、7月に実習を行った。

表4　B児の指導目標等

指導目標	指導内容	学習評価
ストレッチやマッサージなどの運動を継続して行い、屋外での活動を取り入れ、健康を保ち体力を付ける。	「坐座位や膝立ちの姿勢等、様々な体位を取る中で体幹の支持力を高める。」「気温や風、日の光を感じながら、グラウンドや校舎周辺を移動する。」	安定して学習に取り組む身体と心の備えができ、意欲的に取り組む姿が見られるようになった。
友達との関わりが広がるように間に立ちながら、コミュニケーションの幅を広げる。	「発した声や動きが、相手に受け止められていると感じられるように、可能な限り応えるようにする。」「生徒同士が関われるような場面設定を行う。」	上肢の緊張を緩め、体幹の支持力を高めることにより、教材に興味・関心をもって触れる回数が増えた。
体調に留意しながら、学習活動に積極的に取り組めるよう、活動のリズムがもてるようになる。	「体調面について学級や家庭での様子を、連絡帳を通して保護者と連携する。」「体温や発作について定期的に測定して記録に残す。」「手指を使った創作活動、楽器など音を鳴らす活動、本人が楽しめる活動を設定し、気持ちが切れないようにする。」	学級で役割をもつことにより、まなざしや声、顔の表情を豊かに表現して喜怒哀楽を伝え、和やかな雰囲気をつくる場面が増えた。

就業体験を３カ所の事業所で実施したが、最終的に１カ所に決定した決め手は、①居住地が町中であるため、四季を感じられる活動があり、明るく広々とゆったりした空間で、他の利用者とかかわりがもてる雰囲気があること、②家から近く送迎があること。③ＯＴ、ＰＴが介助に入り、毎日安心して過ごせること、④保護者が事業所の管理者と価値観が一致し、信頼して預けられるという安心感がもてたこと、の３点の理由である。

保護者は、誕生時に医師から「１歳は来ない」と言われ育ててきた。これまでの過程、成長の喜びを伝えた上で、「本人について知ってほしい」という思いを常に発信し、学級担任はその思いを踏まえ、学校として何ができるか考え、日々の連絡帳を中心に連携をとりながら取り組み、進路決定につなげて卒業を迎えた。

6　今後の課題

児童生徒が、「社会の中で自分の役割を果たしながら、自分らしい生き方を実現していく」キャリア発達を促すよう、取り組んできた。重度・重複障害がある児童生徒については、基礎的・汎用的能力のうち、キャリアプランニング能力の育成に制約や難しさがあると考えられるため、医療、福祉との連携が重要となる。

引き続き、本人や保護者の願いを踏まえ、自立活動実践シートで中心課題を明確にした指導を行うとともに、本校の研究テーマ「育成を目指す資質・能力を明確にした授業改善～目標・手立て・学習評価の妥当性の検討を通して～」に基づいて着実に授業改善を行うことこそが、児童生徒のキャリア発達を促進するものと考える。

Comments

児童生徒との信頼関係、適切な実態把握があるからこそ、スモールステップのアプローチがうまくいく。コミュニケーションの力をつけ、それを身の回りから地域へと広げていく取組は素晴らしく、参考にしたい。本事例は、児童生徒の世界が広がることは、社会参加につながるだけではなく、児童生徒自身の多くの気付きや思考、判断を生み、それが学びに向かう力となっていくということを示唆している。

4 重度の知的障害や自閉スペクトラム症のある子どものキャリア発達を促すためのコミュニケーション支援

三重県立松阪あゆみ特別支援学校教諭　石井　幸仁

　重度の知的障害や自閉スペクトラム症のある子どもたちが、「自分の思いが伝わらない」「相手の意図理解が難しい」、つまり、うまくコミュニケーションが困難であるために行動問題を起こしたり、授業参加が難しかったりする場面を多くみかける。こうした場面は、相互のコミュニケーションがとれれば、減らすことができるはずである。人が生きていく上で「コミュニケーション」は必要不可欠のものであり、全ての学習やくらしの土台になると考えている。
　コミュニケーション学習を進める中で、仲間や支援者との信頼関係が深まり、「できて嬉しい」「もっとやりたい」と学習意欲が高まった2つの事例を紹介する。これらは、くらしの「いま」と「将来」を見据え、「役割」や「自分らしさ」が発揮され、キャリア発達が促された事例である。
◆キーワード◆　コミュニケーション学習、モチベーション、スモールステップ

1 「できる」「伝わる」ことが増え、毎日がキラキラになったAさん（小学部3年生）

（1）実態把握

　Aさんは、ほしいものは直接手にし、行きたい場所には直接向かうことが多かったが、時々支援者の手を引いて意志を伝えることがみられた。見通しをもつことが難しい活動や、やりたくない学習では、座り込んだり、寝転がったりし、拒否の意思表出をしていた。

　高い所が好きで、机の上等を歩くことがある一方で、ブランコや毛布ブランコは、予測できない動きが不安なため、拒絶をすることが見られた。床や壁を手で叩く感覚遊びに没頭する時が多く、スライムや図工での絵の具の感触は好むが、ボディペインティングやプールは拒否していた。

　給食時は他の児童の食べ物に手を出してしまうので、別エリアで支援者とマンツーマンで食事をしていた。また、揚げ物や海苔がかかったご飯しか食べない等、偏食が見られた。

（2）目標

　「伝わること」が増えると、やりとりしながら「できること」が増え、自己肯定感が高まり、生活の中での「役割」の増加につながる等、生活がさらに豊かになると考え、以下の目標を設定した。

① 要求したい玩具・活動の絵カードを支援者に手渡すことができる。

② 一日を通じて様々な場面や時間帯にできる好む活動や、好きな玩具、揺さぶり遊び、運動を増やす。

　好きなことが増えると、やりとりすることが増えるので、①の目標の手立てにつながると考えた。

（3）手立て

① 好きな玩具・活動をアセスメントし、その絵カードを作る。

　絵カードで要求する時は、2人の支援者で学習を行う。直接やりとりしない支援者は、Aさんの絵カードを手渡す動きを身体ガイダンスす

る。身体ガイダンスは徐々に減らし、自立度を高めていく。

② 好きな玩具・遊具等を用意する。はじめは提示したり、支援者が見本を見せたりし、Aさんが自発的に動くまで待つ。

Aさんが、動かないようであれば、玩具を近づけたり、身体ガイダンスをしたりし、関わるきっかけの手助けをする。

（4）毎日のサーキット運動

小学部では「すぎのこタイム」という運動・遊び学習を毎日設定しており、発達段階を考慮し4つの縦割りグループで行っている。

Aさんが所属しているのは、支援者とほぼマンツーマンで学習するグループである。手足のマッサージや、揺さぶり遊び、サーキット運動を中心に行い、「身体像」「身体図式」を育むグループに所属している。

写真1　サーキット運動

学習当初は、トンネルが苦手であった。薄暗く、長い空間に入ることが不安そうだった。しかし、逃げ出さず、トンネルを見つめたり、支援者を見つめたりし、何かを訴えたい様子だった。自分からは動かないけど、「やってみたい」「どうしたら良いかな？」という思いが支援者に伝わってきた。そこで、まず支援者が見本を示したり、トンネルを短くしたりし、参加しやすいようにした。Aさんが自分から動くのを待ち、必要に応じて身体ガイダンスを行った。そうしたスモールステップのアプローチを繰り返す中で、自分からトンネルを進めるようになった。

また、平均台を進むことも嫌がった。机の上を歩くことは好きなので、「スモールステップで学習すればできるのでは」と考えた。そこで、「5cmの高さ×30cmの幅」のソフト積木を進む学習から進めた。慣れてきたら、高さが「10cmの高さ×30cmの幅」のソフト積木を進む学習を行った。クリアしたら、高さが低い平均台を壁際に置き、壁をつたいながら進むようにした。さらに平均台を壁から少しずつ離すなど、スモールステップで取り組むことで、平均台を一人で歩けるようになった。

毎日の運動・遊びをスモールステップで学習する中で、いろいろな姿勢や身体の動きの拡大につながった。不安だった運動も心が揺れながら、支援者とやりとりの中で乗り越えることで信頼関係が深まった。成功体験が自信となり、苦手な姿勢や運動に自分から向かうことが増えた。

（5）いろいろな感触遊び

図工や遊び学習、日常生活の中で、いろいろな感触遊びを行った。感触遊びを通し、必要な感覚を保障し、知覚・認知を育むために継続的に取り組んだ。

シェービングクリームやスライムは特に好きで、絵カードで自分から要求するようになった。モチベーションが高まる活動なので、「まって」「すわって」「（蓋を）とって」等、支援者の指示に応じることができた。好きな

写真2　感触遊び

感触遊びを通し、コミュニケーションの力を育

むことができた。

いろいろな場面で要求することが増えてきた。中庭の砂遊びでは、「皿に砂を入れること」を支援者に要求することが多かった。砂を入れた皿を使って、山を作ったり、上から砂を落としたりする遊びを楽しんだ。支援者とかかわりながら遊ぶことが増えてきた。

（6）ブランコが好きな活動に

３年生の４月当初は、ブランコが苦手だった。近づくだけで嫌がった。地面から足が離れ、予測できない方向に身体が動くことがとても怖かったようである。

嫌いな活動の時は、支援者に抱きつくことが多かった。ブランコ近くを歩いていた時に急に支援者に抱きついたことがあった。そのままの姿勢でブランコに座った。向かい合って抱っこした姿勢であれば、ブランコの揺れを楽しむことができた。

そうした経緯があり、抱っこしてブランコに乗り、ゆっくり揺さぶることから始めた。徐々に揺れを大きくしていくと、揺れが心地良いのか、笑顔が多く見られるようになった。

次に支援者の膝に座らせてゆっくりとブランコを揺らした。抱いた時と同様、笑顔が見られた。徐々に揺れを大きくしていった。

ブランコに対する抵抗が少なくなってきたので、一人で座るようにしてみた。その姿勢に慣れた後、支援者が両手をがっちり握り、ゆっくり数秒間揺さぶると笑顔で乗っていた。支援者の両手を握る力を徐々に弱めていく、支援者の握る手を片手のみにする、自分で握って乗ってみるなど、スモールステップで進めていくと、変わらず笑顔でブランコを楽しんだ。乗る時間を数秒から数十秒、数分と順に長くし、揺れも徐々に大きくしていった。

スモールステップでアプローチした結果、１ヶ月ほどでブランコが好きな活動になった。昼休みにブランコの絵カードを支援者に要求す

るようになった。

写真３　スモールステップでブランコ大好きに♪

（7）給食

食べたいものを「○○ください」と絵カードで要求する学習を行った。絵カードで伝えれば食べたいものが得られるので、人の食べ物に手が出ることが激減した。食べたくないものは、「食べたくない」BOXに入れるようにした。食べたくないものを床に放り投げることが減った。

時々、支援者が「○○ほしいですか」と聞き、「はい」「いいえ」を身振りで表出する学習も行った。時々、「まって」カードを出し、支援者が用意するまで待つ学習も行った。どんな状況でも対応できるように、いろいろなコミュニケーションの学習を行った。支援者を注視するようになり、考えて行動することが増えた。

コミュニケーションの学習により、落ち着いて給食の時間を過ごせるようになった。２年生までは別スペースで食事をしていたが、グループの児童と向かい合って食べられるようになった。給食後の片付けも一人でできるようになった。机や椅子運び、机拭き等の係りの仕事も自

写真４　「食べたくない」BOX や「まって」カード

分から行えるようになった。

（8）役割の拡大

ある日、朝の会が始まる前にCDデッキを運んでくれたことがあった。「おはようの歌」が好きだったので、その要求の意味があったのかもしれない。それ以降、CDデッキ運びがAさんの朝の仕事になった。これもある時、ホワイトボードに書かれた字を手で全部拭き取ったことがあった。全部消さないとすっきりしない様子だったので、綺麗になった後は、大満足の表情でホワイトボードを見つめた。それ以降、授業のホワイトボード消しの仕事を行うようになった。自発的に行ったことが係の仕事になり、集団の中で役割がどんどん増えていった。

「できること」「伝わること」「役割」が増え、毎日が笑顔いっぱいになった。キラキラ輝く「暮らし」につながった。

2 コミュニケーション学習で力をつけ、地域でも「自分らしさ」を発揮したBさん （小学部6年生）

（1）実態把握

Bさんは、低学年の頃は、好きな玩具や行きたい場所を支援者に伝えず、直接行動し手にしようとしていた。伝わらない経験による不安からか、伝えたいことを相手に連呼することも多かった。また、切り替えが難しく遊びを終えられないことや、新しい学習への参加が難しいことも多かった。

そこで、思いを相手にわかりやすく伝えることができるように絵カードを使ったコミュニケーションの学習を始めた。絵カードを支援者に渡せば要求したものが得られることを理解し、自発的に絵カードを手渡すようになった。また、支援者が伝えると、待ったり、指示に応じたりすることも増えてきた。伝えたいことを連呼することもほとんどなくなった。絵カードと合わせ、筆談やことばで伝えることも増えた。

タイマーで遊びを終えることができるようにもなり、新しい学習にスムーズに参加できるようになった。

しかし、指示がないと自分からは動くことが難しかったり、どうしてよいかわからない時に立ちすくんだりすることが多かった。

（2）目標

より自発的に行動するためには、モチベーションや見通しが持つことが大切と考えた。自発的に行動することが増えれば、自己肯定感が高まり、「地域」で活動する、社会参加につながると考え、以下の目標を設定した。

①選んだ「お楽しみ」の活動を目標に、身辺処理や課題を進めることができる。

②遊びや学習が終わった後、スケジュールに行ってチェックし、次の場所に移動する。

（3）手立て

好きな玩具・活動が複数貼ってあるボードから「お楽しみ」のカードを一枚選ぶようにした。選んだカードをトークンボードに貼るようにし、身辺処理や課題を行う中で支援者からトークンをもらい、トークンボードに貼っていく。決められた数のトークンがたまったら、選んだ「お楽しみ」の活動が叶うようにした。必要なトークンの数は、1つから始め、2つ、3つと増やしていき、10まで学習を進めるようにした（写真5）。

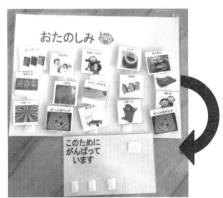

写真5　お楽しみボードとトークンボード

また、学習開始時は支援者が身体ガイダンスし、スケジュールボードに行ったり、操作したりする等、手助けを行うようにした。徐々に手助けを減らし、自発性を高めた。

（4）トークンを使った支援

ボードから選ぶ「お楽しみ」は、月曜日・水曜日・金曜日は、「むしむしのくさ（ねこじゃらしのこと）」、火曜日・木曜日は「中庭の遊具」と決まっていた。

学習当初は、「トークンがたまるとお楽しみが叶う」ことが理解につながらなかったようで、身辺処理や課題にモチベーションがもてず、トークンをもらっても嬉しそうではなかった。そこで、視覚的にイメージしやすいパズル式トークンボードに変更した。パズルのピースがはまっていくと、選んだ「むしむしのくさ」が視覚的に完成していくので、喜んで取り組んだ。ピースをもらえると「むしむしのくさ、行けるね」と大喜びであった。パズル式がBさんの実態にぴったり合い、身辺処理や課題に集中して取り組むようになった。

「何かをためると、お楽しみが待っている」という見通しがもてるようになったので、パズル式から通常のトークンボードに戻した。モチベーションや自発的行動は持続した（写真6）。

写真6　トークンボードの移行
（パズル式からトークン式へ）

（5）スケジュールで自立度アップ

トークンを使った学習により、モチベーションをもち、自発的に活動することが増えてきた。これに合わせ、次の学習の見通しがもてるスケジュールの学習を行った。

スケジュールの学習は、Bさんにぴったり

だった。タイマーとスケジュールがあれば、学習間の移動が自立できた。「できる自分」が実感でき、とても嬉しいようで、「できたね」と支援者に報告することが増えた。

その後、いろいろな状況に対応できるように「？」カード（選択する学習）や「！」カード（サプライズの学習）をスケジュールに盛り込んだところ、すぐに対応できた。

写真7　Bさんのスケジュール

（6）居住地校交流

学校での学習がとても安定し、自発性が高まってくると、校外での学習でも力をどんどん発揮した。

居住地校交流（以下、交流）は、1年生の時から行っていた。低学年の時は、集団から逸脱し、自分の世界に没頭することが多かった。見通しがもちにくく、周りの刺激も多く、安心して交流することが難しかったようである。コミュニケーションの学習が進み、学校で自発的な活動が増えてきた高学年から交流でも力を発揮するようになった。

家庭と相談しながら、交流のスケジュールに「お楽しみ」を入れた。このことにより、見通しとモチベーションをもち、交流でも学校と同

じように活動できるようになった。約100人の前で落ち着いて挨拶したり、習っていたピアノ演奏をみんなの前で披露したり（写真8）、交流校の中でもたくましく活動できた。どんどん自信がつき、6年生の「送る会」は、一人で参加できた。

写真8　ピアノ演奏を披露

（7）地域の行事

「ぬくたいフェスタ」という地域の人権行事がある。「障害のあるなしにかかわらず、誰もが自分らしく輝くことができるぬくたい（温かい）町を作ろう」というコンセプトのもと、15年以上続く行事である。

Bさんは、1年生の時から毎年この行事に参加していた。6年生の時、学校を代表して挨拶することになった。学校で何度も練習を重ねた。本番では、ゆっくり大きな声で文を読み、落ち着いて挨拶することができた。学校でできることを交流や地域のイベントでもどんどん力を発揮するようになった。

3　まとめ

自分の思いが相手に伝わり、相手のメッセージが理解できるようになると、安心して過ごせるようになる。コミュニケーションの学習は、全ての学習や暮らしの土台になる。

モチベーションがもてる活動やスモールステップの指導は、自発性が高まる。そうした成功経験の積み重ねにより仲間や支援者と信頼関係が深まり、いろいろなことにチャレンジできるようになる。役割が増し、「自分らしさ」につながるなど、キャリア発達にもつながる。

2つの事例からそのことを学んだ。今後もこのような丁寧な支援を続けていきたい。

付記

本稿で取り組んだコミュニケーション学習は、PECS®のマニュアルを参考に進めた。詳細はピラミッド教育コンサルタントオブジャパン（www.pecs-com）を参照

参考文献

L. フロスト・A. ボンデイ著、門眞一郎訳（2005）The Picture Exchange Communication System® （PECS®）絵カード交換式コミュニケーション・システム・トレーニング・マニュアル 第2版. ピラミッド教育コンサルタントオブジャパン.

キャリア発達教育支援研究会編（2020）キャリア発達支援研究7. ジアース教育新社.

Comments

より明確な指導目標を設定することで手立てが具体化され、障害が重い児童生徒の学びを充実することができる。課題関連図による課題の整理から中心課題を導き出す手法は、どのような力を育てたいのか、何を学ぶのかが明確になるだけではなく、目標達成のための指導内容が焦点化され、適切な評価へとつながった好事例である。因果関係に気付く、教材に興味・関心を持つようになった、それらは「楽しい」「もっとやりたい」ということにつながるその児童生徒にとっての学びであり、キャリアプランニング能力につながる力の一つであると言える。

第 II 部

第8回年次大会東京大会

いま、対話でつなぐ願いと学び
～キャリア発達支援の新たな広がりと深まり～

　第2部では、昨年度の第8回年次大会について振り返る。

　第1章では、「東京大会のテーマ及びプログラム設定の趣旨等」について掲載している。第2章では、丹野哲也氏（東京都教育庁指導部特別支援教育指導課長：当時）の基調講演と、吉藤オリィ（健太朗）氏（オリィ研究所共同創設者　代表取締役ＣＥＯ）の記念講演がまとめられている。第3章では、「グループセッション」の3つの話題提供とグループセッションのまとめを掲載している。第4章では、「Ｗｅｂ開催による大会運営」、「全国と協働したポスターセッション運営」、「キャリア発達支援研究会第9回年次大会広島大会へのバトン」について、大会実行委員から、Ｗｅｂ開催とした『東京大会』の運営を中心に振り返りを掲載している。

第 1 章

テーマ
「いま、対話でつなぐ願いと学び
～キャリア発達の新たな広がりと深まり～」
の設定について

キャリア発達支援研究会　第8回年次大会　東京大会

テーマ　「いま、対話でつなぐ願いと学び 〜キャリア発達支援の新たな広がりと深まり〜」の設定について

東京大会実行委員会

1　東京大会の運営組織設立前について

　東京都で年次大会を開催することを企画した背景には、2020年に東京でオリンピック・パラリンピック競技大会が開催されることであった。同大会の大会ビジョン「すべての人が自己ベストを目指し（全員が自己ベスト）」、「一人ひとりが互いを認め合い（多様性と調和）」、「そして、未来につなげよう（未来への継承）」に関し、様々な情報が揃い、その余韻が残る中で、その当時、東京で最も新しい特別支援学校である東京都立臨海青海特別支援学校を会場として、第8回年次大会東京大会の開催を企画していた。第7回年次大会金沢大会開催時点で実行委員長、副委員長、事務局長を決め、2020年1月には、事前の情報交換を経て、キャリア発達支援研究会関東支部学習会を運営してきた仲間が集まり、東京大会開催の概要について検討を始めた。

2　東京大会の運営組織等について

　1月の準備段階では、これまで東京都でキャリア発達支援研究会（以下、本会という）の活動に携わってきたメンバーだけでなく、今後の東京都における本会の活動の拡大及び活性化を目指すために、東京都立特別支援学校の管理職にも実行委員会に参加していただく方向で調整を図った。

　しかし、準備の再開は、学校の一斉臨時休業が明けてからとならざるを得なかった。具体的には、6月から新型コロナウイルスの感染状況によって会場確保が困難となる可能性も加味してWeb開催を検討した。7月には、本会理事と東京大会実行委員による拡大理事会を経て、正式にWeb開催とすることを決定した。
実行委員会の構成は、準備開始当初の方針を変更し、東京都に加えて関東圏の本会関係者で構成した。実際の運営には、全国の関係者にも協力を依頼することとした。また、準備を進める中で当日の拠点運営等の人員を確保する目的で、東京都の若手から中堅の教職員に協力を依頼した。

3　大会テーマについて

　8月、実行委員会の陣容が固まり、リモートによる第1回実行員会を開催し、コロナ禍の状況も踏まえつつ、新たな一歩を踏み出した。9月に以下の文章とともに大会のテーマを決定、公表した。
「いま私たちは、猛威を振るう新型コロナウイルス感染症（COVID-19）により、かつて経

験したことのない世界の中にいます。また、この難局を乗り越えるために、互いに協力し、総力を結集して、感染症防止対策を講じながら、社会を維持していかなければならない状況にあります。また、そのために、感染症防止と社会活動の両立を図りながら、新しい生活、新しい日常を創造していくことが求められています。

　このような状況下で、私たちはどのように『いま』を捉え、つながり、そして、いまと将来をつなぐために何ができるでしょうか。また、子どもたちの願いを支えていくために、どのように対話し、学びを積み重ね、道筋を示すことができるでしょうか。

　本会の初代会長である故尾崎祐三氏は、『共生社会』の実現に向けた本会のあり方について、『誰もが積極的に社会に参加・貢献し、相互の人格と個性を尊重し合い、人々の多様なあり方を相互に認め合える全員参加型の社会』（中央教育審議会初等中等教育分科会，2012）である共生社会の実現に向け、本会会員や教育関係者のみならず、医療、福祉、労働等、様々な立場の方々と関わっていくことをとおして相互のキャリア発達を促し、その支援の充実を図っていく重要性について言及しています。

　現在、感染症対策と相まって、国のGIGAスクール構想が加速しており、文部科学省は『多様な子供たちを誰一人取り残すことなく、子供たち一人一人に公正に個別最適化され、資質・能力を一層確実に育成できる教育ICT環境の実現へ』と掲げています。また、各自治体、各学校では、臨時休業を契機としてオンライン等による授業への対応が進められようとしています。この政策、施策を踏まえつつ、キャリア発

達支援の一層の充実・発展を目指し、このたび本会では年次大会をWeb開催とすることとしました。

　本大会の開催を通じて、私たち自身も自らの学びを止めることなく、現在の状況下だからこそ、今までの取り組みを大切にしながら、新しい対話、新しい学びを生み出す契機にしたいと決意し、大会テーマを『いま、対話でつなぐ願いと学び〜キャリア発達支援の新たな広がりと深まり〜』に決定しました。」

4　大会プログラムについて

　大会をWeb開催とし、zoomミーティングを利用することと定め、大会テーマの検討と並行してプログラムの内容についても準備を進めた。

　基調講演には、これまでも本会に関わってくださっていた前文部科学省視学官であり、開催当時は東京都教育庁指導部特別支援教育指導課長の丹野哲也氏に依頼した。記念講演については、「東京」をキーワードとして実行委員会役員で複数名の候補者を挙げる中で、一致したのが、株式会社オリィ研究所共同創設者で代表取締役CEOの吉藤オリィ（健太朗）氏であった。

　これまで年次大会で取り組んできたポスターセッションや実践発表、グループ協議について、Web開催のノウハウが少ない中で、どのように運営できるか、技術的な検討と並行してプログラムの検討を行った。詳細な内容は後章で紹介するが、ポスターセッションでは6つのテーマを定め、参加者が自由に選択し、ブレイクアウトルームを移動できるように準備を進めた。

　グループセッションでは、大会テーマに関連

させて3つのテーマ案（表1）を定め、話題提供を行い、参加者が選択したテーマ毎に最大8名のグループを形成し、ブレイクアウトルームの機能を利用し、協議を行うこととした。また、グループでの協議に入る前には、話題提供に対する対話を行うことと、グループ協議終了後にも全体共有を行うこととした。

表1　グループセッションのテーマ案

①願いを大切にする、障害の重い子供たちのキャリア教育
　キーワード：重度重複と社会の接点
　大会テーマとの関連「願い」「深まり」
②共に学び・共に生きる、多様性を活かすキャリア教育
　キーワード：多様性と社会の接点
　大会テーマとの関連「対話」「新たな」
③キャリア教育のこれまでとこれから、学校と地域協働
　キーワード：学校と社会の接点
　大会テーマとの関連「つなぐ」「広がり」

5　関連した各地域での取組

　昨年度は、東京大会をWeb開催と決定する前後から、各支部等でセミナーや研修会等がオンラインで開催された（表2）。東京大会実行委員会では、関東支部学習会を中心とした学習会を実施し、Web開催の運営方法を試行するプレ大会に位置付けた。

　こうしたセミナーや研修会等で得られたノウハウを東京大会にも還元していただいたことで、大会当日の円滑な運営につながっており、当日の運営に全国の関係者の皆様のご尽力をいただいたことと合わせて、全国の仲間と作り上

げた年次大会となったことに、改めて感謝申し上げたい。

表2　東京大会前に実施した各支部等のセミナーや研修会等

令和2年7月23日（木・祝）
・キャリア発達支援セミナー2020 in 青森
・対話をとおして「つなぐ」第1回Web学習会「本人の願いとキャリア発達支援」

令和2年8月2日（日）
・キャリア発達の図式化・可視化を学ぶ研修会in広島

令和2年9月26日（土）
・キャリア発達支援セミナー2020 in 青森第2回学習会
・－対話をとおして「つなぐ」－「教育」×「福祉」×「地域」が描くインクルーシブな社会

令和2年10月17日（土）
・キャリア発達支援研究会実践交流会2020
・支え合い・学び合う環境の構築Ⅲ－社会変化に柔軟に対応するために必要な教員の資質・能力の検討－

令和2年10月24日（土）
・キャリア発達支援研究会　第10回関東支部学習会

東京大会実行委員会
実行委員長　深谷　純一

二次案内

WEB 開催拠点の当日の様子

第2章

講演報告

キャリア発達を支援する教育の未来
～学習指導要領に通底する「キャリア」の理念～

講師　東京都教育庁指導部特別支援教育指導課長

（現東京都立久我山青光学園統括校長）　丹野　哲也

ただいまご紹介に預かりました東京都教育庁の丹野哲也でございます。

本日の内容ですが、大きく3点についてお話をします。1点目は、特別支援教育に関わる国の動向についてです。基本的なことも踏まえながら、キャリア教育の理念と重なりのある障害者の権利に関する条約にも触れます。2点目は、今般の学習指導要領の改訂の根底にあるキャリア教育に関わる理念的な内容について、前回の平成20年改訂からの時系列的な経緯とキャリア教育の理念を、教育計画および指導の段階である授業にどのように具体化していくか、その考え方の一例を紹介します。3点目は、子どもたちの豊かな生涯にわたる営みにつながる取組として、現在、東京都で行っております内容の一部を紹介します。

1　プロローグ

さて、昨年の今頃、今年のコロナ禍の状況をみじんにも予測できていたでしょうか。例えば、東京オリンピック・パラリンピックの延期ということについても、予測できていた方はいないのではないでしょうか。新学習指導要領の理念には予測困難な時代に一人一人が未来の創り手になっていくことが掲げられています。これからの未来には第4次産業革命と称される人工知能の著しい進展があること、また、急速な産業構造の変化により、今、学校で教えていることが、時代が変化すると通用しなくなるのではないかという様々な指摘、今ある職業のかなりの部分が人工知能やロボットに取って代わるので

図1　プロローグ

はないかという大手シンクタンクの未来予測など、さまざまな予測が溢れている状況です。急速に進化を続ける人工知能ではありますが、AIは、私たちのように意図や意識をもつことはできないとのことです。おそらくどのように人工知能が進展しようとも、「好きで自分から望んで行っていること」や、「楽しんでやっていること」など、意図や意識をもち行動することは、私たちの最大の強みとなるはずです。この最大の強みを学校教育の中で子どもたちに醸成し、伸長させていくことが何よりも重要ではないかと考えています（図1）。

このような最大の強みを研ぎ澄ませていくために必要なことは何かと考えたときに、物事を捉える視点や考え方であり、自分らしく生きていく過程、すなわちその人のキャリア発達に大きく影響してくると考えることができます。例えば、私たちが仕事を進める上で、今年も残り2週間ばかりとなりましたが、「まだ2週間ある」という捉え方により、計画的、効率的に業

務を進めるというのと、「もう2週間しかない」という焦りの気持ちで慌ただしく業務をこなしていくのとでは大きく対応の仕方が異なってくると思います。慌ただしく進める中で思わぬミスが生じて、さらに時間がかかってしまうという状況もあるかもしれません。残り2週間という同一の事象に対しても、人それぞれの捉え方や考え方で大幅に対応状況が変わってきます。その背景には、その人の生きてきた様々な過程での経験に基づくキャリア発達が影響していると考えることができます。

ますます予測が困難な未来に向けて、学校卒業後も生涯にわたり自分らしく生きていくために、学校教育において子どもたちの意図性、主体的な取組、そして何よりも楽しんでやっているという捉え方や考え方がなされるように、個々のキャリア発達を支援していくことが大切になってくると考えています。このことをみなさまと共有できればと思います。

さて、本年度から特別支援学校小学部の新しい学習指導要領が全面実施となりました。新学習指導要領は令和3年度から中学部、令和4年度からは高等部において学年進行により実施していきます。各学校においては、新しい学習指導要領改訂の趣旨を踏まえた教育課程編成や授業づくりに尽力されていることと思います。各学校では、これまでの教育課程の実施状況を把握し、評価・改善していく営みが行われる中で、児童生徒一人一人のキャリア発達について、どのような成長や変容が見られたでしょうか？キャリア教育については、各学校において策定されているキャリア教育の全体計画などに基づき、キャリア・パスポートなどの活用を含め様々な取組がなされていると思います。本年度の教育課程編成の実施状況を評価する際には、子どもたち一人一人のこれまでの学びが、次の学年ではどのように引き継がれていくのかなどの視点も

注入し、教育課程編成の評価・改善がなされていくと良いと考えております。新しい学習指導要領やその解説には、キャリア教育の様々な理念が散りばめられています。

2　国の動向

現在、文部科学省中央教育審議会では、平成31年4月の文部科学大臣諮問を受けて、新しい時代の初等中等教育の在り方について審議が進められています。改訂後にはその時事の教育課題について、次の学習指導要領改訂までの期間、教育課題について審議していくというのがこれまでのサイクルとなっています。例えば、前回の平成20年改訂では、キャリア教育が教育課題として検討され、平成23年1月に答申としてまとめられています。

今般の審議ではSociety5.0時代、今後ますます仮想空間と現実空間の融合が図られていく中での教育の在り方を踏まえ、総合的に検討し、年度内に答申としてとりまとめていくということになっています。特別支援教育に関しては中央教育審議会と並行して、昨年の9月に新しい時代の特別支援教育の在り方に関する有識者会議（以下、有識者会議）が発足し、検討が進められています。現在まで12回の審議が行われています。議論の背景には、医療技術の進歩、例えば、人工呼吸器の小型化、医療的ケア、特に気管切開をされていて活発に動けるお子さんへの対応などがあります。また特別支援教育への理解の進展、さらには平成26年に批准した障害者の権利に関する条約に関する国内外の動向を踏まえた議論となっております。特に特別支援教育の基本的な考え方については、可能な限り障害のある子とない子が共に学んでいくということを指向した内容となっております。

主な内容ですが、障害のある子どもと障害のない子どもが年間を通して計画的、継続的に共

に学ぶ活動のさらなる拡充、小学校等における通常の学級、特別支援学級、そして特別支援学校間の転学や進学があった際にも、子どもたちの学びが途切れることなく積み重なるようにしていく学びの連続性、特別支援学校の環境整備の面では、特別支援学校に備えるべき施設等を定める設置基準の策定が必要であること、また学習指導要領の着実な実施のための教材の充実などが、論点としてこれまで整理されています。これらのことは、我が国が目指す共生社会の形成として、お互いに認め合う社会の構築に資する内容であることです。

図2　障害者の権利に関する条約関係

3　国際的な動き

　こうした背景には、障害者の権利に関する条約などの国際的な動きがあります（図2）。我が国は国連における障害者の権利条約に署名、批准した平成26年以降、条約の趣旨を受けた国内の制度改正やその進捗状況について、平成28年に政府報告を国連に提出しています。この政府報告には国内での障害者差別解消法の制定を始め、平成25年の特別支援学校への就学手続きを定めた学校教育法施行令の改正などが行われていることなどについて整理され、まとめられています。また、この政府報告と同様に、国内外の様々な障害のある方々の団体等からもパラレルレポートという形で国連に提出さ

れています。公教育に対する様々な具体的な指摘がレポートとして提出されている状況があります。国連では政府報告や各種団体から提出されているパラレルレポートを相互に比較しながら、改善が必要なことに関しては我が国へ勧告、サジェスチョンをしていくということを聞いています。

　政府の関係者によれば、特別支援学校については小・中学校等と別に位置付いていますが、障害がある子どもたちのための教育的ニーズに即した公教育に位置付いた学校ということで理解されているということです。小・中学校における特別支援学級については、通常の学級と特別支援学級では在籍が異なるということから、なんらかのサジェスチョンがあるのではないかということを聞いたところです。

　有識者会議においても、特別支援学校や特別支援学級で学ぶ子どもたちが可能な限り、通常の学級との交流及び共同学習を推進していくことなどが指向されていると考えられます。なお、国連からは、どの国に対しても厳しい指摘がなされているということで、動向については注視していく必要があります。

4　キャリア教育について

　ところで、障害者の権利に関する条約には、障害者を包容するあらゆる段階の教育制度と生涯学習の目的として、次の(a)から(c)の3点のことが明記してあります。キャリア教育が目指すところの理念と重なる部分がありますので、紹介をします（図3）。

　(a)では「自己の価値についての意識を十分に発達させ」とあります。この点についてはキャリア教育がねらいとしている自らの役割や価値、自分と役割の関係性を子どもたちが見出していくようにしていく点と重なりがあります。

　(b)では、その可能性を最大限度まで発達

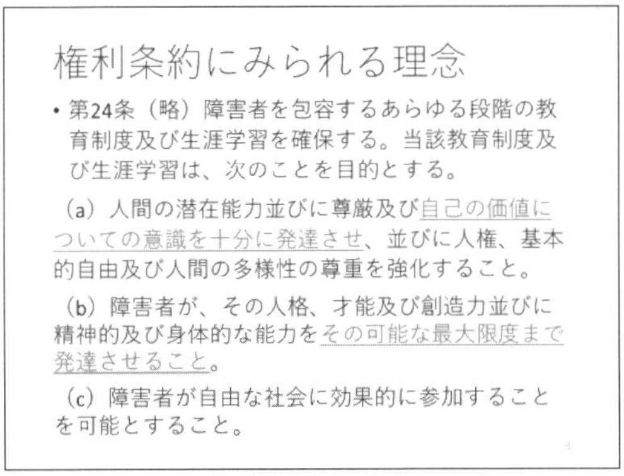

図3　権利条約にみられる理念

せんが、各教科等の内容にキャリア教育の理念が散りばめられていました。この背景には小・中学校の学習指導要領告示の後にキャリア教育に関する諮問がなされたということがあります。また、キャリア教育そのものが当初、職業観の未熟さ、あるいは進路意識や目的意識が希薄なまま進学する者の増加などの社会的・職業的自立に焦点が当てられる傾向があったため、小・中学校段階の総則に規定するには時期尚早と考えられていたということが推測できます。

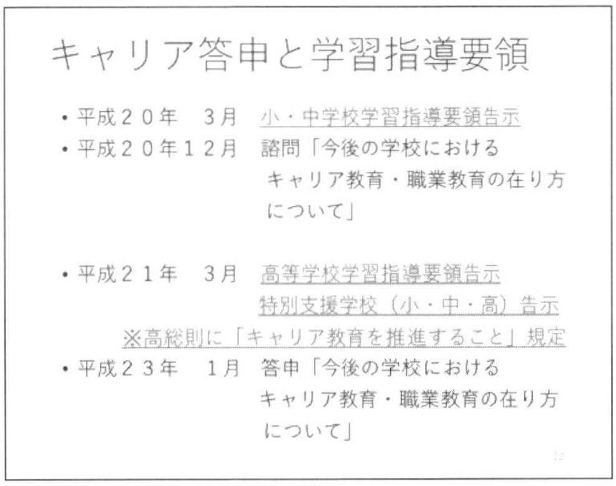

させるということが表現されております。「発達させ」あるいは「発達させる」という使役的な表現に注目したいと考えています。適切な指導や必要な支援がなされなければ、条文に示されている能力は適切に伸長していかないということが前提になっているということに留意することが必要だと考えています。このことはキャリア教育についても同様であり、発達の段階に適した適切な働きかけがなければ一人一人のキャリア発達が伸長していかないということと重なるところであります。

　次に、各種答申の学習指導要領についてお話をいたします（図4・図5）。平成23年1月に「今後の学校におけるキャリア教育、職業教育の在り方について」（以下、キャリア答申）が答申として出されました。また、平成28年12月の答申「幼稚園、小学校、中学校、高等学校及び特別支援学校の学習指導要領等の改善及び必要な方策等について」（以下、改訂答申）は、今般の学習指導要領の改訂の根拠となっている答申です。

　ところで、キャリア教育については、学習指導要領の総則に規定されたのは、平成21年3月告示の高等学校学習指導要領及び特別支援学校高等部学習指導要領となります。従前の小・中学校学習指導要領及び特別支援学校小学部中学部学習指導要領の総則には明文化されていま

図4　キャリア答申と学習指導要領

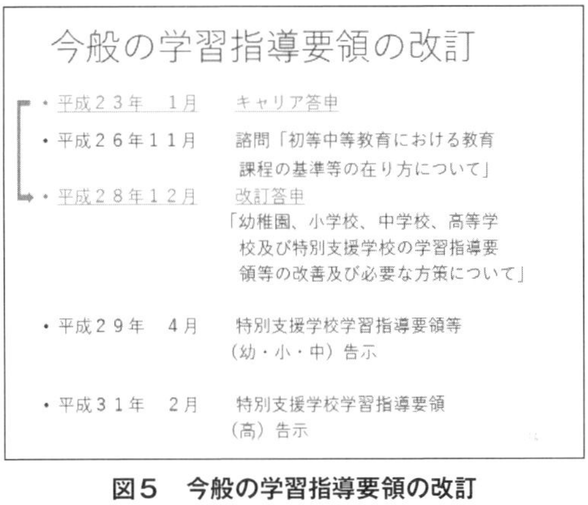

図5　今般の学習指導要領の改訂

　キャリア答申の大きな意義はキャリア教育の定義をキャリア発達の視点から明確にしたことです。キャリア答申に至る前の平成16年にキャリア教育の推進に関する総合調査研究協力者会議報告書が出されていますが、キャリア教育に

ついて勤労観、職業観を育てる教育と端的に示したこともあり、中等教育段階の勤労観、職業観の育成のみに焦点が絞られてしまい、小学校段階からの社会的・職業的自立のための必要な能力や態度の育成が軽視されてしまうという課題が指摘されていました。キャリア教育の本来の意義に立ち返った理解が求められる中で、キャリア答申が示されたことになります。

キャリア答申におけるキャリア教育の定義ですが、「一人一人の社会的・職業的自立に向け、必要な基盤となる能力や態度を育てることを通じてキャリア発達を促す教育」であるとする今日の定義に至っている点です。この定義の難しいことの理由に、キャリア教育の定義の中に、キャリア発達という「キャリア」が重複して使用されている点があるからだと思います。このキャリア発達とは、「社会の中で自分の役割を果たしながら、自分らしい生き方を実現していく過程である」とキャリア答申の中では説明されています。キャリア発達は一人一人の個別的な可変性のある動的なものであり、適切な働きかけがあり、発達していくという概念がキャリア教育の定義の中核に位置付けられているということです。

発達という観点でいえば児童・生徒の発達の段階等を踏まえた教育を基盤とする特別支援教育の理念と重なる部分があるわけです。自立と社会参加を目指す特別支援教育とキャリア教育は、その目的において共通する要素が多々ありますが、強いて異なる点について言及するとすれば、特別支援教育が、学校教育段階において卒業後にも必要となる力を育成していくことに対して、キャリア教育は、子どもたちの生涯にわたり行われる永続的な営みであるという点が考えられます。

平成28年12月の改訂答申には、平成23年のキャリア答申のエッセンスが色濃く反映されております。学習指導要領に位置付いた各種

規定はこの答申を読み解くことでその背景がわかっていきます。

改訂答申にはキャリア教育、キャリア形成、キャリア発達という用語が頻出し、改訂答申全体を通して個々のキャリア形成を促していくことが強調されています。

例えば、1点目は各教科等で学んだことが一人一人のキャリア形成を見据えて、各教科等を学ぶことの意義を明確にしていくこと。2点目は、自己のキャリア形成の方向性と関連付けながら自己の学習活動を振り返り、次につなげる主体的な学びの実現について示されています。改訂答申には随所にこの2点のことが言及されており、改訂の基本方針である育成を目指す資質・能力との関連で説明されています。

改訂答申において読み取ることができるキャリアの根底にある理念として、生涯にわたる持続的な営みであること、発達の過程であるという動的、可変的な理念が基盤となっています。このような理念のもとに今般の学習指導要領総則にキャリア教育が定義されています。ご存じのように総則には児童・生徒が、学ぶことと自己の将来とのつながりを見通しながら、社会的・職業的自立に向けて必要な基盤となる資質・能力を身に付けていくことができるよう、特別活動を要としつつ、各教科等の特質に応じてキャリア教育の充実を図ることが規定されております。さらに、中学部、高等部においては、キャリア教育の中で生徒が、自らの生き方などを考え、主体的に進路を選択することができるよう、学校の教育活動全体を通じ、組織的かつ計画的な進路指導を行うことが規定されています。

この学習指導要領の規定を図式化してイメージしたものが次の図（図6）になります。

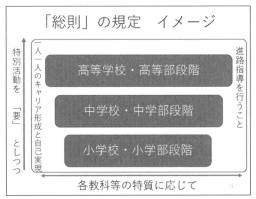

図6　「総則」の規定　イメージ

　特別活動を要とすることで、小中高の縦軸の系統性、一貫性を担保しています。また横軸の各教科等の特質に応じて、ということは、すべての教科等での学習場面において、キャリア教育を関連させ、教育活動全体を通して行っていくということとなります。

　さらにこの規定により、これまで曖昧だったキャリア教育と進路指導の関係を明確にしています。キャリア教育の中で行われる進路指導及びキャリア教育と、職業教育の違いのイメージ（図7）となります。キャリア教育、その中で進路指導は行われているということが明確になりました。

　先ほどの総則の規定における各教科等の特質に応じて、ということは現行の教科等の枠組みの中でキャリア教育を注ぎ込むことであり、新

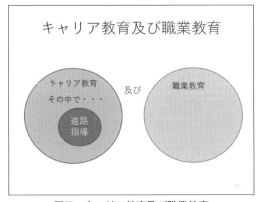

図7　キャリア教育及び職業教育

たな教科等は設けないということを意味しています。

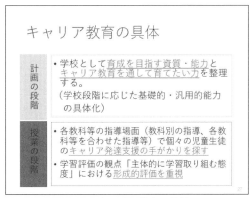

図8　各教科等の特質に応じて

図9　キャリア教育の具体

5　知的障害のある子どもたちのための教科等について

　ところで知的障害特別支援学校の教科は段階で設けられています。学年でなく段階で設けられているということは、子どもたち一人一人の発達や実態等に即した効果的な指導が、個別の指導計画に基づき、個に応じた指導が丁寧にしていくためです。キャリア教育の視点を注ぎ込む際には、学んだことが生涯にわたりどのように関連していくのか、児童生徒の生活年齢に即しながら吟味していくことが重要になります。なお、くれぐれも小学部1段階が小学部1・2年生、2段階が3・4年生、3段階が5・6年

生というような捉え方をしないようにご留意いただければと思います。

図10は、知的障害特別支援学校の各教科における段階ごとの主なねらいについて学習指導要領の解説をもとに整理したものです。

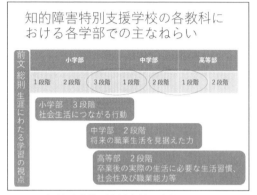

図10　知的障害特別支援学校の各教科における各学部での主なねらい

今般の改訂では中学部の教科を核にして、小学部３段階と高等部の入り口である１段階の内容のつながりを意図して、中学部を２つの段階としてあります。学部ごとに児童生徒の生活年齢を踏まえながら、当該学部の時期にふさわしい内容を精選して効果的な指導計画を作成していくことが重要になってきます。

各学部のねらいですが、小学部３段階のねらいとしては社会生活につながる行動を行うこと、中学部では将来の職業生活を見据えた力を培っていくということになっています。中学部２段階は義務教育の最終段階でもあり、中学部を卒業して職業的自立を果たす生徒を視野に入れた段階設定となっています。

これらのことの前提となっていることは、知的障害のある児童生徒の教育的対応の基本となります。特別支援学校学習指導要領解説総則編（小学部・中学部）（以下、解説）の27ページに10の教育的対応の基本項目（図11）が示してあり、この内容は高等部の解説についても同様になります。図の左側は新しい解説、右側はこれまでの旧解説の抜粋です。なお、新旧の項目を見比べやすいように、右側に示した旧解説の項目の順番は、左側の新しい解説の項目の順番に並べ替えています。新しい解説において新たに記載されている箇所は赤字でアンダーラインを引いてあります。この新たに記載されている箇所は新しい学習指導要領の趣旨を反映させている内容となります。

【解説】抜粋（小・中解説P27、高解説P30参照）
「知的障害のある児童生徒の教育的対応の基本」

新特別支援学校学習指導要領解説(H30)	旧新特別支援学校学習指導要領解説(H21)
（1）特別支援学校小学部・中学部学習指導要領第１章第３節の３の（1）のク及び（3）のアの（ｵ）に示すとおり，児童生徒の知的障害の状態，生活年齢，学習状況や経験等を考慮して教育的ニーズを的確に捉え，育成を目指す資質・能力を明確にし，指導目標を設定するとともに，指導内容のより一層の具体化を図る。	①　児童生徒の実態等に即した指導内容を選択・組織する。
（2）望ましい社会参加を目指し，日常生活や社会生活に生きて働く知識及び技能，習慣や学びに向かう力が身に付くよう指導する。	③　望ましい社会参加を目指し，日常生活や社会生活に必要な技能や習慣が身に付くよう指導する。
（3）職業教育を重視し，将来の職業生活に必要な基礎的な知識や技能，態度及び人間性等が育つよう指導する。その際に，多様な進路や将来の生活について関わりのある指導内容を組織する。	④　職業教育を重視し，将来の職業生活に必要な基礎的な知識や技能及び態度が育つよう指導する。 新旧の対比がしやすいように，旧の項目を並びかえてあります。

図11　特別支援学校学習指導要領解説総則編

（1）の前段には学習指導要領に示す通りとありますが、これは各教科の段階に示す内容をもとに、小学部では６年間、中学部では３年間を見通しながら、具体的に指導内容を設定していくということを示しています。後段の箇所は旧解説では実態等に即したということについて、新しい解説ではさらに詳細に児童生徒の「知的障害の状態、生活年齢、学習状況や経験等を考慮して、教育的ニーズを的確に捉え」というように、実態等の具体が示されています。子どもたちが３年後など、個々の将来の見通しがもてるように指導内容を構成していくことなど、キャリア教育の視点となっていきます。

（2）は日常生活や社会生活に生きて働く知識、および技能、習慣や学びに向かう力が身に付くよう指導すること。これは今回の学習指導要領の改定の軸となっている、何を学ぶか、どのように学ぶか、何ができるようになるか、と

の趣旨を踏まえた内容です。

（3）は旧解説では4項目目に記述されていた内容ですが、新しい解説では3項目目に記述されております。児童生徒の生涯にわたる卒業後の社会参加を見据えながら指導内容を計画的に組織していくこと、キャリア発達支援が何よりも重要になるからです。

新特別支援学校学習指導要領解説(H30)	旧特別支援学校学習指導要領解説(H21)
（4）生活の課題に沿った多様な生活経験を通して、日々の生活の質が高まるよう指導するとともに、よりよく生活を工夫していこうとする意欲が育つよう指導する。	④ 生活の課題に沿った多様な生活経験を通して、日々の生活の質が高まるよう指導する。
（5）自発的な活動を大切にし、主体的な活動を促すようにしながら、課題を解決しようとする思考力、判断力、表現力等を育むよう指導する。	① 児童生徒の興味・関心や得意な面を考慮し、教材・教具等を工夫するとともに、目的が達成しやすいように、段階的な指導を行うなどして、児童生徒の学習活動への意欲が育つよう指導する。
（6）児童生徒が、自ら見通しをもって主体的に行動できるよう、日課や学習環境などを分かりやすくし、規則的でまとまりのある学校生活が送れるようにする。	② 児童生徒が、自ら見通しをもって行動できるよう、日課や学習環境などを分かりやすくし、規則的でまとまりのある学校生活が送れるようにする。

図12　特別支援学校学習指導要領解説総則編

（4）はよりよく生活を工夫していこうとする意欲を育つように指導することが示してあります。このことは各学校の教育理念としてよく見られる内容ですが、児童生徒の現在の生活が充実し、その充実した生活が繰り返されることによってより豊かに生きる上で必要な力が育まれるという考え方とつながるものです。

（5）も同様です。各学校の授業の基盤となっている考え方でもあります。子どもたちが主体的に活動し、自らの力を十分に発揮しながら、一人一人の自立する力が育まれるという考え方と関連するものです。特に後段にある課題を解決しようとする思考力、判断力、表現力等を育むように指導するという新たに記載されていることについては、新学習指導要領の趣旨を踏まえた内容となっています（図12）。

新特別支援学校学習指導要領解説(H30)	旧特別支援学校学習指導要領解説(H21)
（7）生活に結びついた具体的な活動を学習活動の中心に据え、実際的な状況下で指導するとともに、できる限り児童生徒の成功経験を豊富にする。	⑤ 生活に結び付いた具体的な活動を学習活動の中心に据え、実際的な状況下で指導する。
（8）児童生徒の興味や関心、得意な面に着目し、教材・教具、補助用具やジグ等を工夫するとともに、目的が達成しやすいように、段階的な指導を行うなどして、児童生徒の学習活動への意欲が育つよう指導する。	⑥ できる限り児童生徒の成功経験を豊富にするとともに、自発的・自主的な活動を大切にし、主体的活動を促すよう指導する。
（9）児童生徒一人一人が集団において役割が得られるよう工夫し、その活動を遂行できるようにするとともに、活動後には充実感や達成感、自己肯定感が得られるように指導する。	⑦ 児童生徒一人一人が集団において役割が得られるよう工夫し、その活動を遂行できるよう指導する。
（10）児童生徒一人一人の発達の側面に着目し、意欲や意思、情緒の不安定さなどの課題に応じるとともに、児童生徒の生活年齢に即した指導を徹底する。	⑩ 児童生徒一人一人の発達の不均衡な面や情緒の不安定さなどの課題に応じて指導を徹底する。

図13　特別支援学校学習指導要領解説総則編

（7）の一文の中には知的障害のある子どもたちの指導計画を立案する際に重要となる3つのキーワードがあります。「生活に結びついた具体的な活動」、「実際的な状況下」、「成功経験を豊富にする」ということです。実際的な状況下とは、たとえばお店屋さんごっこを教室内で数多く経験しても、実際のお店で買い物をした経験がなければ、生活や社会で生きて働く知識や技能になるとは言えません。

次に、成功経験を豊富にするということは、逆に言えば失敗をさせないということです。指導方法を検討する際に子どもたちが失敗して気付くということがありますが、私は試行錯誤させた際にも必ず成功できるように指導・支援していくことが重要であると考えています。特に障害の程度が重たい子どもたちには誤学習をさせないということです。一度、身に付けたことを修正していくことは、子どもたちにとっても著しい努力が必要であり、負担となります。さらに膨大な指導の時間が必要となるからです。日々の学習場面での小さな成功体験を積み重ねていくことにより、自己肯定感を高めていくことについては特に重視していきたい点です。

（8）は、（7）を受けて失敗させない状況を整えるために教材、教具、補助用具やジグ等を工夫することが記述されています。このことは（9）（10）に続くものです。失敗させないことを積み重ねて充実感、達成感、自己肯定感を得

られるようにし、子どもたち一人一人の内面的なキャリア発達を支援していくことが重要となっています（図13）。

このような知的障害のある子どもたちの教育的対応の基本を踏まえて指導計画が作成されていくことが、子どもたち一人一人のキャリア発達支援につながると考えていくということが大切になると言えるでしょう。そして、これらの教育的対応の基本の考え方は学習者中心の考え方、いわゆるチャイルドセンターに基づくものです。学習者中心の指導目標の設定に際しても、生活年齢を踏まえるということが新しい解説では強調されていることに着目して下さい。

次に、自立活動における新たな規定について紹介します。自立活動の個別の指導計画の作成と内容の取り扱いにおいて、2つの規定が新たに設けられています（図14）。オの規定は自己選択、自己決定を促すことのできる指導内容について示しています。カの規定は自立活動で学ぶことが子どもたちの将来や社会参加にどのように結びついているのか、子どもたちに理解を促すことができる学習内容を取り上げることが示してあります。例えば、自立活動の時間の指導の中で、細かい手先を使った個別課題が書字につながっていくことなど、子どもたちが学習していることの目的について気付くことができるようにするなど大切になります。このほか自

図14　「自立活動」における新規程

立活動の指導項目の中でも、キャリア発達支援と関連する内容が散りばめられております。

それでは次に、キャリア教育をどのように指導計画に位置付け、具体化していくのかという考え方の一例を示していきたいと思います。図15の上半分は指導計画などの計画の段階です。計画では学校として育成を目指す資質・能力とキャリア教育を通して育てたい力を整理して関連付けていく過程が必要となります。その際に各学部段階に応じて基礎的・汎用的能力についてわかりやすい言葉で具体化していくことが必要になるかと考えています。

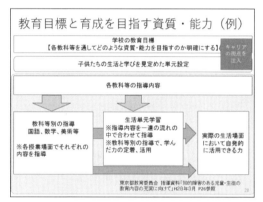

図15　教育目標と育成を目指す資質・能力（例）

図15の下の段は授業や指導の段階についてです。様々な指導の場面で個々のキャリア発達支援につながる手掛かりを探していき、指導・支援にあたっていくことになり、指導場面に応じた指導となっていきます。その際に主体的に学習に取り組む態度について、活動の様子などの学習の過程にかかる形成的評価を蓄積させていくことが重要にります。

もう少し学校の教育目標と育成を目指す資質・能力のことについて整理してみたいと思います。教育課程の編成は校長先生のリーダーシップの下、組織的・計画的に取り組む必要があります。その際に一番上段にある学校の教育目標は学校教育の目的や目標、および教育課程

の基準、すなわち学習指導要領に基づきながら、さらには各学校が当面する教育課題の解決を目指し、設定されていきます。解説の総則編189ページに示されていますので、ご確認ください。まずこの段階でキャリア教育を通して育てたい力を整理し、学校段階に応じた基礎的・汎用的能力の具体化を整理していく過程が必要です。

　次に、指導計画を立てる際の単元設定の考え方についてです。単元設定を考えるときには、学校の教育目標の達成に向けて各教科等の指導目標、内容を通じて資質・能力の伸長が図られるように、児童生徒の生活と学びを見定めた深い視点と広い視差から単元計画が立案されていくことが大切になります。設定された単元計画に基づき、各教科等の指導目標、内容が選択・組織されていきます。続いて、設定された単元計画の達成に向けて効果的な指導の形態を選択していきます。学習内容により、教科等別の指導で学習することが効果的なのか、あるいは生活単元学習などの各教科等を合わせた指導として学習することが効果的なのか、カリキュラム・マネジメントの視点から検討してきます。

　図16は学習評価に関することです。入り口に相当する教科等の目標・内容と、出口に相当する学習評価が3つの柱と3つの出口で構造的に整ったことが、今回の改訂の大きな特徴の1つになります。

　小学校等に準ずる教育課程の場合、単元に対して児童の学習状況について同一の評価規準で評価し、最終的にABCなどの評定として総括していきます。これに対して知的障害のある子どもたちのための教育課程、学習評価では一般的に評定は行いませんが、指導要録の指導の記録に定性的に総括していくことになります。その際に個別の指導計画における単元ごとの定性的な記録や評価の記述が重要になっていきます。小学校等の単元と異なるのは、単元計画においてその単元目標に対して、Aくんの場合は国語の1段階、図画工作の2段階、Bくんの場合には生活の2段階、算数の3段階というように、一つの単元でも学習内容は一人一人異なってくるわけです。そのため個別の指導計画に基づく指導の記録を重視していくことが、子どもたちの一人一人の良さや可能性をさらに引き出していくことにつながっていきます。子どもたちの学びを見定めていく際には、学習過程での評価、すなわち形成的な評価を丁寧にしていくことにより、主体的に学習に取り組む態度に書き込んでほしいと思います。このことは冒頭でお伝えした、好きだからやっている、楽しんでやっているという、私たちの最大の強みを醸成していくことになるからです。

6　エピローグ〜生涯にわたる営みの視点〜

　最後になりますが、子どもたちの生涯にわたる豊かな営みにつなげる取組について、紹介します。今般の特別支援学校学習指導要領の総則の規定には、新たに生涯を通じてスポーツや芸術文化活動に親しむことができるように配慮することが規定されております。これは小中高等学校の学習指導要領には規定されてない、特別支援学校の規定になります。このことと関連して東京都の取組の一部をご紹介させていただき

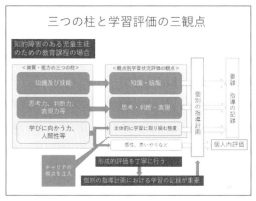

図16　三つの柱と学習評価の三観点

ます。東京都では東京都特別支援教育推進計画に基づき、障害者スポーツを通じた教育活動等の推進、また芸術教育の推進に取り組んでいるところです。障害者スポーツを通じた教育活動の推進ではスポーツ教育推進校を全都立特別支援学校に指定いたしまして、アスリート等の派遣等を行い、さまざまなスポーツやアスリートと触れ合う事業を展開してきました。

図17　令和2年度「東京都特別支援学校アートプロジェクト特別展」

　例えば、3×3バスケットの日本代表選手が、知的障害特別支援学校のバスケット部の生徒を対象にした技術指導を行ってくれました。今年度は感染症対策を施しながら回数を分散させて、たとえば1回の参加人数を少なくして実施するなどの工夫を各校で配慮していただきながら、実施しているというところです。

　次に芸術教育の充実に向けた事業になります。東京都特別支援学校アートプロジェクト展（図17）についてです。今年1月に上野公園にあります東京芸術大学の美術館において、第5回アートプロジェクト展を開催したところです。3,000名を超える一般の方々に見学いただきました。参加していただいた方々からのアンケートの一部をご紹介いたします。保護者の方からは、「これからの人生の中でどれだけの自信になったことでしょう」、「豊かな人生になる

よう、支えていきたいと思いました」と、感想が寄せられています。また一般の美術ファンの方からですが、「子どもたちの作品が楽しむことから始まっている」、「1人の美術ファンとして今後も創作活動を支えていきたい」というご意見もいただきました。子どもたちが個々の興味関心に応じて楽しく取り組める活動を、様々な分野で見いだせるようにしていくための機会がこのようなプロジェクト展であると考えております。

　結びとなりますが、障害のある子どもたちの無限の可能性を引き出していくためには、そのことを包括できる豊かな社会的・文化的基盤が何よりも重要であると考えています。ここで紹介した事業はごく一部ですが、東京都の推進計画に基づいた取組が、国の社会的・文化的基盤作りの一助を担うことができるよう、引き続き取り組んでいきたいと考えています。

　長時間にわたりご清聴いただき、ありがとうございました。

（令和3年4月1日から東京都立久我山青光学園統括校長　前東京都教育庁指導部特別支援教育指導課長　元文部科学省初等中等教育局視学官　併特別支援教育調査官）

記念講演

分身ロボット OriHimeによる新たな働き方、社会とのつながり方について

講師　株式会社オリィ研究所 共同創設者 代表取締役 CEO　吉藤　オリィ（健太朗）氏

本稿では、吉藤氏の記念講演について、「1　記念講演の講師について」、「2　記念講演の内容」、「3　参加者の感想」、「4　講師による情報発信等」で構成しています。

1　記念講演の講師について

　大会テーマに関連した講演の前提として、「参加者が話を聞いてみたいと興味を持てる」「特別支援教育に関連、もしくは近接する領域で活動している」「東京に拠点がある」といった視点で、実行委員会役員で候補者を検討していった。例えば、当事者で、かつ第一線で活躍しているアスリートや研究者、表現者、障害者雇用を促進する企業の方、最先端と言われる研究に携わる方、国の施策に関わる方等、様々な方の名前が挙がったが、その中で一致したのが吉藤氏であった。

©株式会社オリィ研究所

　吉藤氏は、奈良県出身で講演当時は 33 歳であった。高校時代に電動車椅子の新機構の開発を行い、国内の科学技術フェア JSEC にて文部科学大臣賞、ならびに世界最大の科学大会 ISEF にてグランドアワード 3 位を受賞した。その際に寄せられた多くの相談と自身の療養体験がきっかけとなり、「人間の孤独を解消する」ことを人生のミッションとした。その後、高等専門学校で人工知能の研究を行い、早稲田大学創造理工学部へ進学し、在学中に分身ロボット「OriHime」を開発、オリィ研究所を設立した。米 Forbes が選ぶアジアを代表する青年 30 名「30 under 30 2016」に選ばれた。オリィの名前は、趣味の「折紙」に由来するそうである。

2　記念講演の内容

　吉藤氏の講演は、直接聞くことに価値が置かれるため、終了後に詳細を文字化しないお約束をしていた。ここでは、吉藤氏の書籍や、吉藤氏自身の SNS 等の発信、メディアで公表されている吉藤氏に関するインタビューや対談等の記事を踏まえ、講演のポイントにつながる吉藤氏と番田氏（吉藤氏の朋友であり、いわゆる重度・重複障害当事者）の言葉を紹介し、解説を加えることで、講演を振り返る。

> ①「今までの常識が全く通用しない社会に、今、私たちは生きている」「これから、この変わりゆく中で、どのように私たちは生きていけばいいのか」「俺もできるかもしれない」

　参加者に感じて欲しいこととして、吉藤氏が「オリィ」と言う名前を 10 年以上使ってきて、法的にも名前を変えられることや、デジタルで

顔さえも変えられる時代、不登校の経験がある自分が講演を依頼されるようになったこと等から、普通とは何か、健常とは何か、既成概念が変わる事例を紹介した。

②「テクノロジーによって障害は克服されている」「障害が残っていることはテクノロジーの敗北」

自らの体験に根差した現在の取組へのつながりとして、インプラントのコンタクトレンズで眼鏡や通常のコンタクトレンズが不要になる話や、「車椅子＝仕方なく乗るもの」ではなく、誰もが乗りたくなる車椅子があっていいことなどについて話された。

③「誰かの役に立ちたいし、自分の何かしたことが誰かの役に立って欲しい、喜んでもらいたい」

バリアフリーマップ「WheeLog!」の取組を紹介し、障害がある人は助けられ続けたいのではなく、集合知や情報の共有、伝達など様々な方法で、自分の行いが誰かの希望になる体験を求めていることについて話された。

④「できることに気づけたことによって、私たちは不安を取り除くことができる」

本人にとって今まで「できなかった」ことが、「できる」に変わっている点こそが、本人にとっての最先端であるということについて話された。

⑤「寝たきりの患者ではなく、寝たきりの先輩」「寝たきりの先に憧れを作る」

いつか私たちも身体が動かなくなる、今の障害のあるメンバーと共に車椅子や視線入力の開発など問題解決を進めると、老後を不安に考えすぎずに迎えられるということについて話された。

⑥「心を運ぶ、これが分身ロボットOriHimeを作っている理由」

院内学級の子どもたちが、無菌室からでも人と出会い思い出を残すことができる、心を運ぶ車椅子を作れないかという思いについて語られた。

⑦「どうすれば人類は孤独と向き合いながら、孤独を感じずに、そのストレスを解消しながらいきていけるか」

多くの一人暮らしの高齢者や、多くの病気が理由で学校に通えない子どもたちの孤独という問題に対する思いについて語られた。

⑧「納得感を得られるかどうかが、とても大切」

寝たきりの子どもが意思伝達装置を使ってじゃんけんをする、結果は運かもしれないが本人が選ぶことが大切であるということについて話された。

⑨「将来、何になりたいかよりも、何をしたいかを考えないといけない時代」

何者になるか、その何者は将来なくなっているかもしれず、今は、こんなものがあったらいいのでは、を発見することが大切な時代であることについて話された。

⑩「世の中は何も完成していない」

社会は先人が築き上げ良くできていると思っていたが、年配の方が高校生の自分に作って欲しい物の話をされた経験から表題の気づきが得られたことについて話された。

⑪「癒しとは何か」「必ず人との出会いがあった」

人工知能で人を癒すことはできないと結論付けるとともに、自らの人生の転機には人との出会いがあり、人生や性格が変わっていった実体

験について語られた。

> ⑫ 「身体がいくら動いたって、心が死んでしまっている人は意味がない（番田氏）」

吉藤氏と OriHime を通じて番田氏が行ってきた講演を重ねてきた中で、番田氏が世の中は身体至上主義だが、心が自由なら何でもできることを伝え続けてきたことを紹介した。

> ⑬ 「誰しもが、助けを必要としている人も、助けられ続けたい訳ではなく、誰かに必要とされたい（番田氏）」

番田氏が自ら稼いだお金で母親に贈り物をし、必要とされ、もっと学びたい、できることはないかなど、積極的な行動から発せられた言葉を紹介した。

> ⑭ 「たとえ明日死んだとしても、今日、自分の人生を生きたい（番田氏）」

周りから、明日1日でも長く生きてもらうために、今日は何もするなと言われ続けた番田氏の、心からの言葉について紹介した。

3　参加者の感想

「『何をしたいか』を考える時代」

「決められた道を進めば良いといった指標が通用しなくなっている現在、何をしたいかを考えることが大事である」というお話がとても印象に残りました。また、「誰かの役に立つ自分であり続ける、自分らしくあり、自分がやりたいことに対する可能性、その選択肢を持ち続けることにおいてこういったツールを作り続けたい」というオリィさんの言葉に、自分は教員として何をしているだろうかと考えさせられました。

これまで子どもの思いを大切に、自分なりに実践してきたつもりでしたが、つい自分自身のこれまでの経験や知識等の少ない情報のみで決めつけた見方をしてしまっていたこともあるのではないかと反省しました。決めつけた見方や前例を踏襲した考えだけではなく、「こんなことができたら面白いのではないか」「こんなこともできるのではないか」などといった発想をもち、子どもたちの可能性を広げていくことの必要性を学びました。

子どもたち自身が「何をしたいか」といった思いをもてることや、「やりたい」で終わらずに、「できるかも」「できるんだ」と思えるように、私には何ができるのか、何をしたいのかを目の前の子どもたちとかかわる中で考え続けていきたいです。また、自分一人で考えるだけでなく、周囲の人たちとも思いを共有しあうことも大切にしていきたいです。

（千葉県立夷隅特別支援学校　石羽根里美）

「変革をもたらすコミュニティの創造」

心の車椅子 OriHime には、何とも愛らしい「手」が付いている。その「手」は、物を掴むためのものではなくコミュニケーションを図るためのものだ。オリィ氏は「手をつけた効果は劇的で手の動かない OriHime よりもはるかに周りの人たちの印象がよくなり、人間味が増した」という。「手」を付けることを明言したのは、20 年もの間、身体を動かすことができなかった番田氏であった。

「できないことには価値がある、できないことがあるということは、そのことについて誰よりも考えることができる」と主張するオリィ氏は、OriHime の開発について番田氏とよく喧嘩をしたという。深い敬意を伴う知恵の出し合いだったのであろう。深い敬意を伴う知恵の出し合いは「共感」を生み、自然と同志としての一体感を生み出す。オリィ研究所の「共感」は、講演や SNS を通じて多くの人々の間に広がり、世の中に変革をもたらすコミュニティを創造したのである。

令和3年6月、OriHimeとOriHime-Dを遠隔操作して働くことができる「分身ロボットカフェ」がオープンした。スタッフは「お客様が笑顔になってくださり自信につながった」と語る。誰もが「自分の役割を担い、役割を果たすことで人から感謝され必要とされる」、そのような社会の実現に向け、深い敬意をもって知恵を出し合うことから試みていきたい。

（広島県立福山北特別支援学校　吉原恒平）

「人生を変える一言」

講演を聞き、たくさんの示唆をいただきました。

一つは、講演の中で紹介のあった、番田氏の「人は、必要とされるから、もっと必要とされたくなる」という発言でした。私の現在の勤務校は、病弱特別支援学校ですが、なかなか学校に向かうことが難しかったり、毎日学んでいても卒業後の生活の見通しがつかなかったりするケースがあります。

その解決のヒントは、引きこもりだったオリィ氏を変えた母親の、「折り紙が好きなら、ロボットにきっと向いているから作ってごらん」の一言にあるよう思いました。また、その後、様々な方との出会いがあり、結果として人に必要とされる研究者へとつながったことに、今後私たちがなすべきことへのヒントがあるように感じました。

学校に向かうことが難しい生徒たちにも、好きなことや得意なことがあるはずです。それを指導・支援する周りの大人は気づき、伸ばし、広げていく責務があると感じます。自分では気づきにくい本人の良い部分への意識や人とかかわることの大切さを、私たちはあきらめず粘り強く伝えていきたいと思います。

また、進路指導に関しても、講演で紹介のあった、分身ロボットをはじめとした社会とのつながるツールやしくみを工夫する大切さを学びました。そして、身体に障がいがあっても誰

かの役に立つ人になり、自分らしく社会参加できる人材に育てていく決意を新たにした講演でした。

（島根県立松江緑が丘養護学校　渡部英治）

「将来への道しるべ」

講演冒頭で"「OriHime」を使うことによって何ができるようになるかということと、なぜこれを作ろうと思ったかについて…"という内容のお話がありました。"今、置かれている現状を変えてなんとかしたい"という思いが原動力になり、テクノロジーをとおしてたくさんの人を幸せにし続けていることを感じ取りました。また、テクノロジーの活用の前と後では計り知れないほどの生活の質の向上や達成感があることが分かりました。

講演をとおして、私の心に刻まれ、これまで取り組んできた教育の振り返りや今後の道しるべとなるお話が3点ありました。

まず、"今まで、できなかったことができるに変わったことが最先端と捉えていたが、本人がやりたいと思っていたことが「できる」のが最先端と気づけた"という内容についてです。人は誰しもあんなことができたらいいなと思いを巡らせて日々生きていると思います。しかしながら、現状を見つめて挑戦したり、諦めたりすることが一般的な考え方だと思います。そんな中、オリィ氏は、その人に合ったテクノロジーを作り出すことで、その人が挑戦する勇気につなげました。テクノロジーをきっかけに自己の意識や態度が変わり、本人が「できる」ことに気づき、人生をより良いものにする道しるべを作りました。私自身、本人がさらにできた、嬉しいと思えるような、最先端の教育を目指す必要性を感じました。

次に、"寝たきりの子供がじゃんけんにおいて身近な人に委託せざるを得ない。指を何回押したかによってグー・チョキ・パーが選べると

いう装置を１日で作りました"という内容です。オリィ氏は、「納得感」の大切さに触れていました。また、オリィ氏は「テクノロジーにこだわっていない」ともお話されていました。私の今までの子供とのかかわりを振り返ってみると、決めつけや思い込みで本人の思いを汲んでいないことがあったと振り返りました。意思決定において、支援者として本人との相互の意見の一致を図る大切さに気づかされました。

最後に、"ボディシェアリング"という内容です。誰かの役に立つという考え方や関係性に大変驚かされると同時に、オリィ氏の創造力の大きさに感銘を受けました。そして、私自身が主体性、創造性を膨らませて子供たちの将来への道しるべとなる教育をしなければという思いを強く抱きました。

講演を拝聴して特に自分自身の物事に対する見方や受け止め方、考え方が大きく変化しました。過去を振り返ると、障害特性や指導方法にこだわり指導していました。ここ数年は、一人一人の生涯を見据えた長い期間に基づいた指導や何のための指導なのかを大切にしています。教育は、幸せになるため、より良い生活をするためだと思って日々子供たちに向き合っています。講演をとおして多くのことに気付くとともに、今後大切にしていきたい考え方として、本人のこうなりたい、こんなことがしたいという思いや、役割があって人に喜ばれたり、感謝されたりすることこそが、心が動き生活する上での原動力になるのだとさらに認識できました。

（東京都立高島特別支援学校　竹田憲功）

吉藤オリィ氏の所属や著書、実験カフェ、どなたでもアクセス可能な情報発信についてご紹介します。

書籍では、記念講演でお話しされた詳しいお話に触れることができます。note では、記念講演で触れられていた番田さんとのお話や、現在

の活動の背景となる経験に触れられています。変化、発展し続ける吉藤氏の活躍に注目です。

○ご所属

株式会社オリィ研究所
設立：2012 年 9 月 28 日
事業内容：コミュニケーションテクノロジーの研究開発および製造販売

○著書

書籍名：「孤独」は消せる。
著者：吉藤健太朗
出版：サンマーク出版
定価：1,540 円（税込）
発売：2017 年 3 月 10 日

書籍名：サイボーグ時代　リアルとネットが融合する世界でやりたいことを実現する人生の戦略
著者：吉藤オリィ
出版：きずな出版
定価：1,628 円（税込）
発売：2019 年 1 月 21 日

書籍名：ミライの武器 「夢中になれる」を
　　　　見つける授業

著者：吉藤オリィ

出版：サンクチュアリ出版

定価 1,430 円（税込）

販売：2021 年 5 月 8 日

○実験カフェ

DAWN ABATAR ROBOT CAFÉ VER β

〒 103-0023 東京都中央区日本橋本町 3-8-3
日本橋ライフサイエンスビルディング 3

4　講師による情報発信等

　オリィ研究所が主宰・運営する、ALS など
の難病や重度障害で外出困難な人々が、分身ロ
ボット「OriHime」「OriHime-D」を遠隔操
作しサービススタッフとして働く実験カフェ。
このカフェの開催によって「動けないが働きた
い」という意欲ある外出困難者たちに雇用を生

©株式会社オリィ研究所

み出すと同時に、人々の社会参加を妨げている
課題をテクノロジーによって克服することを目
指している。2018 年に初開催されたのち 3 回
のアップデートを重ね、さらなる社会実装に向
けて 2021 年 6 月に東京・日本橋エリアに常
設実験店をオープン。

©株式会社オリィ研究所

©株式会社オリィ研究所

○ note
　吉藤オリィ
　https://note.com/ory

○ Twitter
　吉藤オリィ＠新ロボット開発中
　(@origamicat)
　https://twitter.com/origamicat

○ facebook
　吉藤オリィー分身ロボット研究者−
　https://ja-jp.facebook.com/ory.
　yoshifuji

文責：東京大会実行委員会

実行委員長　深谷　純一

第 3 章

グループセッション報告

話題提供①

願いを大切にする、障害の重い子供たちのキャリア教育

青森県立森田養護学校教諭　下山　永子
（前青森県立浪岡養護学校教諭）

1　テーマに関する課題

　個別の教育支援計画の「本人の希望」欄は、表出が難しいという理由から「確認は難しい」と書かれたり、学習等の様子から推測したことを書かれたりする状況が少なくない。「いま」と「将来」を豊かに生きる、本人主体の支援の充実を図るためには、意思表出が難しくとも本人の願いを重視することが求められる。また、物理的、時間的制約等の理由により、支援の方向性等を共有し学校での学びを生かし生活を豊かにするための関係機関との連携の在り方が課題であると捉えられる。

2　課題解決に向けての取組の実際

（1）願いの把握について

　障害の重い児童生徒の願いについて、関わりや活動の中で表出した微細な動きの変化等から「関心がある」「快適で楽しい」と感じる状態と捉え、肯定的な意味付けをしながら、思いとして汲み取るようにした。面談で保護者と合意形成を図ったのち、個別の教育支援計画に記載した。記載例としては、声掛けに対して顔を向けたり笑顔になったりする様子から「たくさん話し掛けてほしい」、歌やダンスでとびきりの笑顔になる様子から「大好きな歌やダンスを楽しみながら生活したい」のように、その様子や姿から思いを推測し、参加や活動の視点により、本人主体の生活の姿として記述した。

（2）本人とのコミュニケーション

　対話やコミュニケーションの質は、環境因子によって左右される。健康観察や体操の時間など、様々な場面や本人の生活の文脈の中で、指導者が意図的に働き掛ける中でコミュニケーションは育まれていく。体操の時間、指導者が本人の肩に触れ、本人が手の温かさを感じ（情報活用能力）、その働き掛けを受け入れ自分の身体の力を抜いて応えた（意思決定能力）ときに「温かいね」「今上手に力を抜いたね」など、本人の表出や微細な変化を捉え、思いや願いを肯定的に意味付けし、言語化していくことが大切である。発語が難しい場合には、表出や応答の解釈において、時に慎重な見極めが必要である。授業で、本人がトランポリンの揺れに表情を変え、その表情を担任が「笑った」と受け止め、その思いを「楽しいな、もっとやりたい」と解釈をすると「もう1回やる？」と言葉を掛けて、さらに揺れを楽しませようとすることになる。以前、授業を参観した理学療法士から、トランポリンの場面を捉え「笑って見える表情は、実はこわくて顔が引きつっている状態であり『こわい』と解釈する必要がある」と助言を受けた例がある。揺れの中で表出される本人の微細な変化を「こわい」と解釈した場合には、別な活

動に誘うなど、言葉掛けや働き掛けの仕方が変わってくる。このように解釈の仕方によって、次の言葉掛けや働き掛け、活動や参加としての授業の展開が変わることからも、障害が重いといわれる児童生徒が発信する応答の解釈は、より丁寧に行われる必要がある。肯定的な意味付けとともに、複数の目で確認しあうことや、専門家と連携していくことが本人を理解する上で大切である。

（3）支援会議について

　関係者が一堂に会して、本人の良さや強み、願いなどを確認し、いまと将来を豊かに過ごせるよう支援目標や内容を検討することを目的とした支援会議を実施した。参加者は、保護者、本人（可能な場合）、学級担任、学部副主任、学校看護師等のほか、主治医、看護師、理学療法士、作業療法士、病棟保育士、指導員、施設職員等で構成した。

　本人が参加した支援会議では、生徒が得意とする「引っ張る」という手の動きを使って、ハンガーからおしぼりを外す活動を参加者に注目される中、笑顔で披露した。話し掛けられて笑顔になることから、施設でも本人の得意なことを生かした生活が送れるように「お手伝いなどをして『ありがとう』と言われたり、余暇活動を楽しんだりしながら生活する」というように、本人の願いを推測し、関係者間で共有した。本人が支援会議の場にいることの意義はとても大きいと感じた。

　支援会議では時間的負担を考慮し、設定時間を30分間とした。限られた時間で行うため、PATH（Planning Alternative Tomorrows with Hope）のステップを部分的に取り上げ

て簡易化したものを実施した。また、目的を共通理解した上で、時間を有効かつ効果的に使い、見通しをもって参加してもらうために、会議の趣旨と目的、流れや進め方等について、概要を記した資料及び当日活用するワークシート（図1）を用いて事前に説明を行った。

子どもを真ん中に、連携した教育支援を行うための話し合い資料		
ア	対象児童生徒氏名	
イ	好きなこと・得意なこと・今の姿	イとウは個別の教育支援計画により転記
ウ	3年後に目指す姿（支援目標）	
エ	3年後までに身につけたい力（必要な力）	・上記ウの姿になるために必要な力を記入 ・上記イの現在の姿を参考に、改善 ・克服したい力、または伸ばしたい力を記入
オ	支援内容	・明日からできる支援内容を記入

図1　ワークシート（個人用）

　事前説明時に、ワークシートと一緒に付箋紙（関係機関ごとに色別）を配付し、ワークシートの項目（エとオ）について、1枚の付箋紙に1つの意見を記入するよう依頼した。なお、欠席者については、付箋紙を事前に回収し、当日の支援会議で担任から紹介した。

　支援会議は以下の流れで進めた。①会議の趣旨・目的の共有、②好きなこと・今の姿等実態の共有、③「本人の願い」の共有、④「3年後に目指す姿」の意見交換、⑤「3年後までに身に付けたい力」の意見交換、⑥関係機関の「支援内容」への意見交換、⑦関係者の役割分担の確認と共有

3　支援会議の実際
（1）対象生徒の実態と「本人の願い」

写真や動画などを使い、「トランポリンや歌・ダンスが大好き、筋緊張が強くなると呼吸が浅くなり苦しそうな声を出す、指導者が歌いながら車いすを回転させると声を出して笑顔になる」など、生徒の実態を紹介した。また、タブレット端末に興味を示していることから、保護者との面談の際に提案した「視線入力装置を活用した学習」を撮影した動画を視聴し、生徒の「自己選択・自己決定」の手段に視線入力装置が使えるのではないかという可能性を関係者に伝え、検討した。

以上から、生徒の実態や思いを踏まえ、保護者と相談しながら『歌やダンスなど好きな活動をして楽しく過ごしたい』と共有した。

（2）3年後に目指す姿について

「筋緊張を弛めリラックスして過ごす時間を長くする」「視線を向けて自己選択・自己決定し好きな活動を楽しむ」について、関係者で共有、意見交換した。当初、保護者は視線入力装置を活用した取り組みの提案に難しいと捉え、消極的であった。今後の生活につなげたいという思いから、担当者が参加者に活動のねらいを伝えると、主治医から生徒の可能性についての意見が出された。それを聞いた保護者が、支援機器の使用による生徒の可能性の広がりに期待し、願いの達成に向けて前向きになった様子が印象的だった。

（3）身に付けたい必要な力について

参加者全員で付箋紙の意見を発表しあった。身体面、健康面、コミュニケーション面、認知面、環境面などから「筋緊張を弛める力、楽に呼吸する力、見る力、自己選択する力発声や表情等で意思表出する力・体力、手を動かして活動する力、ポジショニングに関すること」などの意

見が出された。複数の分類項目の中に、各関係機関の意見が含まれていたのが特徴的であった（図2）。

図2　共有された付箋

（4）支援内容について

各関係機関において自分たちが主体的にできる支援内容を発表しあい、下記のものが挙げられた。

【家庭】家族との触れ合い、楽な姿勢で過ごすための連携等、【学校】筋緊張緩和のための体操、視線入力を活用した見る力を高める学習、「ありがとう」と言われる活動や場の設定等、【医療】体調不良の早期発見、呼吸リハビリテーションの実施、ベッド上と座位保持いすでのポジショニングの検討、授業参観及び学習のための姿勢支援等、【福祉】選択場面の設定、PTと連携したポジショニングの徹底等。このほか、保護者から医療や学校への意見や、担当のPT、OTから授業参観への申し出など、新たな提案もあった。

（5）個別の教育支援計画の活用

検討を反映した個別の教育支援計画を後日関係者に配布し、それぞれの分野での活用を確認した。学校では自立活動の指導において視線入力装置を活用した授業につなげた。またPTやOTの授業参観で得た助言を参考に、姿勢や機

器の配置等の授業改善を進め、医療との連携を深めることができた。

4　指導の実際と成果

　個別の教育支援計画の支援目標である「視線を向けて自己選択・自己決定し、好きな活動を楽しめるようにする」を受けて、自立活動の指導で「二者択一の意味がわかり意図的に目を動かすこと」を指導目標に、視線入力装置を活用した授業を行った。その結果、図3のように視線の軌跡の範囲が広がり笑顔が見られるようになった。

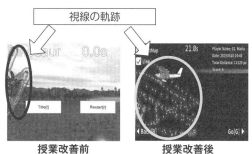

図3　視線の軌跡の変化

　また、生徒が好きな曲の静止画面を注視すると動画が映し出される教材に毎日10分程度継続して取り組んだ結果、パソコンの前に行くと笑顔が見られるようになり、徐々に苦手な右側にも視線を動かし、視線の軌跡の範囲が左右に広がってきた。そこで、視線に反応する時間設定を変えたり、2画面で動画を選択したりする学習内容にステップアップしていった。注視が難しいときは、視線の軌跡や表情から、生徒の試行錯誤している思いや内面を、意味付けするようにした。音楽を流すことが難しいときには、見ようとしていることを確認し、音楽を流して成功体験で終われるよう工夫すると、歌う

ような発声や笑顔を見せた。徐々に得意な左画面はもちろん、苦手な右画面の動画を注視して好きな音楽を流して楽しむ姿が見られるようになり、生徒の学びが深まっていった。

　さらには、病棟との連携した取り組みとして、卒業後の生活につなげることをねらい、生徒の「握る」という得意な動きを使って連絡簿やごみ袋を病棟へ運ぶという係活動を設定した。途中でゴミ袋を落としても、生徒の視線や表情等の変化を受け止めて言葉掛けをし、病棟スタッフに連絡簿等を渡して「ありがとう」と言われる活動につなげることができた。「役割」と「責任」という活動の意味付けや価値付けをしながら、病棟と連携した係活動を行うことができた。

　生徒を中心とした指導や支援により、笑顔や発声、「分かる、できる」が増え、病棟スタッフとの新たな関わりや役割に広がりをもたらした。視線入力装置を活用した学習に消極的だった保護者が「すごいね」と言って授業を参観するようになり、生徒への言葉掛けが増えたり、生徒を受容し、願いの実現に向けた前向きな思考や行動が見られたりするなど、保護者にも変容が見られた。生徒や保護者の変容は教員の自信となり、それぞれの理解を深め、新たな気付きや発見、学びとなった。主治医や参加者からは、支援会議への評価が得られ、保護者からは、我が子のために皆が一生懸命考えてくれたことが嬉しかったと感想が寄せられた。願いを大切にし、本人を中心とした支援会議は、その後の各関係者の支援や関係性に影響を与えることとなった。

　今後も、思いや願いを大切にしたキャリア発達支援とその組織的理解を深め、本人主体の支援の一層の充実を目指していきたい。

話題提供②

共に学び・共に生きる、多様性を活かすキャリア教育
－多様性と社会の接点－

あきる野市障がい者就労・生活支援センターあすくセンター長　　原　智彦

1　あきる野市障がい福祉計画について

　私たちの就労支援センターは、東京都の単独事業である「区市町村就労支援事業」により設置された就労支援センターである。あきる野市の「障がい者福祉計画」のもと、市から委託を受けて、就労支援センターを設置している。委託を受けた私たちの法人は、地域で生きる夢と幸せをともに実現するというビジョンのもと、障害のあるなしにかかわらず、それぞれのライフステージを生き生きと過ごせるようにという、ミッションをもっている。

　図1は、よくご存じのキャリアレインボーである。それぞれのライフステージごとに期待される役割、または意欲的に生きていく役割、そうした役割が個人のなかで積み重なっていくわけだが、成人期になると学齢期よりも多様な役

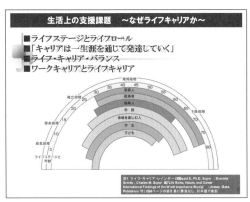

図1　キャリアレインボー

割をもつようになるということが大切である。私どもセンターは、障害のある人が働くこと、暮らすことの両方を支援するが、対象となるのは当事者の方たちだけではなく、障害のある人を雇用している事業所及び企業への支援も行うことが特徴である。

2　障がい者就労生涯支援センター「あすく」について

表1　センターの登録者の概要

あすく登録者の状況（R2.12.6）				
登録者	269人	一般就労	重度	福祉サービス
身体障害	16	9	2	3
知的障害	130	102	21	18
精神障害	70	34	0	16
発達障害	45	32	0	8
難病	1	1	0	0
高次脳機能障害	7	3	0	2

　表1は私どものセンターの登録者の概要である。その障害の内容は多様になってきている。近年は精神障害者保健福祉手帳をもっている人、つまり、精神障害、発達障害、さらには高次脳機能障害の人の登録が増えてきている。そうしたなか、「誰とどこで暮らし、どのように働くか」といった課題がある。つまり、それぞれの世代、ライフステージで暮らし方や働き方

が移り変わるということが大切になってくる。体力のある若いときには働く時間や通勤時間が多少長くても、ご本人も挑戦したいというふうに思っているが、歳を重ねてくると、その働き方、働く内容も移り変わっていく。長い成人期のなかで、ライフステージが移り変わるときに、当事者は「どのように、いつ、学ぶのか」「自分の暮らしたい、または働きたい願いはどのように見つけていくのか、決めていくのか」。成人期の支援機関は、そうした移行期の支援が大切である。

3　あすく学習会と保護者学習会について

　就労支援センターに勤めて4年目になる。最初の年に、私が教員だったころ、つまり20数年前に就職をした卒業生たちの会社訪問をしたり、保護者の方々の話を聞く中で、出勤渋りが見られたり、単調な生活が繰り返されたりしていくことが心配だという、保護者の話を聞き、当事者の学習会を始めた。その多くは地域障害者職業センターで、雇用対策上の重度知的障害者の判定を受けている人たちである。卒業生の学習会は月に1回、保護者の学習会は2、3カ月に1回という頻度で行ってきた。

　卒業生の学習内容は、働く意味や役割についての内容が中心である。参加しているメンバーの職場訪問をしながら、どういう環境で働いているのか、どういう人と働いているのかを見てきた。卒業生たちが「誰のために、誰に喜んでもらえることで働いているのか」を見せてもらった。学習会のなかで、見学の様子を話すことで、メンバーがお互いの働く意義を共有した。「家族のために働く」「自分のために働く」とい

う意義もあれば、職場訪問をすると、「周りの人のため、一緒に職場で働いている人のために働く」「お客様のために働く」という多様な答えが出てくる。今回のコロナ禍になり、印象的なことは、新型コロナウイルス感染症への感染防止のため、親御さんによっては通勤の送迎をしていたことである。そうした状況で、「僕が行かなければ職場が困るんだ」という発言を家族が聞いて、改めて成長している、自分の役割を意識しているということを何人かの家族から報告を受けた。

　また、職場のなかで周囲に怒りをぶつけてしまったことの例を取り上げて、アンガーマネジメントやビジネスマナー、またはリフレッシュする趣味、余暇活動についてもお互いに共有し、学びあうことをしてきている。そのようななかで特徴的だったのは、携帯電話の学びである。学齢期には持っていなかったもの、そして、家族ともあまり使わなかったものを徐々に使えるようになり、メール等も使うようになってきた。こうしたことを保護者にも報告しながら学習会を行い、家庭でも理解を深めてもらった。

　令和2年度は新型コロナウイルス感染症の感染防止で、月1回の学習会ができていない。さらには、感染拡大による影響が出ていて、就職先の店舗閉鎖で退職をせざるを得なかった人や店舗の業態の転換により自宅待機になった人もいる。また、外国籍の人と多く働くようになった人、コロナ禍のなか家族が入院した人など、様々な出来事があったが、安定して働き続けていることが電話等で確認できている。個別に通勤途中に出会うこともあるが、元気に挨拶してくれている様子から安心している。

4 「あきるのクラブ」「若竹ミュージカル」「オープンカレッジ東京」「グループホームあかり」の取組について

学齢期及び成人期の生涯学習の場である「あきるのクラブ」や成人期の生涯学習である「若竹ミュージカル」「オープンカレッジ東京」などは、新型コロナウイルス感染症の感染拡大が続くなか、オンラインでの開催を模索していることを知った。私たちの就労支援センターでの学習会の中止は1年近くになる。他団体のこうした動きを聞くと、Webまたはオンラインでの相談や、お互いの出来事を共有する学びの場をどのようにつくっていくか、考える時期だと思っている（その後、「ライン@」によるテレビ電話の面談、Google Meetによる学習会の試行をしている）。

もう一つの実践は、私たちの法人が10年ほど前につくった「グループホームひかり」の連絡会である。このグループホームは、障害の軽い女性のためのグループホームである。そのグループホームを通過することで、自分の次の生活の場、または次の働く場、それらを世話人さんや仲間、出身学校の先生方と考えながら、意思決定をしてきたように思う。その関係者が連絡会を立ち上げ、9年ほど続けてきている。グループホーム利用を経て、現在、子育て中の人が4名、そのお母さんたちのための「ママ友の会」もつくったが、コロナ禍のなかで中断をしている。好きな人と暮らしている人が3名、ひとり暮らしが4名という状況になっている。このように多くの女性の場合、仕事や職場が必ず移り変わっていく。男性も同様に移り変わるが、女性のほうが早く、そうした変化があるように思う。

この二つの学習会と関係者による連絡会から学んだことは、「職場や仕事は長い人生のなかで移り変わる、または住まいや生活は移り変わる」ということを、学齢期から少しずつ学んでいく機会が必要ではないかということである。家族構成が核家族化しているということもあるが、地域のなかでもいろいろな世代の人と触れ合う機会というのをもっていく必要があるとともに、学び続ける機会のネットワークが必要だと思っている。学校卒業後、一人ひとりに学べる機会があり、自分の意思を考えていく環境というものが必要ではないかと思う。

5 終わりに

今回、コロナ禍になり社会全体が大変な時期を迎えている。就労支援センターで毎年行ってきた就労を祝う会などの様々な行事やプログラムが中止になった。しかし、こうした時期だからこそ、オンラインであったり、Webであったり、情報機器でのつながりが必要ではないかと思う。在宅勤務をする卒業生が、私たちのセンター登録者でも少しずつ出始めており、雇用企業においても知的障害のある人の在宅勤務には課題を感じている。長い成人期においては、ライフステージの移り変わりに合わせた新たな学びや思わぬ災害等のなかでの必要とされる学びがある。学齢期と同様に、学び続けられる環境を地域のなかに作っていくことが必要である。また、学齢期に仲間と学んだ良い経験のある人たちは、30代40代になっても学び合えるように思う。学校時代に友達と学び合う、またはその前後の学年と一緒に学び合うという経

験は、長い成人期になったときにも学びに向かう力になる。良い学びをした人たちは、長い成人期にそれが土台になって、新しいものを学ぶ、新しいことにチャレンジする力になる。

　私たちの人生は障害のあるなしにかかわらず、必ず移り変わりというのが出てくる。そのときに、どこに相談をしたらよいのか。家族や出身学校の先生方も含めて、自分の相談できる人たちの数を増やしていくことが、成人期には大事になってくると思う。自分が相談できる人たちの個人のネットワークを現実化していく営みが、学校時代から行われていくことを願っている。

あきる野市障がい者就労・生活支援センター　あすく

住所	〒197-0804　東京都あきる野市秋川1-7-6 リヴェール麗2F
電話	042-532-1793
運営法人	特定非営利活動法人秋川流域生活支援ネットワーク ・＜計画相談、地域移行支援、地域定着支援、障害児相談支援＞をとん ・＜就労移行支援事業、就労継続支援B型、生活介護＞やまぐちや ・＜グループホーム、短期入所＞GHひかり、ひばりの家、めたせこいあ、ショートステイひばり・どんぐり ・＜ヘルパー派遣サービス＞おむすびネット ・＜放課後等デイサービス、児童発達支援＞わいわいくらぶ ・＜日の出町障がい者就労・生活支援センター、相談支援＞あるって
法人理念	地域で生きる夢と幸せを　ともに実現する

※「あすく」は、東京都独自の「区市町村障害者就労支援事業」に基づき、東京都あきる野市より委託を受け就労支援を行っています。同事業とは別に、東京都内には、国の制度である「障害者就業・生活支援センター」が6拠点あり、広域で各区市町村の障害者就労支援事業を行っている事業所と連携しています。

【あすく　リーフレットより】

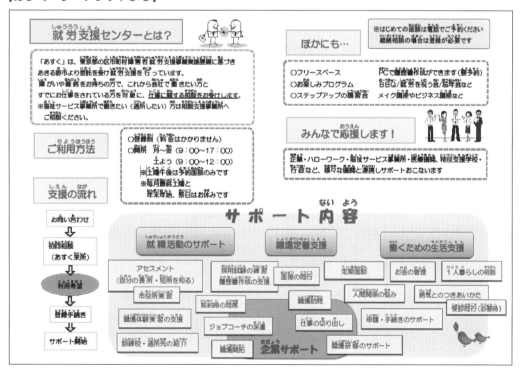

話題提供③

キャリア教育のこれまでとこれから、学校と地域協働
～内面の変容を促すカギは守破離？高等部作業学習を例に～

広島県立三原特別支援学校教頭（現広島大学大学院人間社会科学研究科）広兼　千代子
同教諭（現広島県立呉南特別支援学校教諭）若松　亮太

1　はじめに（広兼）

本校は20代・30代が5割の年齢構成と、経験年数10年未満が66%という、若くてまだ経験が浅い教員が多い組織構造である。このような組織においては、「服務の基本をしっかり身に付けること」、「自由で創造的な発想を豊かにし、失敗を恐れずチャレンジすること」を大切に考えている。

「学校組織の悩みあるある」として、「年配の教員の前で若い教員が思ったことを言えない」「昔からのやり方を変えない」などが考えられる。これらは、どこの学校でもあるのではないか。もちろん、本校でも全くないとは言えない。

目指すは、「チーム力があり、新たなことに挑戦できる学校」である。本校のような若く経験が浅い教員が多い教員集団の強み・弱みを考慮しながら、どのような組織マネジメントが必要なのか皆さんと一緒に考えたい。

2　高等部作業学習を例に（若松）

高等部作業学習は全7グループが、1年生と2・3年生で行っている（表1）。

これまでを踏まえた、これからのキャリア教育においても、その本質的な捉えとして、内面の変容への着目が重要だと考えている。

表1　高等部作業学習全7グループの概要

高1 (18名)	高2・3 (40名)	主な作業内容 （高2・3）	主な地域協働活動 （高2・3）
木工	木工	SPF材等による木工製品づくり（ベンチ, ローテーブル等）	・木工製品の注文販売 ・幼稚園等での木工教室 ・地元家具職人等との協同製品開発
クラフト	クラフト	陶芸・手芸等の製品づくり（お皿, コップ, ヘアゴム等）	・陶芸体験教室
	布工	さをり織り製品づくり（手さげバッグ, ポーチ等）	・さをり製品の注文販売 ・さをり織り体験教室
農業・メンテナンス	農業	夏・冬野菜の栽培・収穫	・地元伝統野菜の継承に向けた,「小泉さといもプロジェクト」
	メンテナンス	校内・校外清掃、各種業務委託（環境整備, 事務作業等）	・企業等での校外清掃 ・小学校での清掃教室
食品・接客サービス	食品	焼菓子の製造	・近隣カフェ店主との焼菓子の開発
	接客サービス	カフェの企画・運営	・商業施設での月1カフェ ・地域の方と運営するコミュニティカフェ

高等部の作業学習部会は、担当者だけでなく、組織的に地域協働を推進するために新設され、本校の地域協働の型としての校外カフェを創りあげた。ここからは、【守破離】をキーワードに、「内面の変容」に着目しながら、高等部作業学習の事例を取り上げる。

（1）内面の変容1（メンテナンスG）

メンテナンスグループの生徒は、清掃技能検定を通して、基礎・基本の習得を図る。その際、知識や技能としての型だけでなく、その所作・動作の意味についても理解を促すことが、【守】の段階である。平成30年度は2カ所だった校外の学びの場が、生徒の様子を見た地域の方々からの依頼により、令和2年12月時点で5カ所にまで増えた。それら地域のリアルな場での清掃では、型にないことにも対応すること【破】

が求められ、意味理解の伴った型を身に付けているかどうかが試される。同時に、教師は生徒の言動から内面の見取りに努めている。その様子は、本校で最も高い頻度で更新される通信に載っている。そして令和2年12月、近隣の小学校で清掃教室を初めて行い、新たな地域協働の形【破・離】が作られようとしている。

（2）内面の変容2（接客サービスG）

　接客技能検定を通して身に付けた型を何かに生かせないか、ということから、近隣商業施設での月1回のカフェ【守】が始まった。カフェの運営を続けていく中で、生徒から「お客様が和むことができるカフェにしたい」という声が上がった。生徒の言動は技能検定で身に付けた型を否定するものではなく、背景に技能の型だけでない、その意味理解があるからこその声と推察できる。生徒自身におもてなしの心が育ち、技能検定の型の先【破】に進もうとする姿は、まさにおもてなし、相手の求めに応じるということの本質を追求しているのではないかと捉えられた。このことは、令和2年12月に初めて行ったコミュニティカフェ、地域の方と一緒に運営するカフェスタイル【破・離】においても、生徒の姿として表れていた。

（3）内面の変容3（木工G）

　清掃やカフェのようなサービス提供型の作業種目と違い、ものづくりを主とするグループでは、作ったものを校外で販売することでの地域との関わりを図ってきた。それ以外の地域協働の形を模索し、受注段階からお客様とのやり取りが必然的に生まれる注文販売や、園児にものづくりを体験してもらう木工教室【守】を令和元年度から実施してきた。それらの取組によってできたつながりが広がり、地域の方から飾り棚の製作を依頼され、やり取りをしながら協同での製品開発【破】へと発展した。飾り棚の納品直前に、製品の色の濃さが違うことに気付いた生徒は、労力よりもお客様に喜んでもらうことを考えて、塗装し直す決断をした。何とか間に合い、納品した際、生徒のプレゼンテーションを見た依頼者から、「製作の説明をしてくれている生徒の様子を見ていて、ウルっときてしまいそうな時がありました。」という言葉をいただいた。また、令和元年度から関係のある地元の家具職人と協同での製品開発も行った。コロナで家にいる時間が長くなる人のために、「おうち時間を楽しく」というテーマを生徒が考え、三原市の形をしたローテーブルを製作した。1台を三原市長に寄贈し、完成までのストーリーを報告した。【破・離】

（4）内面の変容4（地域）

　県立広島大学との協働活動「県大学び合いチャレンジ」での学生の変容を紹介する。令和元年度から始まり、全7グループが参加した令和2年度は、型作り【守】の途中だと捉えている。承諾を得て、ある学生のレポートの一部を紹介する。1日目「木工という作業に関しては私たちがアドバイスすることはなかなか難しいと感じた。」、2日目「実際に自分もその作業を行ってみて、少しでも作業をしている人の感覚を知ることで必要なものも見えてくるのではないかと感じた。」、3日目「本心かもしれないが、もしかしたら言葉にできない考えや気持ちがあるのかもしれないと考えると、どのように質問したらそれを引き出せるのか、どこからその気持ちを推測していけばいいかが難しいと感じた。」というレポートから、生徒はもちろん、学生にとっても内面の変容を促す学びであったのでは

ないかと捉えている。

（5）内面の変容5（教員）

　地域協働の一つの型としてカフェを立ち上げる際には、推進者、開拓者・先駆者と表現すべき先生方からの働きかけ汗かきが必要だった。作業学習部会でカフェの取組を共有する中で、「なぜ地域協働なのか」、「地域協働とは何であるのか」、「自分の担当するグループでも」、というように、意味や目的への共鳴、職員室内で水平的に伝播する過程があった。その後、各担当者が、その作業種目「ならでは」の学びをデザインし始めるようになり、自分の言葉で地域協働の意義・目指すビジョンを解釈し、説明できるようになってきた。そして、現在作業学習部会は単なる定例会議ではなく、未来や夢について語り合える、創造的な場・集団になりつつある。

　内面の変容を促すには、【守】の段階で技能だけでなく、その意味や目的、ビジョンを伴った型をつくることで、次の【破・離】へと、学びがデザインされていき、併せて信念・理念や動機に共感する形で、周りへと伝播するのではないかと考えた。

　ここまでの成果とポイントは、①「校内や校外の他者から学ぶ・真似ぶ姿勢や習慣」と、②「型だけでなく意味・目的・ビジョンの共有」であると考えた。一方、課題と今後については、「地域とのつながりを継続するには」、「地域での学びをシンカ（進化・深化）させるには」、「人事異動に耐えるには」、が挙げられる。一つは、マニュアルだけでなく職員室の風土や文化の継承・発展が必要で、気付きを工夫・改善につなげ、最適解を求める集団であること、もう一つは、実は変わらずそこに居てくれる地域の方々

こそがカギなのではないかと考えている。

3　おわりに（広兼）

（1）高等部作業学習の変遷と節目

　平成29年度以前は、学校祭と地域の商業施設で年1回ずつの販売会、あとは参観日での販売を行っているだけだった。ここ3年で作業学習の活動範囲・内容・教員の意識が大きく変化している（図1）。その変化には四つの節目があったと考えている（図2）。

　節目の一つ目、平成30年度に近隣の商業施設で開始したカフェ「いこい」は、地域協働の取組の第一歩となった。課題解決型、生徒主体の運営方法が他の生徒や教員に影響を与え、それ以後協働活動が広がっていった。

　節目の二つ目は、木工教室の始まりである。これは、近隣の幼稚園・保育園で生徒が園児に木工を体験してもらい、教えるという活動である。それまで、学校から働きかけることが主で

図1　高等部作業学習の変遷

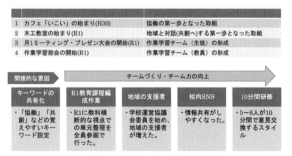

1	カフェ「いこい」の始まり(H30)	協働の第一歩となった取組
2	木工教室の始まり(R1)	地域と対話(共創)する第一歩となった取組
3	月1ミーティング・プレゼン大会の開始(R1)	作業学習チーム（生徒）の形成
4	作業学習部会の開始(R1)	作業学習チーム（教員）の形成

図2　変化の節目とその間接的な要因

あった活動から、地域の方と対話する形に変わった第一歩の取組である。この活動を知った地域の方から、それ以後いろいろなお話が提案されるようになったり、さをり体験教室や陶芸教室につながったりした。地域と対話する活動が、生徒を大きく成長させ、地域が変わっていくことが教員にも理解され、これ以降対話のある活動が増えていった。

三つ目は、月1ミーティング・プレゼン大会の開始である。それまでグループがバラバラに活動していたが、作業学習全体をチームと考え、月1回各グループ代表生徒が集まってミーティングを行い、年2回グループの成果発表をするプレゼン大会を開始した。

四つ目は、作業学習部会の開始である。これは教員の作業学習チームの形成であると捉えていて、作業学習を一つのチームとして考え取組を進めていく仕組みづくりである。

（2）チームづくりとチーム力の向上

毎年校長が年度始めに教育目標を達成するためのキーワード（H30協働、R1創造、R2共創）を教員に提示しており、目指すものがわかりやすく、合い言葉として共有されている。このキーワードが教員に浸透し主体的な動きとなっていくためには、チーム力が重要だと考える。本校では、5～6人の小グループによる10分間研修や、普段の会議等でも「近くの人と2分間話してみてください」等のコンパクトな対話の機会をたびたび設定しており、このことが全員発言、効率化、チーム力の向上に役立っていると考える。

チーム力を高めるために重要と思われること三つを挙げた（図3）。土台として、どんなことを言っても大丈夫だ、失敗しても大丈夫だという心理的安全性が保障されていることが教員の主体性・創造性を促すのではないかと考えている。

阻害要因としては「時間がない、忙しい、仕事が増える」「予算がない」「障害が軽度だからできる」「他の教員の目が気になる」「うちの生徒には無理」等が考えられる。ネガティブ発言を封じ込めることはかえって良くなく、10分間研修のような短時間の場で出し合っておく、会議で出そうなときは未然に対処し、強いネガティブ印象が残らないように配慮する等を心掛けている。

図4からは、【破】を起こす仕掛けとそれを成功体験にし、うまく広げていく仕掛けが必要と考える。流れができると、あとは先生たちが、こちらが思う以上にどんどん展開してくれる。管理職はしっかりと見守り、応援し、支援を続けていくことが大切と思っている。

図3　チーム力を高めるために

図4　組織の【守破離】のイメージ

総　括

いま、対話でつながる願いと学び
－キャリア発達支援の新たな広がりと深まり－

弘前大学大学院教育学研究科教授　菊地　一文

1　企画趣旨

東京大会1日目は、丹野哲也氏の基調講演と吉藤オリィ氏の記念講演、そしてポスターセッションを設定し、これらのインプットからたくさんの刺激を受け、示唆を得ることができた。このことを受けて、2日目のプログラムは、3つの話題提供をもとに、参加者が様々な思いを言語化、対話するなどしてアウトプットし、新たな気付きを得るというアウトカムを期待し、「話題提供＋セッション」（以下、本セッション）を設定した。

新学習指導要領の総則の柱の1つに、「児童生徒の調和的な発達を支える指導」が位置付けられ（図1）、この中でキャリア教育について言及している。この柱には、さまざまな障害等による多様なニーズに応じるということにとどまらず、障害の有無や困難性にかかわらず、児童生徒一人一人の発達を支えていくという趣旨が明示されている。

また、ここでは、①学級経営やホームルーム経営をとおしてよりよい人間関係を育むこと、②児童生徒の自己実現のために学習活動と関連付けて生徒指導の充実を図ること、③いまの学びと将来をつなぐキャリア教育の充実を図ること、が示されており（図2）、いずれにおいても「対話」の必要性を示している。東京大会のテーマは「いま、対話でつながる願いと学び－キャリア発達支援の新たな広がりと深まり－」であり、まさに、その主語は子どもたちである。丹野氏の基調講演、吉藤氏の記念講演でも触れられていたように、子どもたちの「思い」や「願い」の把握や理解に努めることが重要であり、

図1　学習指導要領の総則の6つの柱

特別支援学校小学部・中学部学習指導要領
第1章 総則 第5節 児童又は生徒の調和的な発達の支援　※朱書き、下線は筆者による。

1　児童又は生徒の発達を支える指導の充実

(1)学習や生活の基盤として，教師と児童又は生徒との信頼関係及び児童又は生徒相互のよりよい人間関係を育てるため，日頃から学級経営の充実を図ること。また，主に集団の場面で必要な指導や援助を行うガイダンスと，個々の児童又は生徒の多様な実態を踏まえ，一人一人が抱える課題に個別に対応した指導を行うカウンセリングの双方により，児童又は生徒の発達を支援すること。
　あわせて，小学部の低学年，中学年，高学年の学年の時期の特長を生かした指導の工夫を行うこと。　よりよい人間関係を育むこと

(2)児童又は生徒が，自己の存在感を実感しながら，よりよい人間関係を形成し，有意義で充実した学校生活を送る中で，現在及び将来における自己実現を図っていくことができるよう，児童又は生徒理解を深め，学習活動と関連付けながら，生徒指導の充実を図ること。　自己実現のために学習活動と関連付けること

(3)児童又は生徒が，学ぶことと自己の将来とのつながりを見通しながら，社会的・職業的自立に向けて必要な基盤となる資質・能力を身に付けていくことができるよう，特別活動を要としつつ各教科・科目等の特質に応じて，キャリア教育の充実を図ること。その中で，中学部においては，生徒が自らの生き方を考え主体的に進路を選択することができるよう，学校の教育活動全体を通じ，組織的かつ計画的な進路指導を行うこと。　いまの学びと将来をつなぎ、資質・能力を育成すること

図2　児童又は生徒の発達を支える指導の充実

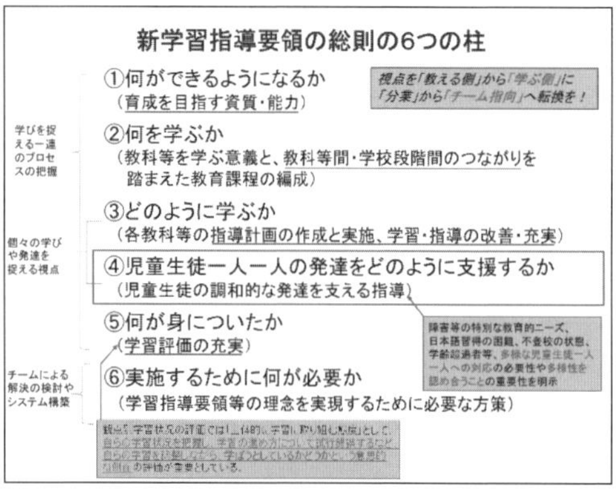

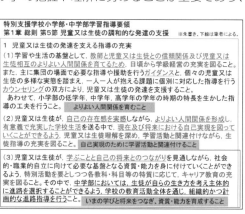

これらを「いまの学び」とつなぐ大事な役割が「対話」であると言える。ここで「対話」に求められていることは、子どもたちに対してだけではなく、私たち自身の「思い」や「願い」を関係者間でつないでいくということも併せて求められる。

本セッションでは、キャリア発達支援における主要なテーマであり、課題となっている3つの話題提供に基づくグループ協議方式によるセッションを設定した。話題提供テーマの1点目は、いわゆる重度・重複障害のある児童・生徒のキャリア発達支援である。2点目は、移行期から生涯にわたる多様なニーズや役割を踏まえたキャリア発達支援である。3点目は、キャリア発達支援の充実を図るための組織的取組及び連携・協働である。この3つのテーマに基づく話題提供を踏まえて、対話を重ねることで、新たな気付きと今後につなげるアクションの契機にしたいと考えた。

ここでいう「対話を重ねる」とは、第1には、本セッション全体をとおしての参加者の「自己内対話」を意味する。話題提供等に刺激され、思考が促され、共感や疑問、新たな気付き等が得られていくということである。インプット型の学びであっても、自己の中では対話が生じているということをまず大切にしたい。

第2には、各話題提供の直後に行った本セッションのコーディネーターを努めた筆者と話題提供者の対話を意味する。この対話をとおして、各話題提供者の実践を価値付けるとともにその背景にある「思い」を引き出し、その後の大会参加者同士での対話を促進させることを意図した。

そして第3には、大会参加者によるグループセッションでの対話を意味する。まさに言語活動を促進させ交流し合う、文字通りの対話である。ここでは第1、第2の対話において、刺激された「思い」を表出させ、相互に化合・融合させることを意図した。

さらに第4には、全体報告やチャット共有による対話を意味する。加えて、「まとめ」として筆者がインプットすることをとおして、さらに参加者それぞれの自己内対話が促進されることを意図した。

最後の第5には、アフターセッションとしての各参加者の自己の振り返りや同僚等の他者との共有による対話を意味する。学びはその設定された時間帯だけで完結せず、その後咀嚼され、表出することによって新たな対話をとおした学びや創造につながると考えた。

2　話題提供を踏まえた対話

本稿では、第2の対話に位置付く、各話題提供における筆者との対話の概要について報告する。表記は「対話」ということを踏まえ、できるだけ当日の発言を踏まえた形式とした。なお、各話題提供の内容については別途掲載するそれぞれの概要報告を参照していただきたい。

（1）下山氏との対話

筆者　障害が重いと言われる子どもたちのキャリア教育は難しいという声や、個別の諸計画が活用できていないという声をよく聞きます。これらの課題に対してキャリア発達の本質を踏まえながら、関係者が連携・協働できている好事例であると捉えました。

また、本人参加までには至ってはいないも

のの、「本人の願い」を中心とすることが大事な視点であることが再確認され、それが連携の「カギ」になったように思います。「本人の願いを支える」という目的を関係者が共有し、自分たちごととして捉えられたことが、それぞれの立場でできることを具体的に考えるきっかけになったと捉えられます。

　これまでも多職種、特に医療機関との連携が進められてきたと思いますが、これまでの連携と本実践でなし得た連携というのは何が違ったのでしょうか？

下山　これまではどちらかといえば、子どものマイナス面、できないことや心身機能面の改善の視点で連携してきたように思います。今回、子どもの「願い」を肯定的にみんなで推測し、確認し合いながら連携を図ったことで、子どもの「できること」や、「活動と参加」の視点から考え出した本人の願いにつながり、いま「できること」を中心とした話し合いが進められ、それがよりよい連携・協働につながったと思います。

筆者　私たちは子どもたちのできないことをできるようにしたいという思いをもっています。それはもちろん大事なことなのですが、本実践のポイントはまさにできることやできていることに着目して、その力を生かす場面をそれぞれがどう工夫するかということであったと思います。例えば、学校の中で本人がもっている力をどう生かしたら誰かの役に立てるのかということや、病棟の中でもそこの環境を一番よく知っている人たちが本人の願いを支えていくことにつなげています。実は「できないこと」ではなくて、いま「でき

ていることをどう生かすか」という視点が大事であることを改めて確認できました。

　多職種連携ということが以前から問われていて、形としてはこれまでもずっとやってきていることと思いますが、このような「よいきっかけ」によって何が変わったのかということについて、もう少し詳しく教えていただけますでしょうか。また、ポイントは何だったのか、支援会議自体のもち方は、以前と比べてどう違うのかということについてお聞きしたいです。

下山　以前は、例えば学校とPT、医療関係者、あるいは保護者と医療関係者、家庭と福祉関係者というように、それぞれで連携がなされてきました。今回の実践は子どもに関係する方が一堂に会して、目的を共有しながら、みんなで話し合えたというところが今までの連携とは違うところです。

筆者　多忙化が問題となっている現状では、一堂に介し、目的を共有しながら連携することが難しくなっていると思われます。関係者が「なぜ・なんのため」という目的を共有した上で、事前に付箋を渡して準備したものを持ち寄って短時間で共有し確認する方法は、効果的なアプローチと言え、多くの参考になると思います。

　最後に、このような関係性の変化を通して、下山先生自身の他職種の方へ見方はどう変わりましたか？

下山　今までは専門職の方から助言をいただくという関係でしたが、このような会議をとおして子どもの豊かな生活というところを中心に置いて、同じ目的をもつ対等な立場での話

し合える仲間と言うか、チームの仲間みたいな感じに変わったような気がします。

（2）原氏との対話

筆者 当事者の方たちへの支援に当たって、誰のために働くのかという話がありましたが、具体的にどのような変化が見られているのでしょうか。自身の消費生活などを楽しむことが出発点であったと推察されますが、もう少し詳しくお話しいただけますでしょうか。

原 彼らと話をするとき、誰のために働くのかというのが、意外とコミュニケーションを取るときに役立ちました。家族のために働く、自分のために働くというのもありますが、職場訪問をすると、周りの人のため、一緒のその職場で働いている人のために働く、お客様のために働く、みたいなのが多様に出てきます。今回、特徴的だったのは、コロナウィルスで感染の心配があるため、親御さんが通勤の送迎をしたケースがいくつか見られました。「私が、僕が行かなければ職場が困るんだ」という発言を家族が聞いて、改めて成長している、その自分の役割を意識しているという報告を受けたことが印象的でした。そういう意味では「誰のために働くのか」という問いは本人も考えやすく、私たちもコミュニケーションを取りやすかったです。

筆者 誰のためにということは、まさに他者との関係性の中で見出していくことだと思われます。興味深いのは、コロナ禍という状況は、まさに制約があり、問題ではあるのですが、それぞれが、その中で大事なことに気付いていくきっかけにもなっています。環境の大きな変化が根底にあって、成長の契機になって

いると捉えました。

それでは、以前は特別支援学校から送り出す側として、そして、現在は卒業後を支援する側として、双方に携わってきた原先生のご経験から、青年期の学びにおいて大事だと思うことは何でしょうか？

原 現在、コロナ禍のため、個別の面談やセンターのイベントやプログラムが全部できていない状況です。そうした中で、世代を超えて、その仲間と過ごしたり、学んだりしたいという、希望やニーズが強くあるということを実感しています。やはり学齢期に仲間と学んだ経験のある人たちは、30代から40代でも学び合えています。

学校時代にそうした友達と学び合う、またはその前後の学年と一緒に学び合うという経験がなかった方たち、つまり、成人期になって障害者手帳を取得し、センターに登録している人たちの孤立している状況を見ると、学齢期によい学びをした人たちというのは、長い成人期になったときにもそれが土台となって、新しいものを学ぼうとか、新しいことにチャレンジしようとか、そうしたものがあるように思います。特に、精神障害手帳を持っている方で、学齢期につらい思いをして、よい学びの経験がないと、長い成人期になったときに、なかなかチャンスがつかめないというか、チャンスを生かせないということが見られるように思います。

筆者 生涯にわたって学ぶ力の育成がいま求められていますが、そのためには学校教育段階での「よい学び」が必要であることが再確認できました。よい学びというのは自分にとっ

て手ごたえがあり、仲間とともにいろいろな
ことに気付いていく過程も含めて、それを本
人が大事だと思えることだということが理解
できました。

　最後に、具体的に学校教育段階では、進路
学習をはじめ、さまざまな実践を進めてきて
いますが、学校時代において必要な学びや卒
業後でもよいと思う学び、あるいは卒業後に
新たに出てくる課題等について、お話しいた
だけますでしょうか。

原　やはりどこで暮らす、どういう生活をした
いかという生活設計は、卒業後に実際に働き
はじめて、収入を得たところで具体化してき
ます。学校時代には、「働くこと」が卒業後
すぐの大きな課題として捉えられています
が、その後、働いてどのような生活をしてい
くかという生活設計はやはり成人期になって
からの次の課題になります。

　本センターの登録者の方たちも20代だけ
ではなくて、40代、50代の方もおり、グルー
プホーム利用に移られる方も出ています。家
族のいろいろな事情や健康上の理由もあり、
現在指摘されている50・80問題も見られて
います。若いときだけがグループホーム利用、
またはショートステイ、短期入所利用ではな
くて、歳を重ねたときにもやはり住まいが変
わるという状況が見られます。

　例えば、50代の登録者の方の父親が長期
入院したため、姉のいる他県に引っ越すかど
うかという相談がありました。考えてみると、
私たちの人生はまさに障害のある・なしにか
かわらず、必ず移り変わりというのが出てきま
す。その時にどこに相談をしていったらよい

のかが大事で、学校時代の先生方ももちろん
大事な相談先であるし、自分の相談できる人
たちの数を増やしていくことが成人期には大
事になってくると思います。そうした本人が
相談できる人たちのネットワークを作ってい
くことが、学校時代よりはっきりしてきてい
ます。

筆者　誰とどこで暮らし、どのように働くかと
いうことは、その必要性を感じる時期や課題
を感じる時期を迎えることによって、成長す
るとともに変化しているということが改めて
理解できました。

　また、学校教育段階でコミュニケーション
力や相談する力などの育成に努めてきている
ところですが、改めて各ライフステージにお
いて一緒に暮らす人、そして一緒に働く人と
いった他者との関係性や、環境の変化ととも
に、成長や本人にとっての悩みが生じてくる
ということが分かりました。そして悩みを解
決し、乗り越えていきたいという本人の思い
に対する周囲の支援の必要性が確認できまし
た。

（3）広兼氏、若松氏との対話

筆者　全国各地で多様なリソースを活用した地
域協働活動が進められる一方で、組織的取組
や連携・協働という他者との関係性は、多く
の方や学校が抱える課題となっています。話
題提供では2つの「カギ」について言及され
ており、1つは「地域」、もう1つは「チーム力」
でした。「守破離」という言葉も取組による
変化の方向性を端的に表されていて、興味深
かったです。多くの方はこの守破離の「破」
が難しいと捉えていると思われますが、特に

貴校の教職員にとっての「破」のきっかけとなったことは何でしょうか？

広兼 本校で一番エネルギーを必要とし、大変だったのは、「校外カフェの開始」でした。それまでの作業学習に対する先生方の認識の問題もあり、改革の必要性を強く感じていました。その具体的方策として地域協働の推進のほか、作業学習のグループ編成や指導計画の見直しを考えましたが、トップダウンではないやり方で進めていく必要がありました。

そこで校長が「協働」というキーワードを出したときに、協働に関して全員で学び合う研修会を設定したり、協働の具体的アイデアを募集したり、若手教員を集めてできることは何かを聞いてみたり、というようなことをしました。

そして、カフェを担当してもらう先生に、まずは「生徒がなぜ・なんのためを考え、主体的に取り組むことを大切にしてほしい」ということだけをお願いしました。そうしたら、そのように時間をかけて丁寧に対応してくれ、その結果、生徒が徐々に動き始め、休日にコーヒー専門店に行って自分でオーナーの方にインタビューをしたり、接客について調べたりするようになりました。さらに生徒がそのように取り組んでいることを知った先生方が影響を受けて、次第に地域協働が進んでいきました。

グループ編成と指導計画の見直しについては、当時の教務主任の先生を誘って、先進校の公開研に行きました。その先生が非常に刺激を受けて、「生徒が自分たちの作業活動を他者に説明できるようになる」という目標をもって帰ってきました。それから作業学習部会を立ち上げたり、月１ミーティングやプレゼン大会を指導計画に入れたりということが少しずつ進んでいきました。懸案であった作業グループの見直しも対話を重ね、情報共有する中で進んでいきました。

筆者 お話しいただいた一連の具体的なエピソードと配布資料にある「守破離」の構造的整理をそれぞれ関連付けて咀嚼していくと、何らかの手掛かりが見つけられると感じました。フロアの先生方にはぜひこのあたりの実践の構造とポイントを確認していただくとともに、教員のモチベーション向上に向けた対応やそこで生じている相互作用、さらには地域という刺激や仕組みづくりなどにも着目して、この後のセッションで議論いただければと思います。「具体化」「共有化」「可視化」していくような協議になればと思います。

若松先生、そういった組織の中での協働に当たって、若手教員として描いたり、一歩踏み出したりするうえで必要だと感じたこと、また、その環境としてよかったということは何だったでしょうか？

若松 昨日の吉藤氏の講演でも触れられていましたが、できないことではなくて、できることをとにかくやっていくということです。学校内では自分の知らないところでさまざまに進んでいることがあったので、少しアンテナを高く張り、「中堅の先生がこれだけつくってくれてるんだから、自分も何かやってみよう」というような意識がありました。誰かが突破口を開いてくれるからこそ、若手がちょっと自由にできるという環境があったと

思います。

筆者　ぜひ、フロアのみなさんには若松先生の言葉から感じたことについても言語化し、自校のことについて考えていただければと思います。また、子どもの学びの姿が大人側の意識を変えるという側面がありますが、教職員間でもそれぞれのさまざまな思いが刺激し合い、つながり、相互に変化する側面があります。このあたりについても少し掘り下げて議論いただければと思います。

以上、第2の対話を踏まえ、この後進める第3の対話となるグループセッションにあたっては、3つの話題提供がそれぞれのテーマで完結している訳ではなく、これらを相互に関連付けながら、キャリア発達支援の本質に迫る協議を進めることについて説明し、セッションを開始した。

3　グループ協議と全体共有

グループ協議では、大会申し込み時にとりまとめた希望テーマと職種・職層を考慮した5、6名程度のグループを編成して、zoom のブレイクアウトルーム機能を使って協議した。また、各協議グループにおいては、ホワイトボード機能を活用したり、テキストとしてまとめたり、スライドを作成したりするなどして協議内容をまとめ、後に共有することとした。

なお、セッションの間、4名の話題提供者と武富理事、松見理事が適宜各グループをまわり、参加者と意見交換したり、質疑に応じたりして対応するほか、全体共有の報告グループを抽出した。

また、時間的制約があったことから、全体共有の報告は、すべてのグループを対象とせず、抽出したグループのみとし、それぞれのグループの協議で得られた知見についてはチャットで共有することとした。

4　セッションのまとめ
（1）「キャリア」「キャリア発達」の再確認

キャリアとは「個々人が生涯の中で様々の役割を果たす過程で、自らの役割の価値や自分と役割との関係を見出していく、つながりや積み重ね」であることを再確認したい。

また、3つの話題提供が示した、障害が重いと言われる児童生徒への支援、卒業後の働く生活の中で変化していくライフステージにある本人への支援、学校組織及び地域における連携・協働のいずれのテーマにおいても、児童生徒等本人はもちろんのこと、かかわる支援者を含め、それぞれがかけがえのない存在であり、他者に影響を与える重要な存在であることを再確認したい。

また、繰り返しになるが、キャリア発達とは、「社会の中で自分の役割を果たしながら、自分らしい生き方を実現していく過程」のことである。個々人の物事への受け止め方や向き合い方の変化であり、他者との関係をとおして本人の中で起きているものと言える。できる・できないということだけではなく、いまのありのままの姿や何かを目指して取り組んでいる姿が、他者によって価値付けられることによって、本人がその意味に気付き、向き合い方が変化していくということに改めて目を向け、我々自身の支援者としての有り様についても再考したい。

また、私たちは教えるという行為をとおして、たくさんのことを目の前にいる児童生徒から学んでいる側でもある。このキャリア発達の相互性を踏まえ、多様な他者である教職員や関係者に対しても同様に、そしてお互いにそういった目線で考えていくことが必要であるということを本セッションでの対話を振り返り、再確認したい。

（2）「対話」やチームアプローチの必要性

昨今は多忙化により、雑談をとおして児童生徒のことや授業のことをについて語り合うという機会が少なくなっているということをよく耳にする。

セッションでは「守破離」というキーワードが示された。形成期の教員の多くは自身の授業等のスタイルを模索し、ある一定の型を作り上げ、授業の充実に努めてきたと考えられる。しかしながら、その型ができたとしても、決してその再現性は高いわけではない。その都度、児童生徒の学びの姿から学び、フィッティングを図り、教えるという行為に反映し、更新を繰り返している。そこにはゴールがないと言えるかもしれない。常に自らを振り返ることや、多様な他者の目をとおして、児童生徒の学びの姿や自身の実践を捉え直すことが大切であると考える。ある意味で「守破離」のサイクルを繰り返していると言えるだろう。

このように障害のある・なしにかかわらず、教育とは難しいものである。教師が教えたとおりに児童生徒が学んでいるとは限らず、そこまでには至っていないということも少なくない。その一方で、児童生徒は教えたこと以上のことや教えたこと以外のことも学んでいる可能性も

ある。いずれにしても児童生徒の学び姿の見取りは簡単ではないことから、より丁寧に本人の身に立ち、その「思い」の理解に協働的に努めていくことが求められる。

授業等において、児童生徒は教師が「わかった？」と聞けば「わかった」と答えるかもしれない。また、教師が「楽しかった？」と聞けば、「楽しかった」と答えるかもしれない。しかしそれは真実なのだろうか。また、それを表出することが難しい子どももいる。これらはすべてイコールとは限らず、違う意味の場合もあり、多様な解釈がある。よって協働的に「学び手」の姿の理解に努めることがより求められていくだろう。個人がスキルを磨き、高めていくということだけではなく、多様な他者と協働し共に学び合っていくことが大事である（図3）。

そのような意味で、富山大学人間発達科学部附属特別支援学校が開発・発信している「ラベルコミュニケーション」や「アクティブ・リスニング」の手法（竹村・柳川，2019）による、事実とその背景にある思いに目を向けるチームアプローチは、今後、一層必要になっていくと考える。

図3　授業を相互に見合い、語り合う重要性

　なお、いわゆる障害の重い児童生徒について
は、「思い」の表出が難しいことから、より他
者との関係や他者による価値付け等のかかわり
が大事になってくると考える。学校現場におい
ては、鯨岡（1997）による「受け手効果」や
Bates,Camaioni,&Volterra(1975)による「聞
き手効果」等の先行研究につながるかかわりを
日々行っているはずである。そのようなかかわ
りをとおして、児童生徒は学ぶことへの意味付
けがなされていくということを認識し、大切に
していただきたい。

（3）おわりに

　本日の話題提供は、4名の先生方にそれぞれ
これまでの実践を振り返って、言語化していた
だいた。本セッションは、単に優れた実践を伝
達する場ではなく、話題提供者の先生方にとっ
ては、報告をとおして振り返り、自身の中での
新たな気付きを得たり、改めて実践を咀嚼した
りする機会となったと推察する。また、これら
の話題提供を受けて、参加者の先生方は刺激さ
れ、自己のこれまでの実践や課題意識をもう一
度、掘り下げて考える機会となり、多様な他者
と対話することで次の一歩を踏み出すための知

見が得られたのではないだろうか。このように
私たちも児童生徒と同様に立ち止まって振り返
り、省察することが大事である（図4）。

　明日またそれぞれの学校等に戻り、現実に向
き合うことになるが、周りの多様な方々とこの
ような対話を進めていくということが大事であ
る。まずは、本大会に参加してこんなことを聞
き、こんなことを考えたということを誰かに伝
え、対話するところから始めていただければ幸
いである。

文献

Bates, E., Camaioni, L. & Volterra. V. (1975) The acquisition of performatives prior to speech, Merrill-Palmer Quartelyj, 21 (3), pp205-226.

菊地一文（2020）内面の育ちへの着目と生徒指導．特別支援教育研究 No.759，全日本特別支援教育研究連盟編，東洋館出版社．

鯨岡峻（1997）原初的コミュニケーションの諸相．ミネルヴァ書房．

文部科学省（2017）特別支援学校幼稚部教育要領、小学部・中学部学習指導要領．

文部科学省（2018）特別支援学校教育要領・学習指導要領解説総則編（幼稚部・小学部・中学部）．

文部科学省（2019）特別支援学校高等部学習指導要領．

文部科学省（2019）特別支援学校学習指導要領解説総則編（高等部）．

竹村哲監修・柳川公三子編（2019）実践！特別支援教育のアクティブ・ラーニング．中央法規出版社．

「なぜ・なんのために」省察（振り返り）をするのか

①自身の「よさ」や「学び」「育ち」に気づけるようにするため

②いまや将来において大事なことに気づけるようにするため

③「なりたい」「ありたい」自己像に気づけるようにするため

④「なりたい」「ありたい」自己像の実現に向けて必要な内容や方法、他者に求める援助の必要性等に気づけるようにするため

⑤「いまの学び」の大切さに気づけるようにするため

これまで得られにくかった「土台」作りへの支援の必要性　　「教え込み」や「否定」ではない、「気づき」を促す過程が重要

そのための援助過程が「対話」であるが、学習上又は生活上の困難のある児童生徒に対してどのように環境を整えるか？

図4　省察（振り返り）の意義

第 4 章

東京大会を終えて、いま紡ぎたいこと

キャリア発達支援研究会　第8回年次大会　東京大会
東京大会を終えて、いま紡ぎたいこと

東京大会実行委員会

【Webによる大会運営】

1　はじめに

　東京大会を開催するにあたり、2020年の初旬、東京の渋谷の会議室に関係者が集まった際は、従来通り対面での大会運営を想定していた。新型コロナウイルス感染症拡大の状況が刻々と変わり、全国の学校が臨時休業となる未曾有の事態に対し、Webによる大会運営を検討することになった。Web開催を選択肢にできた背景には、キャリア発達支援研究会の関係者が各学校等でオンライン学習を試行した実践や、各支部等で開催したオンラインによるセミナーや研修会等がある。ここでは、Web開催を円滑に実施できたノウハウの一部について紹介したい。

2　Web開催を可能にした背景
（1）コロナ禍の中での学校の実践

　2020年3月初旬から新型コロナウイルス感染症の感染を予防するために、全国で一斉に学校が臨時休業となった。その間、オンラインで授業を配信する試みが各校で行われていた。遠隔会議システムを活用して学校と家庭をつないだり、オンデマンドで動画を配信したりしていたこともWeb配信を実現する後押しになった。
（2）Webによる学習会開催

　12月の東京大会を視野に入れて、まず7月に弘前大学大学院教育学研究科とキャリア発達支援研究会東北支部の主催で、ビデオ会議アプリのzoomを使用したオンライン方式による学習会が実施された。9月に開催された2回目の学習会は100人規模で開催されたことで、東京大会に向けて見通しをもつことができた。また、広島大学大学院人間社会科学研究科特別支援教育学領域竹林地研究室、キャリア発達支援研究会中国・四国地区支部（仮称）事務局主催の研修会では、Microsoft Teamsを使用したグループワークも試行された。更に、11月にはキャリア発達支援研究会関東支部学習会で、zoomのブレイクアウトルームを活用した学習会を開催したことで、東京大会のプログラムを実施するに当たって具体的なイメージをもつことができ、成功に導くことにつながった。

3　東京大会の運営組織構築と準備
（1）リモートによる実行委員会の開催

　大会開催の趣旨を関係者間で共通理解し、準備を進めることが必要であり、対面での話し合いができない中で、zoomによる実行委員会を開催し、業務分担や進行管理を行った。限られた時間を有効に使用するため、できる限り事前に会議内容を共有するように配慮した。
（2）実行委員会等の構成

　委員長、副委員長、事務局長、事務局次長としてそれぞれ一名を充て、東京大会の役員として企画運営を主導した。上記に加えて、実行委員として関東圏のキャリア発達支援研究会関係者5名、また東京都立特別支援学校の教員から事務局員5名が参加した。

　その他に、会議にはキャリア発達支援研究会理事と事務局、ジアース教育新社からも出席いただいた。
（3）組織体制の構築と準備の進行管理

　東京大会を運営するに当たり、横浜大会を経験した実行委員を中心に、各支部の協力を得て、Web開催に必要なノウハウなどを共有する体制を構築することで、東京大会を円滑に運営することにつながった。また、東京大会の開催が近づく中で、ポスターセッションの運営に協力いただく各支部の協力者代表も会議に参加する

組織体制を構築した。

こうして構築した組織による分担業務の進行と会議の運営等、東京大会を円滑に進める準備の中で、対面での大会運営に比べ、例えば資料印刷や会場準備等の省くことができる作業が多数あり、また準備状況に応じて作業内容を柔軟に変更していくことも可能であった。

（4）マニュアル作成や技術的なサポート

横浜大会の実行委員経験者を中心に、各支部からの協力者から、大会参加者に提供するマニュアルや、ブレイクアウトルームを活用するアイデアを出し合うなど、技術的な面で東京大会の準備、運営を支えていただいた。

（5）実施方法の選択

Web開催において実施アプリとして何を使用するかについて、東北支部の学習会で使用し汎用性が高いと考えられるzoomか、中国・四国地区支部の研修会で使用し、東京都教育委員会が導入したMicrosoft Teamsかについて検討した。参加者にとって使いやすい、参加しやすい、大会運営に際しプログラムを展開する際に必要な機能が備わっているか等を検討した結果、参加者が機能を容易に使用でき、大会運営でブレイクアウトルームの活用が有効と考え、zoomを使用することとした。

（6）広報や参加申込

東京大会にふさわしいポスターとして、複数の候補の中から、東京都庁の風景写真を活用し、インパクトがあり、かつシンプルなものを作成、採用した（P53参照）。また、広報活動として、キャリア発達支援研究会のサイトのほか、関係者がSNSや電子メールにより発信することや、特別支援教育関係雑誌に東京大会の案内を掲載する等の活動を行った。

東京大会への参加申し込みの集約の方法については、ジアース教育新社に協力いただき、同社ホームページ内で、東京大会の告知及び参加申込受付を行い、申込者が閲覧できる東京大会の情報提供のサイトを別途作成していただいた。

4　東京大会当日の運営

（1）当日の大会運営マニュアル

当日の大会運営は、東北支部の学習会及び関東支部学習会で作成した司会進行のマニュアルを参考に、大会運営のマニュアルを作成し、ポスターセッションで運営に協力いただいた各支部の協力者と共有し、グループセッションの運営においても活用した。

（2）資料共有の工夫

対面の大会運営では、当日配布する資料は一定期間前データを収集し印刷する必要があるが、東京大会ではジアース教育新社のホームページ内に作成していただいた東京大会参加者専用の特設ページを活用し、必要な資料を順次掲載した。特設ページにはパスワードを設定し、セキュリティ面の対策を講じた。

（3）アンケートの集約

アンケート用紙を東京大会参加者専用の特設ページに掲載するとともに、参加者へ個別にメールで案内し、東京大会専用のメールアドレスに送付していただく形式で集約した。従来の大会の内容等に関する質問項目の他に、初めての取り組みとなったWeb開催の運営についても回答をいただき、課題や反省点については次期大会に向けて引き継ぐこととした。

5　まとめ

東京大会の運営で作成、使用した各種資料等は、年度末までに紙面や記録媒体に取りまとめ、次期大会である広島大会実行委員会の事務局に引き継いだ。キャリア発達支援研究会の年次大会を、初めてのWeb開催の形式で、各支部の協力を得て実施できたことが、東京大会の大きな成果のひとつであった。参加者の皆様、関係者の皆様に感謝いたします。

東京大会実行委員会
事務局長　逵　直美
事務局次長　原川　健一郎

【全国と協働したポスターセッション運営】

1　はじめに

「東京大会のアピールポイントは何か」を考えたときに、吉藤氏の講演はインクルーシブ教育システムを推進する上で、大事なことは何か提言していただける、東京大会の大きなアピールになると考えた。一方で、国立特別支援教育総合研究所における研究活動の一環から始まり、これまで積み重ねてきたキャリア発達支援研究会の全国の仲間と、ともに学びあう機会であるポスターセッションも、年次大会には無くてはならない大事なプログラムであると考えた。ポスターセッションを Web 開催においてどのように構築すれば参加者の満足度を高められるか、そのためにどのように円滑な運営ができるのか実行委員会で検討を重ね、全国の仲間と協働することとし、各支部に運営の協力を依頼し、ブレイクアウトルームを活用する形で実施するに至った。将来の変化を予測することが困難な時代の中で、キャリア発達支援研究会らしい持続可能なポスターセッションの運営を、今後の学びにつなげていければと考える。

2　東京大会におけるポスターセッションの位置づけ

大会テーマ「いま、対話でつなぐ願いと学び〜キャリア発達支援の新たな広がりと深まり〜」の「対話」を通して、双方向の学びを大切にしたポスターセッションを行うことにした。参加者は、話題提供を聞くだけではなく、発表者とのやりとりをとおして自分の実践の意味付け・価値付けを実感することになる。また、参加者、発表者がともにポスターセッションをとおして、相互に、自身の実践を省察することで、新たな気づきが得られる場となった。

3　ポスターセッションと仲間づくり

これまでの年次大会で運営実績のある方々に加え、キャリア発達支援研究会をとおして日本特殊教育学会研究大会や関東支部学習会等の場で発表者の方々に声をかけ、運営・進行に協力いただいた。平成 22 〜 24 年度科学研究費補助金基盤研究 (C)「特別支援教育におけるキャリア教育の充実を図るための研修パッケージ開発」(研究代表者：菊地一文) の一環として開催してきた「キャリア教育推進者研究協議会」から数えると、これまで 10 年間で培ってきた仲間とのつながりと絆をあらためて実感し、キャリア発達支援研究会の良さを再確認することができた。

4　ポスターセッションの構成と運営

ポスターセッションの内容をどのような構成にするのか、「いま」を「つなぐ」ためのキーワードは何か、その先にある子供たちの願いを支えていくために、参加者がポスターセッションをとおして明日の実践につながるキーワードを実行委員会で出し合った。

キャリア教育の中核と位置づけられる「子供の願い」(大崎、2011)、新学習指導要領での「主体的・対話的で深い学び」、GIGA スクール構想で求められる全ての子供の学びを保障する視点、それらを支える授業や教員の資質・能力、地域とのかかわりなどから、6 つのカテゴリーを決めた (表)。

また、6 つのカテゴリーの運営と進行は、各支部に、一任することとした。これまで各支部で発表のあった実践等を考慮し、協力者を交えて相談し、決定した。ポスター発表者とのやりとりを含め東京大会運営においての大切な役割を担っていただいた。

各支部の協力者代表とは、zoom にて協力者会議を行った。多くの協力者が集まる時間設定が難しい中で、理解と協力を得られたことに

深く感謝している。

表　カテゴリーと各支部分担

1 子供たちの思いや願い 　東北支部　4発表
2 授業改善とカリキュラムマネジメント 　北陸支部　4発表
3 教員に求められる資質・能力とその育成 　中国・四国支部　4発表
4 コロナ禍の新たな学び（ICT活用含む） 　関西支部　3発表
5 学校と地域の連携(社会に開かれた教育課程) 　北海道支部　4発表
6 その他授業実践 　関東支部　3発表

5　参加希望者の集約と発表者との連携

　二次案内でポスターセッションの概要を示し発表者を募集した。本大会のポスターセッションはzoomで行うため、発表内容をパワーポイント6枚にまとめた資料をジアース教育新社のホームページ内にある特設ページに掲載することにした。

　各発表者への連絡は、メーリングリストを作成し、共通する情報は実行委員会事務局から送信し、東京大会当日の運営に向けて必要な情報は、事前に各支部の協力者と発表者が連絡を取り合いながら準備を進めた。事前に提出された資料を実行委員会事務局で確認し、カテゴリー変更の調整も行った。ポスターセッションで発表に使用する資料の共有では、容量が大きいためインターネット上でファイルの保管や共有ができるDropbox（ドロップボックス）を使用するなどの工夫をした。

6　ポスターセッション運営

　ポスターセッションは、zoomのブレイクアウトルームを活用した。大会直前に実施した関東支部学習会による学習会で実際の運営の流れを把握し、横浜大会でも運営を担った実行委員を中心に、東京大会におけるWeb開催の技術的な運営を担当した。特に、ポスターセッションでブレイクアウトルームを活用する際、トラブル等への迅速な対応と、慣れていない参加者やポスターセッションの運営については、各支部の協力者によるサポートを行った。例えば、次の発表者をブレイクアウトルームの予備部屋に案内し、迅速に対応することができた。拠点で運営全体を把握する担当者と、遠隔で技術的な運営を担当する者の連携が必須であった。

7　まとめ

　東京大会の全ての運営において　全国の関係者に協力いただいた。ポスターセッションでは、東京大会実行委員会と発表者、各支部の協力者と運営の協力体制を構築できたことにより、実行委員会だけでは運営が困難であった部分を協働で乗り越えることができた。

　東京大会の運営から、何を学んだのか、次に何をつなぐのか、全ての関係者各自でできたこと・できなかったことを振り返り、省察し、次の実践への活力につなげていければと考える。

東京大会実行委員会
事務局長　逵　直美
事務局次長　原川　健一郎

キャリア発達支援研究会第9回年次大会広島大会へのバトン

　令和2年12月12日と13日、キャリア発達支援研究会第8回年次大会東京大会は、初のWeb開催となりました。新型コロナウイルス感染症が感染している状況下では、集合形態での大会開催は困難となり、一時は大会開催そのものも危ぶまれましたが、多くの皆様のアイデアとスキルと熱い思いに支えられ、2日間の開催に至ることができました。

　初のWeb開催におきましては、横浜のキャリア発達支援研究会の会員の皆様を中心に優れたICTスキルによる多大なサポートをいただき、無事に終えられましたことに心より感謝申し上げます。また、Web開催となったために、全国各地をつなぎ、リモートでご講演いただいたり、ご自宅等からご参加、ご発表いただいたりできましたことは、利点でもありました。ポスターセッションやグループセッションがブレイクアウトルームの機能により円滑に運営されましたことも、参加者と実行委員会、その他ご協力いただいた関係者の皆様のおかげです。移動の困難なコロナ禍の中、何百キロメートルもの距離をクリック一つで跳び越え、どのような場所からも、どのような形でも参加いただけたこと、学びが継続できたことは、障害のある児童・生徒の学びやキャリア発達を支援する本会にとりましても改めて意義深い大会となりました。

　ジアース教育新社の方々には準備段階、当日運営、書籍紹介コーナー等本当に多くのお力添えをいただき、開催に至りましたこと改めて御礼申し上げます。

　そして、一日目大会終了後には、オンラインにより親睦を図れましたことも良い思い出となっています。

　東京大会の開催にあたり、横浜市を中心に関東近県、東北、近畿、中国・四国地方各県の教育行政関係者、特別支援学校教員、そして国立特別支援教育総合研究所の研究員の方々が、職域、職層に関わらずに大会の実行委員会や協力者として連携、協働して企画、準備に携わっていただきました。令和元年の始動当初は、新型コロナウイルスの影響はまだなく、地区研究会、大会準備を集合して打合せや提案ができ、意見や情報交換が対面でできていました。まさか令和2年もずっと「コロナ禍」により、さまざまな活動や学校に大きな影響を及ぼし、オリンピック・パラリンピック東京大会までもが延期されることは、想定していませんでした。人との接触や人が集まっての密な状態への大幅な制限は、人と人との対話や対面での学びの機会をも減少させるものでした。ただこのような状況の中でオンラインやリモートが急速に普及し、人との接触や学びが新たな形で展開され、大会打合せや実行委員会が、常に全国各地から昼夜を問わず時間も移動も気にせずに参加できたことも、かつてない経験でした。

　そうして「コロナ禍でも何とか開催を」と年次大会の運営方法を検討、模索し、「子供たちのために、自らのために、学びは止めない」という思いは、さらに確かなものとなり、大会テーマ『いま、対話でつなぐ願いと学び〜キャリア発達支援の新たな広がりと深まり』に沿うよう

準備を実行委員会が一丸となって進めてまいりました。基調講演、記念講演もリモートでご講演いただけるという幸運にも恵まれました。

前東京都教育庁指導部特別支援教育指導課長丹野哲也氏の基調講演では、「キャリア発達を支援する教育の未来」と題し、国や学習指導要領を踏まえたキャリア教育の理念についてお話をいただきました。「予測が困難な今後」、生涯にわたりいかに自分らしく生きていくためのキャリア発達支援を促すかという、昨今のまさに私たちに問われている内容でした。キャリア形成を関連付けながら主体的な学びの実現を図り、段階を追って、生涯にわたりキャリア発達を促していくことが根底にあります。キャリア教育は、さまざまな答申や学習指導要領における各教科等での学びの中で具体化され、実際の生活で汎用できる力や態度につながっていきます。子供たちが社会の中で役割を果しながら、豊かに自分らしい生き方を実現するために、キャリア発達支援が担う意義は、とても大きいものです。

続いての記念講演では、吉藤オリィ氏から、「分身ロボット OriHime による新たな働き方、社会とのつながり方」と題し、心に響く、大変興味深いお話をいただきました。一人で外出したり、働いたりすることが困難な方、障害のある方が「OriHime」ロボットを遠隔操作することにより、人と仕事をしたり、コミュニケーションをとったりして、他人が「できること」を自分も「できるかも」に、その世界を変えていくことができます。そこには、吉藤氏ご自身が病弱であったことや不登校の経験から、「人に与えられているばかりで、いつもお礼を言う

生活、大切な人の手を借りることで生きることができると思ってしまう苦しみ…この苦しみは、体験したことのある人にしか理解はできない」、この「孤独」を「OriHime」によって解消し、「その人がそこにいる価値」を作るという熱い思いがありました。また、20年以上も教育の場や社会に居場所がなく、寝たきりで過ごした友人との「寝たきりでも働ける」「そこにいる価値を感じさせる」という固い約束もありました。「OriHime」によって人が心と身体の自由を得られるのは、「OriHime」がAIロボットでなく、人が操作する「心の車椅子」だからとされています。テクノロジーの進化は、ただ生活を楽に便利にするためではなく、「個人」と「働くこと」との関係を確実に変化させ、子供たちが未来の自分の生き方に自由と幸せをもたらす「自ら選択し、行動する」力の育成につながります。そして今夏、吉藤氏は分身ロボット「OriHime」の常設カフェを東京にオープンされました。

グループセッションでは、「願いを大切にする障害の重い子供たちのキャリア教育」、「共に学び、共に生きる、多様性を活かすキャリア教育」、「キャリア教育のこれまでとこれから、学校と地域協働」をテーマに話題提供いただき、全国各地の参加者がそれぞれのキーワードをもとに、オンラインでの対話を行い、熱い思いに共感、学びを共有する機会となりました。離れていても、対話によって想いは伝わり、願いと学びはつながると実感した時間でした。今後は、先生方からいただいた学びを具現化、out put していかねばと考えています。

平成23年1月に中教審は「今後の学校におけるキャリア教育・職業教育の在り方について」(答申)の中で「人が、生涯の中で様々な役割を果たす過程で，自らの役割の価値や自分との関係を見いだしていく連なりや積み重ねが『キャリア』の意味するところである。」とし、平成29年3月の小学校及び中学校学習指導要領、特別支援学校学習指導要領等の中で主体的な学びへの見通しと振り返りの中でキャリア形成の関連付けを図り、次の学びへの動機づけにつなげる重要性が示されました。そして、特別活動をはじめとしたキャリア教育に関わる学びや活動のプロセスを記述した「キャリア・パスポート」の活用が令和2年度から小・中・高・特別支援学校等で導入され、体系的なキャリア教育の改善・充実が求められました。またその記述や指導にあたっては、教師が対話的に関わり、支援や個性を伸ばす指導へつなげるようにとされています。これら「主体的・対話的で深い学び」の実現に向け、これまで特別支援学校において実践、蓄積されてきた「個に応じた指導」をより充実させていくことが、社会的・職業的自立に向けた能力や態度を育て、キャリア発達を促すことにつながります。

『私は今、この生命の不安な流行病の時節に、何よりも人事を尽して天命を待とうと思います。人事を尽すことが人生の目的でなければなりません。』（与謝野晶子　1920「横浜貿易新報」）

大正時代に日本で約20万人が亡くなったとされる「スペイン風邪」インフルエンザが猛威を振るいました。命の危険が迫る中、与謝野晶子は「私の死によって起こる子供の不幸を予想することのために、できる限り生きていたい」として、「人事を尽くす」こと、あらゆる予防と抵抗を尽くそうとします。予防接種を実行し、薬を用い、学校を休ませる等できるだけの方法を試みました。時代は違いますが、子供を守ろうとする与謝野晶子の子供への愛は、教員としての責任感も併せもつ私たちと同じです。全国の先生方が子供たちの命を守るため、感染症に対する予防策を徹底し、教育活動の継続、学びを止めないよう人事を尽くされてきました。きっと収束すると信じて。

次回年次大会においては、新型コロナウイルス感染症が収束し、全国の先生方と直接お会いして「対話」し、「願いと学び」のバトンが「TokyoからHiroshimaへ」引き継がれますことを切に願います。そして第9回年次大会が、希望の地「広島」で盛大に開催されますことを祈念致します。

東京大会実行委員会
実行副委員長　川口　真澄

第Ⅲ部

対話を通して学びあい・高めあう
教員のキャリア発達

　第Ⅲ部では、教員のキャリア発達へと結びついた様々な実践を紹介する。新しい学習指導要領のもと、資質・能力の育成をはじめ、児童生徒一人一人のキャリア発達を願う各種の実践が工夫されているが、授業づくり・教育課程づくりのプロセスにおいて、様々な対象との「対話」を通して、教員の側のキャリア発達を促す取組が展開されている。いつ、どこで、誰と、どのような対話を、どのように繰り広げる中で教員のキャリア発達が促されたのか、また、キャリア発達を促すキーワードが何であったかをじっくりと読み取ってほしい。

"聴き合い" を通して学びあい、高め合う教員のキャリア発達

富山県立富山総合支援学校教諭　柳川　公三子
（前富山大学人間発達科学部附属特別支援学校教諭）

　新学習指導要領では、「主体的・対話的で深い学び」の実現が求められるが、それは具体的に何をどうすることなのだろうか。そもそも「学び」とは何か。そのようなことに触れながら、子供たちの「生きる力」を育むことを目指す教育を担う教師に必要な資質・能力と、それを培う教師の学びの在り方を提案する。さらに実践事例を通じ、協同的に学びあう教師のキャリア発達について考えたい。
◆キーワード◆　主体的な学び、聴き合う授業研究、同僚性の構築

1　はじめに

　「主体的・対話的で深い学び」の実現について、中央教育審議会による答申（2016年12月21日）では、「教員が教えることにしっかりと関わり、子供たちに求められる資質・能力を育むために必要な学びの在り方を絶え間なく考え、授業の工夫・改善を重ねていくことである」と説明されている。つまり、「主体的・対話的で深い学び」の実現には授業研究が重要であり、教師が子供の学びの在り方を考え、授業を見直すことが必要であると捉えられる。

　他方、鹿毛（2007）は、教師には学習の最終的な成果のみに焦点化してしまう「暗黙の評価観」があるが、「問題解決」としての評価という立場では、「結果」だけでなく、むしろ学習や教育の「過程」にこそ注目する必要があると述べている。つまり、教師が結果を重視し、指導方法ばかりに着目することは、自分の価値基準で子供を判断することにつながる。それが教師の子供の見方を固定し、子供がどのように問題を解決しようとしているかを見落としてし

まう危険性をはらんでいるのである。

　これに関し鹿毛・藤本（2017）は、授業を構想、展開、省察するという一連の専門的な仕事に対して研鑽を積むことが授業研究であり、とりわけ構想や展開を振り返りつつ、次の実践を見通すという省察をその中核に位置付けるべきだと述べている。さらに、授業研究とは基本的には個人的な営為としながらも、省察を教師個人で深めることは自ずと限界があり、複眼的で多面的な検討が求められると述べている。すなわち、授業研究で重要なことは、教師が自身の実践を省察することであるが、教師個人の気付きには限りがあり、自分一人で視点を変え、多角的に見ることは難しい。そのため、教師が同僚と互いの見方を共有し、自身の見方を広げることが必要である。そして自分自身の固定的な見方や傾向に気付いたとき、はじめて子供の目線に立つことが可能となり、多様な見方で考えることができるようになるのである。

　これに適う授業研究に、富山大学人間発達科学部附属特別支援学校（以下、富附特支）が

2016年から開発を進めてきた富附特支型研修「学びあいの場」（以下、「学びあいの場」）がある。「学びあいの場」は、教師の「子供の見方」を豊かにすることを目的としており、富附特支では、自己の子供の見方が変容したことを実感する教師が多数見られるようになり、子供の思いを大切にした授業づくりへの意欲が高まってきたことが報告されている。（富山大学人間発達科学部附属特別支援学校、2019）

2　「学びあいの場」の概要

　前述のとおり「学びあいの場」は、授業者と参観者が協同的に授業を省察し、互いの子供の見方を豊かにすることを目的とする。その際、気になる子供の姿について「なぜ、そのような姿だったのか」と子供の目線に立って解釈する。その解釈には、各教師の経験値や見方の傾向が反映されており多様である。どの解釈が正しいかを追求するのではなく、「なぜ、そのように解釈したのか」について、子供の姿を根拠として聴き合い、重ね合わせることで、互いの解釈を深めることを主眼とする。それは、個々の「子供なりの主体的な学び」を大切に捉える教師の資質・能力を培うことにつながる。また、「学びあいの場」では、自分が授業参観で捉えた「子供の姿」とその「解釈」をラベルに書いて持ち寄り、それを基に"聴き合う"。そのため年齢や経験年数、その場の話題や流れに左右されることなく、全ての参加者が対等な立場で自分の「見方・考え方」をアウトプットできる。相互に傾聴し、尊重し合うことを通じ、対人関係調整能力やコミュニケーション能力などの社会スキルの向上や同僚性の構築、さらに自己肯定感

や自尊心など情意的な資質・能力の向上が期待できる。つまり、「学びあいの場」における教師の「学び」は、「子供の主体的な学び」を実現するために重要な教師の「子供の学びの過程を見る力」を培うことであり、教師自身が自分らしさを生かしつつ、同僚と支え合い、高め合うことを通じキャリア発達することでもある。それは学校種を問わず、多様な学校現場の教師に今、求められる「学び」であると考える。

3　"聴き合い"を通して学びあい、高め合う教員のキャリア発達（「学びあいの場」の応用）

　富山県内のある公立小学校における「学びあいの場」の応用実践を基に、対話を通じた教師の学びあいによる教師自身のキャリア発達について報告する。

（1）対象　富山県Ａ市立Ｂ小学校
　　　　　　　教員35名（2019年度）

（2）期間　2019年8〜11月に全4回実施

（3）推進

　Ｂ小学校研究主任Ｃ教諭が推進した。Ｃ教諭は、2017〜2018年度に富山大学教職大学院に在籍し、「学びあいの場」の理念を学び、富附特支で「学びあいの場」に参加した経験を有する。筆者は、Ｃ教諭と情報を共有し、必要に応じて助言をした。

（4）実践

①ニーズ・背景（Ｃ教諭より）

・ベテラン教師が退職し、若手教師が増加した。両者が同じ土俵で意見交換できる研修を実施し、若手に学んでほしい。

・ラベルを用いて授業研究を行ったが、視点が曖昧で「何を学んだのか？」という思いをも

たせ、「子どもを見る」とはどういうことか伝えられなかった。

②研修計画（全4回）

第1回：全体研修会（2019.8.7）

講演により、「学びあいの場」の理念や目的、意義についての理解を図る。

第2回：プレ授業研究会（2019.9.18）

第3回の事前研修として「学びあいの場」の理念を導入した授業研究の実体験を通じ、目的や意義の理解を図る。

第3回：外国語活動研究会（2019.9.20）

A市教育センター主催の事後研究会（協議30分、助言20分）に「学びあいの場」の理念を導入する。

第4回：自主研究発表会（2019.11.18）

事後研究会に「学びあいの場」の理念を導入し、始めは参加者同士で、次は授業者と相互にという二段階の流れで聴き合う。

③取組の実際

ア．第1回：全体研修会（2019.8.7）

筆者が講師を務め、「学びあいの場」の理念や目的、意義について表1の観点で説明し、B小学校教師に理解を図った。研修会後の参加者振り返りアンケートの意見や感想を大まかに分類した（表2）。表2より、「学びあいの場」では、教師の支援ではなく、子供の内面（学びの過程）を観察すること、その際、いろいろな見方があり、多面的な見方を大切にしていることに多くの理解が得られた。また、自身の授業研究への参加の在り方に関して、受け身ではなく、自分なりの意見をもって参加することが大事であり、あらかじめラベルに書いて持ち寄るやり方が主体的な参加につながったという意見が見られた。一方、「子供の内面を見る」ことと、それに基づいた改善策の両方が必要、あるいは、授業のねらいを達成するための手立てや教師の支援についても研修する必要があるという意見が数名見受けられた。

この結果を踏まえ、以降の授業研究の協議の持ち方についてC教諭と検討し、B小学校の教師が「学びあい」の意義を実感するためには、「子供の見方」を豊かにすることと、子供の学びを授業のねらい達成に誘うための授業改善策を見出すことの両方に適うことが重要であると考察した。そして、「学びあいの場」で"聴き合う"「子供の姿」と「解釈」に、さらに「改

表1：「学びあいの場」説明のポイント

- なぜ、「学びあい」をするのか
- なぜ、「子供の学びの過程」に目を向ける必要があるのか
- 子供の学びの過程に目を向けるとは、どういうことか
- 自分では、子供を見ているつもりでも、改めて客観的に見てみるとどうだったか　　など
  ※富附特支の教師の変容を交え具体的に伝えた

表2：全体研修会振り返りアンケート集計（全28名）

①教師のねらいの達成に向けた支援を考えるのではなく、「なぜ、子供は〇〇したのか?」と子供の内面を観察することが大切だとわかった（再確認した）。	11名
②多面的な視点をもつことが大切だとわかった。いろんな方の見方を聴くようにしたい。	6名
③問題解決型の話し合い（ベテランの先生からアドバイスをもらうこと）も、問題発見型の話し合い（「なぜ?」と考えること）も両方が必要だと感じた。	3名
④受け身ではなく、自分の考えをもって伝え合い、いろいろな意見を取り入れたい。	2名
⑤あらかじめラベルを書いて用意しておくことで、自分の意見をしっかりもった状態で話し合いに参加できる。流れと違う意見でも、書いてあることを発表するだけだと思う言いやすい。 それは、子供同士の学び合いにも同様だと思った。自分の意見をもつ時間を確保することや、周りの意見に左右されずに発表しやすいようにすることに留意したい。	2名
⑥多面的な見方で子供の姿を見ることで、「では、どう改善するか」という建設的な研修にしたい。	1名
⑦授業者の「見方」の癖に気づくきっかけになった。	1名
⑧授業のねらいを達成するための手立てを研修することは続けたい。	1名
⑨授業づくりそのものに改善すべき点があるにもかかわらず、そこを避けて話し合うことが無理な場合がある。	1名
⑩気になる子供の支援会議に生かせそうである。	1名

図1：「現・原・対・変」シート

善対策」とその改善によって期待できる子供と教師の「変容」を加え「『現・原・対・変』シート」を考案した（図1）。これは、参観者が授業で気になった子供の姿の「現状」を捉え、「なぜ子供はそのような姿だったのか」と解釈し子供のつまずきの「原因」を特定する。そして、その原因仮説に基づいて「対策」を講ずる。その対策を講じた場合、子供と教師の姿はどのように「変容」するか想像してみるという授業改善シートである。

　これに関して竹村（2018）は、一般的な学習は、行動主義的なプロセスの「目・理・方・結」すなわち、目標を定め、解決の理論を考え、方法を練って実践し、結論を出すことである。そこでは、論理の真偽が解答であり、最大の関心事である。これに対して「現・原・対・変」とは、現状を分析し、原因仮説を特定し、対策を講じて、変容を振り返るという構成主義的学習のプロセスであり、<u>検証ではなく、どれだけ変化するかが大切である。</u>というふうに言っている（下線は筆者）。

イ. 第2回：プレ授業研究会（2019.9.18）
　※対象授業は外国語

表3：「プレ授業研究会振り返り」

（授業者の振り返り）※外国語科授業

・難し過ぎることをやっているつもりはなかったが，子供の実態を飛び越えていた。

・いつもは，自分の思いとずれたところを指摘され，指導案を大幅に修正することを覚悟していた。でも，自分が日頃から悩んでいたことへのヒントがたくさんもらえた。

・子供の姿が見えてきたら，もっと新しい単語や言い方を入れて子供の気付きを待ってもいいと思った。

（参観者の振り返り）

・「現・原・対・変」シートを書く中で，自分の言いたいことや子供の捉えがはっきりした。これまでは「あれがダメ，この方法がよい。」というだけで終わっていたが，④の「変容」まで書くことを意識したら，子供の事実をよりしっかり見て原因を考えた。今日は，言い方が全く違い，授業者に寄り添っていた。（D教諭）

・全員が同じシートに書いていたから，授業者にとって目指したかった子供の姿がはっきりしていった。

・参加教員の言葉が未来形だった。あれだめ，これだめではなく，こうしたらでもなく，言い放しの感じがしなかった。授業者にとってもたくさんの気付きになったようだった。

　事後研究会に「現・原・対・変」シートを導入し、実体験を通じた「学びあい」の目的や意義の理解を図った。授業者、参観者からの振り返りを表3に一部抜粋する。また、C教諭は、「シートを書く必要性から『①子供の姿』から『④変容』までを順に考え、自分の言葉で振り返り責任を持って発言するようになる。さらに参加教員が自分自身のこれまでの発言や態度に気付き、児童の捉え方の特徴等に気付くシートでもあると感じた」と感想を述べた。

ウ. 第3回：外国語活動研究会（2019.9.20）
　※対象授業は外国語

　指定された事後研究会の30分間の協議で「現・原・対・変」シートを活用した。授業者の振り返りを表4に一部抜粋する。

　授業者には、子供の実態と合っていないこと

表4：「外国語活動研究会振り返り」

（授業者の振り返り）

・授業の構成が子供の実態に合っていなかった。

・自分のやりたいことや求められていることの達成に向けて自分が引っ張り、得意な子供だけが追いつくことで安心していた

・①「子供の姿」の欄がシートにあることで、予想していなかった子供の学びの姿を参観者に拾ってもらうことができてよかった。

表5：「自主研修発表会振り返り」

（参観者の振り返り）

・授業者への質問を全体で共有することは，聞いている側も学ぶことができると感じた。

・授業について様々な視点で対話できることは素晴らしい。

・シートを活用することで授業者への攻撃にならず良い。

・グループ協議が話しやすくて良かった。

・「現・原・対・変」シートの活用に慣れれば協議に積極的に生かせると思う。

・カードを書く時間，グループ協議の時間が短い。

・他にも協議したいことがあった。

を教師主導で行っていたことや、自分が見落としていた子供の姿の気付きが見られた。一方、C教諭は、「前回のプレ授業研究会では、『①子供の姿』や『②解釈』を基に『③改善策』を聴き合っていたのに、今回は『③改善策』のみの発表になりがちだった」、「授業者に寄り添うという視点が抜けたように感じた」「外部参加者が加わったためか」と「学びあい」の様子とその要因を振り返った。

エ．第4回：自主研究発表（2019.11.18）

※対象授業は生活科および総合的な学習の時間

事前に「現・原・対・変」シートを使用することとその目的や意義を改めて伝えた。外部参加者には当日受付で説明した。始めの15分間でシートを記入し、協議（小グループでの聴き合い）20分間、各グループの発表（授業者との聴き合い）25分間、各グループでの振り返り（各自の学びの聴き合い）5分間で学びあった。授業者からは、自分にはなかった子供の捉え（実態）の気付きやダメ出しされない安心感が聞かれた。参観者の振り返りを表5に一部抜粋する。

筆者は、外部参加者として協議に参加し、小グループの聴き合いにおいてシートの各欄の書き方や、なぜそのように書く必要があるのかという意味などについて、必要に応じて説明した。

また発表時は、グループで聴き合った「気になる子供の姿」について、違和感や疑問を指摘するのではなく、子供の姿を根拠として「なぜ、子供はそうしたのか？」と授業者の捉えを聴くことを確認した。同じグループの参観者からは、「協議をしながら具体的にシートの書き方を説明してもらうと、子供の姿や解釈を書く必要性や、授業者に『聴く』という意味が分かった」と感想が聞かれた。

（5）考察

B小学校における「学びあいの場」の応用実践（全4回）から「学びあい」を通じた教師のキャリア発達について考察する。

各回を通じ、多くの参加者に自身の「子供の実態の捉え」に関する気付きが見受けられた。これは、「学びあい」において、各自の「子供の見方」を重ね合わせ、互いの解釈を深めたことによる教師一人一人の「学び」である。また、自身の「見方」を否定されることなく、安心して聴き合うことができたという振り返りも多数見受けられた。これは、「学びあい」では、互いの「見方・考え方」を理解しようと傾聴する姿勢を大切にしており、それが参加者の"心地よさ"であり、自信や自己肯定感につながった

と考えられる。さらに、「現・原・対・変」シートの活用により、「子供の姿」を根拠として、子供の学びを見取り、それに基づきながら「変容」を見据えて授業を見直すことの重要性への気付きも見受けられている。他方、授業のねらい達成に向けた授業改善策を得ることを主眼とする授業研究からのパラダイム転換には、「学びあい」の理念や目的、意義を繰り返し伝えることや、実際に「学びあう」中で、具体的に理解を促すことなどが必要であることが示唆された。

本実践を通じ、通常（小学校）教育においても、教師が同僚との対話を通じ協同的に学びあうことで、教師自身のキャリア発達が促進されることが明らかとなった。今後はさらに多様な学校における「学びあいの場」の応用実践を重ね、教師自身のキャリア発達に肝要な「学びあう授業研究」とその推進の在り方を追究していきたい。

4　おわりに

現在、C教諭はE小学校で教頭を務めている。以下にC教頭から寄せられたエピソードとコメントを紹介する。D教諭は、第2回プレ授業研究会振り返り（表3）で「現・原・対・変」シートを用いることで、授業者に寄り添った言い方ができたという主旨の振り返りをした教師で、現在、C教頭と共にE小学校に勤務している。

（エピソード及びコメント）
D教諭は研究主任として，若手教師の指導に当たっている。その際，若手教師に寄り添い，思いを"聴く"姿勢が見られる。これは，B小学校で「現・原・対・変」シートを用い，同僚と"聴き合った"ことによるD教諭自身の「学び」であり，キャリア発達ではないでしょうか。

付記

本研究の協同推進者であるA市立B小学校C教諭（現E小学校教頭）には、「学びあいの場」の理念に深いご理解を賜り、校内における理解推進にご尽力いただきました。深く感謝申し上げます。

引用文献

鹿毛雅治（2007）子供の姿に学ぶ教師「学ぶ意欲」と「教育的瞬間」. 教育出版 .82-92.

鹿毛雅治・藤本和久（2017）授業研究を創る 教師が学びあう学校を実現するために . 教育出版 .6-10、11-14.

竹村哲（2018）「学校改革の目的と職責」. 富山大学人間発達科学部附属特別支援学校 . 富山大学人間発達科学部附属特別支援学校 年報 2017.1-10.

中央教育審議会（2016）幼稚園、小学校、中学校、高等学校及び特別支援学校の学習指導要領等の改善及び必要な方策等について（答申）【概要】. 文部科学省、2016 年 12 月 21 日、https://www.mext.go.jp/component/b_menu/shingi/toushin/__icsFiles/afieldfile/2016/12/27/1380902_1.pdf

参考文献

竹村哲監修 柳川公三子編（2019）特別支援教育のアクティブ・ラーニング－子供の内面を捉え、学びの過程に寄り添う教員研修－ . 中央法規出版.

2 教師の「思い」や「願い」を大切にしたワークショップ型研修

青森県立むつ養護学校教頭　相畑　利行

　教員の平均年齢が若く、勤務年数も比較的短い期間で転出する者が多い本校は、教員の人材育成や組織作りが学校経営上の課題の一つである。各学部や分掌部における諸活動では、教員同士の合意形成が不十分なまま実施するために、結果的に改善点が多く出される状況が散見された。そこで、教頭として、校長が掲げる学校教育目標を具現化するために、学校組織の機能強化を図り、教員間の対話を大切にしたワークショップ型の研修機会を設けることで、思いや願いを言語化する経験を重ね、同僚性の高まりとともに、一人一人の教員の資質・向上につながると考えた。
　本稿では、学校課題の解決に向けた取組の一つであるワークショップ型の研修について紹介する。
◆キーワード◆　対話、同僚性の高まり、ワークショップ型研修

1　本校の概要と現状

（1）はじめに

　本校は、青森県のむつ下北地域における唯一の特別支援学校として、地域と連携・協働しながら教育活動を進めるとともに、特別支援教育のセンター的機能を提供している。

　本校の教職員は、教諭の平均年齢が43.2才、臨時講師の平均年齢が35.2才である。県内の他校と比べても比較的に若い先生方で構成されていることから、各自の資質・能力とキャリアステージを踏まえた人材育成の取組が大切であると考えている。また、教諭の平均勤務年数が4.2年、臨時講師平均勤務年数が2.3年であり、継続した学校運営が行われるような組織作りが課題として挙げられる。一方でこの状況は、マンネリ化が少なく新しい考えや思いをもって教育活動を進められるという強みであるとも言え

る。この強みを生かすことで、校長が掲げる学校教育目標の実現に向けた取組が効果的に進められると考える。

（2）学校評価結果の分析

　令和元年度の学校評価（教職員の自己評価）において、業務改善や教職員間の連携について改善の必要があるとの意見があった。また、過去3年間の評価点（表1）の比較から、学校組織の機能強化と教員の資質向上が最重要課題であるとの示唆を得た。

表1　教職員による学教評価（一部抜粋）

項目	H29	H30	R1
学部や校務分掌の業務は、業務改善や働き方改革を考え、適切に分担され、効率的に行われている。	3.0	2.4	2.6
教職員間での連帯感があり、相互に支え合い、働きがいのある職場になっている。	3.3	3.0	2.7

※各年度の数は4.0を満点とした各項目の平均値を示している。

2　組織マネジメントの柱

（1）意思決定に向けた手続きの明確化

　校長が掲げる学校教育目標を実現するためには、個々の教職員が学校運営に主体的に参画する意識をもって、適切に連携するとともに、必要な改善を図りながらそれぞれの教育活動を実施することが必要である。その実施は、担当者による企画を経て学部や分掌部での検討や、校内横断的な意見調整などが適切に行われることが求められる。この検討や意見調整を円滑かつ効果的に行うためには、目的や方法などについて校内の意思統一が図られていることが重要であることから、各会議の役割の共通理解と、企画から実施までの流れのルーティン化を図った（図1）。

　これにより、教員一人一人の参画意識の高まりが見られ、どの企画策定においても所属する学部や分掌において、対話をとおした検討と合意形成に参画するようになっている。また、意見調整が必要な場合は、学部、分掌の双方向での検討を繰り返すため、対話の積み重ねにより、より連携の強化にもつながっている。

（2）教員の資質向上

　教員に求められる資質・能力は、使命感や責任感、教育的愛情など多岐にわたるが、その中でも指導力は、中核を担う必要な力である。多くの教員は、児童生徒が下校後休む間もなく、パソコンに向き合い事務処理をしたり、次時の教材づくりをしたりと忙しくしている姿が見受けられ、自身の指導力向上に向けて自己学習する機会の確保が難しい状況にある。自ら学ぶためには、仲間や同僚の学びと協働しながら、自ら動機付けしていくことが不可欠であると考え、様々な場面を活用しての研修機会を設けることとした。ここではただ単に研修機会を多く設けるという発想ではなく、個々の主体性を喚起し、研修の質を変えることに着目してワークショップ型の研修を中心に行うこととした。どの機会においても大切にしたことは、教員一人一人が自分の思いや考えを言語化し対話をとおして学びあう、育ちあうことをどれだけ豊かにつくることができるかである。限られた研修機会を有効的に活用できるように、研修の目的を事前に伝えることで研修前に自分の考えや思いを整理しておくことや、研修内の時間配分を示すことで見通しをもって研修を進められるように配慮して進めた。

図1　企画から実施までの（原則的な）流れ

3 様々な機会を捉えたワークショップ型研修

　従前の職員集会、各学部の授業の打合せ、研修部で企画する研修などの取組について、「なぜ」「何のために」行っているかといった目的を捉え直し、必要な内容や方法について教員で共有しながら進めることとした。具体的に以下の3つの取組について紹介する。

（1）10分ミーティング

　教育活動を通して児童生徒への指導や授業の方法について学び合い、自分を開き、お互いを尊重し合うようになれば、教員の絆は強くなると考える。同僚性の高まりによって、お互いの性格や不得手なことなど迷いや悩みなども察することができるようになり、教員が一人で抱え込まずに相談できる人間関係が構築できると考え、月2回程度の「10分ミーティング」を実施した。4人程度の小グループで、各学級の児童生徒の頑張っていることについて発表するようにした。

①方法
・休憩後の 15:45 ～ 15:55 の 10 分間とする。
・場所は体育館とする。
・立位で実施する。
・4名程度のグループごとに、特定のテーマ「私が気づいたあの子のよいところ」に基づいて自由に意見交換する。
・グループ編成は、小学部、中学部、高等部の混成とする。

②流れ
・グループごとに集合する。
・名字の五十音順に輪番でコメントし、他の人は気軽に相づちをうったり質問したりする。
・全員がコメントするように時間に気を配る。

・話題の途中でも 10 分で終了する。

③様子
　当初は、学部の異なる教師と児童生徒について話し合う機会があまりなかったこともあり対話にぎこちなさが見られたが、回を重ねるにつれて、リラックスした状態で話している様子が至るところで見受けられ、学習場面の評価では出ないような話題が数多く出され、どんどん盛り上がっていく様子が見られた（写真1）。以下は、教員の発言の一部である。
・○学部○組の○○君は、廊下をうろうろすることもあるが、自分からすれ違う先生やお友達に元気に挨拶ができるよ。
・○学部○組の○○さんは、お家に帰ると家族の洗濯物を畳んだり、妹の面倒を見たりと○○家にはなくてならない大きな存在なんだよ。
・○学部○組の○○さんは、野球が大好きで、球団名だけではなく選手名、そして選手のプロフィールまで知ってるんだよ。

写真1　ミーティングの様子

④成果
　教員は、学級の児童生徒の良さを話し、質問に答えることを繰り返していく中で、指導に活かせるヒントを得て、実際に授業に取り入れた

り、その場で話題にしたことから担任以外の教員と指導内容について話し合う機会を設けたりなど、学級、学部だけではなく、学部を超えて学校全体で児童生徒を指導していこうとする教員の意識の変化が見られた。

（2）KPT ミーティング

高等部においては、作業学習班ごとに月１回程度、KPT 法（表２）を用いて授業改善に取り組んだ。KPT 法を用いることによって、振り返るべき項目が整理され、ミーティングが終わってから「何をすればよいのか」が明確になり、教員が指導内容・方法について同じ方向を見ることにつながった。

表2　本校で活用しているKPTシート

①方法

・所要時間を 30 分とする。
・作業班職員が自分の考える Keep、Problem について付箋１枚に一つ書く。（事前準備）
・Keep → Problem の順に、書いてきたことを説明する。
・Keep（良かった点）については、職員で共有し、継続する。
・Problem（問題点・課題点）について、その中から改善できそうなことのアイデアを出し合い、Try（問題点・改善点に挑戦）に張り出し実践する。
・この場で解決が難しい Problem について、Reserve（保留）に張り出し、次回までに解決策のアイデアを各自で考える。

②実践例「ボランティア班」

ボランティア班は、清掃業務を主な活動としており、担当職員は３名（所属生徒９名）で指導している（写真２、写真３）。

写真2　KPT ミーティングの様子

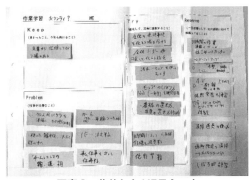

写真3　集約したKPTシート

ミーティングでは、Keep について「先輩の生徒から後輩の生徒にアドバイスする場面が多く見られてきた。」の意見があげられ、教員が賞賛するとともに、機会を増やす工夫をしていくことを共有した。Problem の１つとして「自分の係が分からず、教師に聞いてから活動する

生徒がいる」との意見が出され、協議の結果、Try として「全体リーダー（生徒）が司会を行い、活動内容を確認する場をつくる」ということで意見がまとまった。

ボランティア班では、これまでは、生徒がホワイトボードに書かれている自分の活動内容や係をワークシートに記入し、グループごとに活動に入っていた。そこで、Try での意見を導入し、全体リーダーが「活動内容、担当の教師、係」を全体に周知する機会を設けてから活動に移るようにした。その結果、これまで自分の係が分からず右往左往していた生徒が自ら担当の係活動に向かうことができるようになった。

③成果

成果として以下の３点があげられる。

・KPT 法で学習の指導内容方法を振り返ることにより、課題の早期発見と解決への動きを学部の教員が把握することが可能になった。
・効果的な振り返りができることで、課題に対する意見を発信しあう（対話）機会を作ることができた。
・背景を共通理解できるため、学部の教員が次に何をすべきか明確になり、チームに一体感が生まれた。

（３）スキルアップ研修会

研修部が企画する全校の教員を対象とした研修会は、「キャリア発達の視点から創造する授業」をテーマに、弘前大学教職大学院の菊地一文教授を講師として実施した。

ここでは、「子供たちの『学習』が『学び』へとステップアップする過程」を「暗黙知が形式知として可視化される過程」であると捉え、研修会の内容を「インプット→アウトプット→アウトカム」のサイクルで構成し、「講師の講話」→「グループ協議」→「発表・共有」の一連の対話における活発な言語化をとおしてお互いを尊重し合いながら価値付けや意味付けを共有するようにした。

①教員の変容

講話では、頷きながら聞いている姿が数多く見受けられ、指導する側である私たちの姿勢や見方が児童生徒の「いま」や「これから」に影響することを学んだり、教員次第で児童生徒の可能性が広がることを実感したりしていることが推察された。

グループ協議では、教員が講話や実践事例の中で実感した具体的な「思い」や「願い」を出し合った（写真４）。

写真４　グループ協議の様子

最初はそれぞれが自分の言葉で話していただけで一方通行的な状態であったが、他者の意見に質問したり、話している内容を確認したり、話した内容に対して思いを伝えたりしていくことを繰り返していく中で、キーワードとなる共通の言葉にたどり着くことができていた。対話していく過程で、各自の「思い」や「願い」が整理され、自分の感じたことが言語化できてい

ることが発言の内容や表情からうかがえた。

　全体共有であるグループごとの発表では、グループの話し合いで結論づけられたキーワードとそれに至るまでの対話の過程を説明することで、「なぜ」その言葉に至ったのかについて聞く側だけでなく話す側も理解が深まっていることが発表の様子からうかがえた。

写真5　グループ発表の様子

写真6　グループ協議で作成したシート

②成果

　研修後のアンケートから、「他者とのやりとり、ふれあい、様々な経験から「思い」は生み出されていくものだと気付いた。」、「アウトプットがあることで学びが深まることを実感した。」、「対話によって多種多様な考え方、捉え方の存在を知り、そこからまとめ上げていく過程が楽しかった。」など、いろいろな気付きがあげられていた。このアンケート結果から、これまで教員個人ごとで完結していたことが、対話を重ねていくことにより、自分の「思い」や「願い」が明確になったり深まったりなど、経験を通してより成長していくことを学ぶことにつながったと考えられる。

4　おわりに

　以上のような学校課題の解決に向けた具体的な取組によって、教員の組織の一員としての意識の高まりを様々な会議場面での発言や言動から感じられるようになった。また、普段の授業から，教師の児童生徒の学びの姿を捉え，児童生徒の願いを見取る力が着実に備えられるようにてきていると感じている。

　今後は、教頭として今回の取組を発展させて、地域における特別支援教育のセンター的役割を果たすため、また、地域に住む本校児童生徒の地域生活の充実に向けて、外部人材の活用や交流及び共同学習など教員が地域と協働した取組を推進できるようにするために、一人一人の教員の「思い」や「願い」をしっかりと把握し、それらが明確に、そして深まっていけるような役割を果たしていきたい。

3 対話を通して学び合い、高め合う教員のキャリア発達
ー現職教員と学部新卒生の協働的な学びー

滋賀県立野洲養護学校教頭　川島　民子
（前滋賀大学教職大学院准教授）

　滋賀大学大学院教育学研究科高度教職実践専攻では、学校経営力開発コース、教育実践力開発コースで構成され、現職教員と学部新卒生が一緒に学修している。共通科目、コース科目、実習科目のどの場面でも、理論と実践を往還した学びを展開し、現職教員と学部新卒生の協働的な学びを通して、自己省察力を養いながら、地域の期待に応えることのできる教員を育てることを目指している。

　いくつかの科目の中から、共通科目、実習科目における対話を通しての現職教員、学部新卒生の学びの成果を取り上げた。言語化による対話とともに、ノンバーバルな対話による学びでの成果もみられた。修了後に時間をおいて、改めて省察を追う必要性も感じた。

◆キーワード◆　協働的な学び、言語による対話、ノンバーバルな対話

1　滋賀大学教職大学院について

　滋賀大学教職大学院は、平成29年4月に高度な専門性を備え、地域の期待に応えることの

できる教員を育てることを目的として、地域レベルの学校改善を牽引できる教員を養成する学校経営力開発コース、学校の課題を実践的に解決できる高度な教育実践力を備えた教員を養成する教育実践力開発コースである、2コースでスタートした（表1）。（令和3年4月からは、4コース体制である）。

　滋賀県教育委員会、滋賀県の市町教育委員会、滋賀県総合教育センター、教育学部附属学校園、地域の連携協力校および多様な教育機関と、協

表1　教職大学院の内訳

コース		目指す姿	対象
経営力	現職	教頭や指導主事、研究主任や教務主任など、学校改革の中核として働くことが期待され将来は地域教育界のリーダーや管理職として働く教員	スクールリーダー、特に地域リーダーを目指す教職経験15〜20年前後の現職教員
実践力			ミドルリーダーを目指す教職経験6〜15年前後の現職教員
	学部新卒	これまで以上に即戦力となる授業実践力を身につけた教員となり、就職後は、広い視野に立って教育活動を俯瞰し、同僚と協働しながら、学校改革や授業改善を牽引できる教員	

表2　教職大学院の教育課程

授業科目		
必修	共通科目	教育課程の編成及び実施に関する領域
		教科等の実践的な指導方法に関する領域
		生徒指導及び教育相談に関する領域
		学校教育と教員の在り方に関する領域
必修	実習科目	
選択	コース別選択科目	

力・協働している。

　共通科目、コース科目、実習科目などすべての科目を通して、理論と実践を往還した学びを展開し、仲間との協働を通して、学び・成長し続けるための自己省察力、新たな学びを生み出すための学校課題解決力、同僚、専門家、地域との協働力の育成を目指している。

2　対話による学び合い
1）現職教員と学部新卒生の学び
○共通科目「インクルーシブ教育の理論と実践」での対話
（1）主な授業内容と形態
目的：国際的な動向に照らして、インクルーシブ教育の理論と実践について学ぶ。
形態：インクルーシブ教育の理念が登場した背景を学んだ上で、ビデオ視聴や資料講読、討論を通じて、インクルーシブ教育の視点から日本におけるインクルーシブな教育実践のあり方についての理解を深める。
主な学修内容：インクルーシブ教育の定義（サラマンカ宣言を含む）、就学先決定の在り方、未熟児のニーズ、聴覚障害児とインクルーシブ教育、当事者とその保護者の実体験より、海外の教育事情等。
（2）対話の実際
テーマ：聴覚障害児にとってインクルーシブな学びとは
形態：グループ討論。経営力開発コースの現職教員、実践力開発コースの現職教員、学部新卒生が混在した4～5人を1グループとして全部で5グループ。
学修内容：前半、それまでの聴覚障害についての学びの確認のみで討論。その後、「手話を活用している聾学校での実践」をまとめた番組のビデオ教材を視聴。後半、再度同じグループで同じテーマで討論。
　最初の討論での対話を通して、各グループから

でた意見は図1のとおりであった。

・授業や校内で視覚的な支援があるとよい。
・話者の口が見えやすいように座席の配慮があるとよい。
・静穏な環境を保持する必要がある。
・字幕等で音声を可視化するとよい。
・障害理解教育が必要だろう。
・特別視しない見方を進めていく必要がある。
・避難訓練や、非常ベル、校内放送、チャイムが聴こえない等があるので掲示やランプ等で危険回避ができるようにする必要がある。
・手話やサイン、指文字等でコミュニケーション方法をみんなが知っているとよい。
・音楽の授業での配慮が必要だろう。

図1　前半の討論での意見

　ビデオ視聴後の討論での対話で、図2のような気付きが生まれていた。

・日本語対応手話は日本語に対応しているが手話とは異なるため、文章の構造や助詞の使い方が全く異なる。
・そもそもの言語が違うので、単に文字化するだけでは伝わらない。甘さを感じた。
・聾と難聴、先天性か中途失聴なのか、親が聴者か聾者かによってまったく違う。
・概念の獲得のための体験的な学びの重要性。
・そもそもどうやって手話を獲得していくのか。
・聞こえない者同士だからこそつながる感覚。
・手話での豊かな表現。
・手話が禁じられていた事実。
・通常学校や通常の学級を選択することがベターではないかもしれない。前回考えていたような支援だけでは不十分かもしれない。

図2　ビデオ視聴後の討論での意見

（3）対話の成果
　現職教員と学部新卒生が混在した対話を終え、それぞれの立場の院生が省察した結果が図3～5である。授業後に提出したレポートより抜粋したものである。

現職教員（経営力開発コース）

・話し合えば話し合うほど結論が出ず、考えがまとまらなかった。
・判断した結果が正解か不正解かということより、判断まで悩み考えた過程に意味があると感じた。
・授業前に考えていたことよりずっと大きなテーマであった。
・自分には分からなかった子どもの苦しみを知ることができた。今度出会う子どもたちのために生かし、生きやすい学校にしたい。

図3　授業後の省察（現職教員（経営力））

現職教員（実践力開発コース）

・これまでの捉え方は入口の時点から間違っていたことに気が付いた。通常学校そのもののあり方を問い直すものであった。
・子どもたちに「違いをこえて関わる力」の育成をめざしたい。
・その子の目線にたってみた世界で必要な支援を考えていかなければいけないと感じた。
・インクルーシブの根幹は仕組みではなく、考え方であると思う。常識にこだわるのではなく、柔軟な考え方ができるようになりたい。
・インクルーシブ教育とは、一人ひとりの違いを認め共存していくことと、当事者とともに最善の方法を一緒に考えていくことと感じる。

図4　授業後の省察（現職教員（実践力））

学部新卒生

・本人や保護者の願いや思いにあっていない支援は本当の支援ではないと思う。一人ひとりの会話を大切にしていきたい。
・今までは支援の方法ばかり気にしていたがその子目線で支援のあり方について考えることができるようになった。自分の困難を素直に話せるような関係を日ごろから築いていき話し合いを通して柔軟に対応したい。
・一人ひとりを理解することは当たり前のようで難しい。理解し続けようとする努力をしたい。そして、共に考えることで一緒になって支援を見出していきたい。

図5　授業後の省察（学部新卒生）

　どの立場の院生も、前半の対話では目に見える今の視点での意見であったが、後半の対話を経て、どの立場の院生にも、時間、背景等の視点の広がり、深まりをもった意見や気づきが生まれた。ビデオ教材の内容とともに、そのビデオを複数で視聴し、異なる立場で対話することで、それぞれの立場で改めて自己を振り返ることができたと言える。

2）現職教員（実践力開発コース）の学び
○実習科目「特別支援実習」
（1）主な実習内容と形態
目的：通常の学校において特別支援教育の推進をサポートできる人材と、通常の学級において気になる児童生徒の理解や支援をできる人材の育成をめざす。
形態：滋賀大学附属特別支援学校（5日間）、滋賀大学附属小学校または滋賀大学附属中学校（5日間）で実習を行う。そのうち附属特別支援学校では、現職教員と学部新卒生が混在したグループを作り、研究授業を行う。
　また、コース共通授業科目「特別支援教育の臨床的探究」との連携を図り、研究授業に向けての指導案の検討や教材作りを扱う。
（2）対話の実際
　学部ごと全3グループのうち、小学部グループを取り上げる。
テーマ：遊びの指導、単元「青空教室『かたくりこ』」の研究授業。
形態：小学校籍の現職教員2名と学部新卒生1名の計3名。
主な内容
○教材研究の過程での対話
　学部新卒生は片栗粉を授業でどのように扱ったらよいか思いつかな状態であったが、現職教員は、片栗粉、ボウル、食紅等の実物を用意して、実際に触ったり、水を入れたり、水の量や温度を調整したり、紙に流したりと、

体験的に教材研究を行った。その流れに学部新卒生も片栗粉を触りはじめ、感触を確かめたり、知らなかった遊び方を試したりした。

○チームティーチングを行う上での対話

　研究授業に向けて、附属特別支援学校の教員の授業参観をし、学部新卒生が主指導で模擬授業を行った。その際、複数で授業するには、どのように役割分担をしていくかについて対話が重ねられた。誰がどの児童のどのような支援を行うのかについて、指導案上で確認したり、確認した支援を実際の模擬授業の中で試したりした（図6）。

> 6月19日：気持ちが不安定な児童に対して、支援学校の先生方はさまざまなアプローチをされていた。教師同士が連携をとりながら役割を変えて関わったり、本人が入れる環境づくりをしたりなど、無理に切り替えを教師側がするのではなく、本人の切り替えのタイミングを待つことを大切にされていた。
> まず、自分自身が本時の題材となっている「かたくり粉」についての知識を深め、どんなことができるか、どんなことがその素材の良さや魅力なのかを体感し、実感をともなってアシストとして学びを広げる指導ができるように教材研究にも励みたい。教師自身が楽しむ姿を大切にしたい。

> 6月26日：アシストをさせていただく中で、参観だけでは見えてこなかった子どもの細かな表情の変化、言葉、空気から伝わる子どもの意欲などを子どもの一番近くで、肌で感じることができた。
> 　指導案上での練り合わせだけでなく、実際の場の設定、声かけのバリエーションなどを、模擬授業を中心に子どもの姿をイメージしながら進め、本番へと向かいたいと考える。

図6　日誌による省察（現職教員）

（3）対話による成果

　対話を経て、学部新卒生が主指導で、現職教員がアシストをした研究授業を終え、現職教員

の院生が省察した結果が図7である。授実習日誌より抜粋した。

> 7月3日：用意していた教材や教具をうまく活用できなかった部分はあるものの、様々な環境設定を考え用意しておくことで、子どもたちの学びを支えることができるのだと感じた。そして、アシストとはどんな役割なのかを考える機会となった。
> 　通常学級で行っているＴ・Ｔ支援とは異なる役割であり、「アシストが授業をつくる」という視点を、授業を通して学ぶことができた。授業の雰囲気や場づくりを主指導とアシストで創り上げていく中には、チームとしての教師のつながりが重要である。そのためには、教師同士がいかに普段から子どもについて共通理解を図り、同じ方向を向いて授業づくりをしていくかが大切になってくる

> 7月26日：3人で報告資料を作成するにあたり、それぞれの特別支援実習を通して感じたことを改めて語り合うことができた。
> 　学部新卒生が、児童理解と教材研究の大切さについて話している中で、これまで当たり前だと思っていた児童理解と教材研究、経験的にできていると思い込んでいる児童理解と教材研究が一番大切であり、絶対に軽視してはならない点であると改めて認識することができた。やはり、学部新卒生の新鮮な学びは、教師として成長し続けるために忘れてはならないことであると感じた。
> 　現職教員とは、勤務校の特別支援教育に関する考え方や取組についても交流しながら、これからの実践で活かしていく点を中心に意見交流し、まとめることができた。他校の先生と話すことで、自校や市内のやり方に固定化している自分の考えを柔軟にし、改善点を考えていく上で重要なことであると感じた。
> 　特別支援実習での学びを、特別支援学校で行われている特別な教育と終わらせるのではなく、この考え方や教育の在り方を通常学校ではどのように活かしていけるのか、また「子どもの目線に立つ」とは本来どういうものなのかを自分の中で見つめなおすことで実習の意味が深まると感じた。

図7　日誌による省察（現職教員）

以上のように、現職教員にとって、学部新卒と授業を作り上げる過程での対話を通して、当たり前だと思っていたことの重要さの再認識や、チームティーチングの在り方の学びを得ることができたと言える。

3）学部新卒生の学び
〇実習科目「基本実習」
（1）主な実習内容と形態

目的：連携協力校や勤務校において参与観察及び支援を行い、教育課題を再発見し、解決の方法を探究する。

形態：現職学生と学部新卒生がペアになり現職教員の所属校で実習。

（2）対話の実際

毎年6～7つあったペアリングの中から1ペアの学部新卒生の2年次を取り上げる。

テーマ：課題解決のテーマは、小学校通常学級におけるユニバーサルデザイン（UD）の視点を取り入れた授業づくり－一人の困り感を抱える子どもの姿から、道徳の授業を通して－

形態：学部新卒生とメンターとしてペアとなった現職教員（小学校籍）の二人。

主な内容
〇ケース児童の支援、授業づくりの対話

一人の児童に焦点を当て、その児童も含め全員が参加・理解できる授業や、その児童に応じた支援はどうあるべきかを探りながら実習に取り組んだ。メンターの現職教員の学級での実習であったため、参与観察、研究授業、授業の省察をペアの現職教員とともに進めることができた。

　＊現職教員2年次は所属校で勤務しながら学修する。

（3）対話による成果

学部新卒生の日誌による省察が図8である。

10月16日：自分では「成長した」という見方しかできなかったが、省察を通して「今までは児童は、何をすればよいかわからない不安で、一番心の落ち着くものに興味を示していたが、学校の生活リズムに慣れて、それ以外のものに楽しさや興味が出てきた」という話を聞いて、「成長した」と感じることも大切ではあるが、「どうしてなのか」ということを同時に考え、記録をとっておくことで、児童の成長に合わせた次につながる支援や手立てが生かされていくと感じた。

10月23日：立ち歩いて周囲の児童の邪魔をすることはなく、授業内容に切り替えて参加していた今までとは違ったA児の姿が見られた。放課後にお聞きすると、週の始め（月曜日と火曜日）は、調子が良いことが多いため、そわそわした様子を察知して、リフレッシュしながらも落ち着いて学ぶことのできる環境を設定したということだった。なにげなくされている手立てが彼を安心させたり、小さな言葉がけが彼をやる気にさせたりしていると思った。授業でも、全体に指導しながらもA児の動きをしっかりと見て、困り感を事前に把握しながら手立てを提案したり、一緒に考えたりする姿が印象的だった。

11月5日：予想もしなかった子どもからの意見や反応が出てきたときにうまく対応できなかった。それは、「指導案通りにすすめないと」という思いや、答えは一つではないにも関わらず、私が勝手にもっている常識に囚われ、「そこをゴールに迫らないと…」といった固定概念が失敗の原因だった。指導案をたてることは大切だが、あくまで案であって、何パターンかの案を考えておくことも1つだし、実際の計画に囚われずに、目の前の子どものも姿を大切にしたいと思った。さらに、カンファレンスを通して、もう1点大事なことに気づくことができた。「私がこの道徳を通して、子どもたちにどんな力をつけさせたいのか」、「どんなことを考え、議論してほしいのか」ということだ。そのような思いが欠けていたために、登場人物の心情を問う発問ばかりで、自分事に落としこめるような授業になっていなかったと思う。

11月12日：今年度初めてメンターの道徳を参観させていただいた。たいへん勉強になった４５分間だった。「子どもが発表したい」と思えるような授業がよい授業なのではないかと思う。その中で現在求められている「考え議論する」ということを通して、自分の思いを表現したり、友達の考えを聞いて新たな考えや思いに出会ったりすることが必要だと感じた。

11月19日プログラミングの授業で３年生は、少し理解できていなかった児童もいたので、１年生はできるのだろうかと思っていたが、みんな頑張って作り、動いた絵を見てとても喜んでいた。この姿をみて、「１年生だからできない」ではなく、安全を考慮しながら色々なことにチャレンジさせたいと思った。

11月26日：授業中、Ａ児の発言を聞いていると、授業のカギとなるような、ポイントをついた発言をしていることに気がついた。教員側からしたら、「良いことを言ってくれた！」「もう１回言って！」というような内容で、Ｂ先生もうまく切り返しをして授業に参加させていた。例えば今日の社会科の時間、工場では機械が使われている工夫について学び、「なぜ機械が使われているのか」と教師が問い返したところ、Ａ児が「人間ができないことは機械で」と言った。すぐに教師が詳しく聞くと、「機械は人間ができない作業や物をたくさん作るときに使う」と言った。そこで教師は、Ａ児の意見を活かして次に進めていた。この授業を見て、一見立ち歩いたり、なかなか集中できずに紙を破いたりしている児童に、アプローチの仕方や参加の促し方を変えると、参加をさせるだけではなく、児童が学級で活躍できる場を生み出すことができると感じた。

図8　日誌による省察（学部新卒生）

　以上のように、メンターである現職教員の院生との対話を通して、学部新卒生にとって、感覚的に児童を捉えるのではなく、背景や具体的な記録を元にした分析、手立ての予測、何気ない小さな支援の大切さを学ぶことができたと言

える。また、言語化された直接的な対話だけでなく、メンターの実践そのものという言葉ではないノンバーバルな対話からも学びがあったと言える。学部新卒生は、課題解決研究のまとめに「始めは、子どもの実態を把握せずに方法論だけが膨らんでいた。しかし、それだけでは子どもと授業者の間にズレが生じる。このことから手立ての方法のみに目を向けるのではなく、まずは目の前の子どもと向き合い、観察、アセスメントを行うことが、個から全体へ手立てを広げていくのに有効であると考える」と記述している。授業づくりにおいて何よりも大切なことを学ぶことができた。

４）日々の生活の関わりでの対話

　授業や実習における対話の場面を取り上げて現職教員と学部新卒生の学びをまとめたが、それ以外の休み時間、昼食時間、放課後における対話も学びに大きな影響を与えたと考える。控室も、現職教員と学部新卒生を混合させ、基本実習とは異なるグルーピングをするという仕掛けも行った。このような日々の生活の中で、子どもの見方、授業観等について対話を積み重ねていくことも学びに影響を与えたと考える。

3　まとめ

　今回改めて修了した現職教員に現在の気持ちを尋ねた。「片栗粉で髪の毛が汚れたが、今大事にされている主体性とは遊びに夢中になることから生まれると感じた。このように日誌を読み返すことで、特別支援教育に関して大事にしたいことを今一度頭に入れ直した。過去の自分から学んだ。日誌は大事と感じた」このように時間をおいた省察も追っていく必要を感じている。

4 授業づくりを通して、学び合い高め合う教師のキャリア発達
～生活単元学習「とくしんピック2020を成功させよう」の授業づくりから～

愛媛大学教育学部附属特別支援学校教諭　土居　克好

　愛媛大学教育学部附属特別支援学校（以下、本校）は、平成20年度よりキャリア教育の視点に立った教育活動を進め、キャリア発達を支援する授業づくりに継続して取り組んでいる。現在は、研究主題・副主題に「キャリア教育」という文言を掲げてはいないが、キャリア教育の視点が本校における学校運営、研究実践を推進する上での要であることに変わりはない。そのような本校の教育実践を通して筆者が強く感じるのは、「キャリア教育は、教師自身のキャリア発達を促す」ということである。特に、キャリア発達を支援する授業づくりを通して、教師同士が対話を繰り返しながらよりよい授業を模索し、その授業で現れた子どもの姿から学び、それをさらに次の授業づくりに生かしていく、という過程を積み重ねる中で、関わった教師がキャリア発達を遂げていく姿に、これまで幾度となく接することができた。本稿では、そのような事例の一つを本校中学部の取組から紹介する。

◆キーワード◆　連携・協働、願いや視点の共有、授業の意味付け・価値付け

1　はじめに　～教師のキャリア発達～

　「キャリア発達」とは、「社会の中で自分の役割を果たしながら、自分らしい生き方を実現していく過程」である。本校では、「子どものキャリア発達を支援する授業」を「子どもが主体的に授業に取り組む授業」であると考え、実践を積み重ねてきた。授業づくりの中で重視してきたのは、教師が「なぜ、何のためにこの授業をするのか」「子どもの目指す姿は何か」「子どもが目指す姿を発揮するための支援はどうあればよいか」等を明確にしながら、授業に関わる教師同士が授業づくりの過程を共有できるよう、「対話」や「振り返り」を行うことである。そうした取組の結果、授業の中で子どもたちが生き生きと主体的に活動に取り組む姿を見せるようになり、その子どもたちの姿から、「教師が自分の実践を自分なりに意味付け・価値付けし、

教師自身の子どもたちや授業への向き合い方そのものが変容していく」様子が見られるようになった。私たちは、その変容こそが、「教師のキャリア発達」であると捉えている。そして、教師の「キャリア発達」が図られるためには、「単に授業をする」というのではなく、教師同士の「対話」や振り返りを伴った「授業づくり」の過程が必要であると考える。

　本稿で取り上げる事例は、中学部生活単元学習「『とくしんピック2020』を成功させよう」という取組である。これは、附属中学校との「交流及び共同学習」として、中学部生徒・教師全員、附属中学校1年生1クラス及び関係教師で取り組んだ実践でもある。実際の授業づくりの過程と授業での子どもたちの様子、そして、そこから得られた本校教師と附属中学校教師の学びから、教師のキャリア発達について述べたいと思う。

2　本校の概要

　本校は、愛媛県松山市にある愛媛大学教育学部附属の知的障害特別支援学校で、小学部・中学部・高等部合わせて60名の児童生徒が在籍している。同じ敷地内に幼稚園・小学校・中学校が設置され、「未来を拓く力の育成」を共通主題に据え、連携・協働しながら、研究実践に取り組んでいる。

　2019年度からはこれまでの取組を踏まえ、「地域で豊かに生きる子どもを育てる～地域と連携・協働し、貢献を実感する学びを通して」という研究主題で3年間の研究を行っている。

3　「とくしんピック2020」の概要

　本校では、中学部の段階を「自分の役割を果たし貢献できたことを周りの人から認められることにより、社会的自立・職業的自立の土台を形成するとともに、家庭や学校で身に付けた力を地域生活に応用する時期」と位置付け、学校から少し広がった身近な地域を舞台に、地域の幼稚園や附属幼稚園の園児を招待してのゲームコーナー運営を継続して行ってきた。活動を通して、生徒たちは相手を意識し、「園児に喜んでもらいたい」という明確な課題意識をもち、役割を最後までやり遂げ、貢献できた「よい自分」「役立つ自分」を実感し、「自らの価値を確かに理解する経験を積み重ねてきている。

　中学部では、2018年に、愛媛大学の大学院生と共同で「ジャベリックスロー」「ボッチャ」「フライングディスク」の3種目で行う競技会「とくしんピック2018」を実施した。「する」「見る」「支える」の視点を取り入れ、競技会の運営や応援にも重点を置くことにより、競技力の向上に加え、自分の役割を果たして貢献したという達成感や成就感を得ることができた。2019年度には「ボッチャ」を体育の授業に取り入れ、職場体験に訪れた附中生や介護実習生と一緒に競技する機会を得た。中学生や大学生と共に活動することでいつにも増して競技が盛り上がったことから、生徒たちから「いろいろな人たちと一緒に『ボッチャ』をしたい」と望む声が聞かれるようになった。そこで、「東京オリンピック・パラリンピック」と関連付けながら、同世代の中学生と一緒に「とくしんピック」を行う活動を構想し、附属中学校1年D組と一緒に実施することになった。

4　活動の流れと実際

　実施に当たっては、次の3つの視点を大切にして活動を進めることにした。

> 1　「なぜ・何のため」の活動であるかを十分に意識でき、一人一人の課題に対応できること
> 2　年齢・段階にふさわしい確かな学びを設定することのできること
> 3　相手と関わりをもつことにより、双方向の学びが得られること

（1）　附属中学校との話合い
　　～活動の目的や思いの共有～

　両校の生徒にとって意味のある活動になるよう、事前に両校の教師がそれぞれの学校の課題や目指す姿について話し合った。「同世代の友達と目標に向かって共に活動し、『貢献』を実感してほしい」という本校の願いと、「自分から人と関わり、『実践者』として積極的に活動を進めてほしい」という中学校の願いを共有し

た。そして、ねらいを「生徒がより多様な人々と協力・協働しながら目的に向かって活動する」という点に置き、生徒が明確な目標を共有し、主体的に取り組むことができるように「『とくしんピック』の開催」という具体的な活動を設定することにした。プレ大会、本大会を軸に、年間を通して活動できるよう、表1のような計画で行うようにした。

表1　年間計画

実施時期	活　動　内　容　※必要に応じて教師の話合いを行う。	
1学期	事前学習	活動の呼びかけ、作業学習・ボッチャ体験
	「とくしんピック2019」	プレ大会として開催
2学期	交流会①	本校体育館で開催
	交流会②	中学校体育館で開催（附中生の主催で実施）
	準備活動大会に向けての準備（本校で開催）	
3学期	「とくしんピック2020」	本大会の開催

　この両校の教師の事前の話合いは、それぞれが「なぜ、何のために」授業に取り組み、どのような子どもの姿を目指すのか、ということを共有し、授業への見通しをもつ上で重要であった。また、活動の準備段階における話合いや活動後の振り返りを重視し、活動の中に明確に位置付けることは、子どもたちの学びだけでなく、子どもの単元での目指す姿を明確にし、その姿が現れたのかどうかを授業者同士で振り返り、課題を明らかにして次の授業へ生かしていくという、両校の教師にとっての主体的な学び合いにもつながるものとなった。

(2)　「とくしんピック2019（プレ大会）」
～授業づくりの視点の共有と振り返り～

　「とくしんピック2019（プレ大会）」の実施に向けて、まず中学部の教師で授業について考えていくことにした。その際、共有した授業づくりの視点は次のようなものである。

授業づくりの3つの柱
　A　単元・学習内容設定の工夫
　　子どもが「目標・課題意識」をもち、「なぜ」「何のために」学習するのかが明確であること
　B　学習環境・支援の工夫
　　子どもが「見通し」をもち、分かって取り組める支援を工夫すること
　C　評価の工夫
　　子どもが発揮した主体性を「意欲」に高めるための評価を工夫すること

　これは、本校での子どものキャリア発達を支援する授業づくりの方策である。授業改善の視点として大切に活用してきたものであり、授業計画の際の視点として、教師同士が授業づくりについて話し合うためになくてはならないものになっている。

　また、本校では子どもたちの内面（意識・意欲・主体性）の育ちを重視している。子どもたちの内面の働く確かな学びの姿を次のように捉え、そのような姿を意識しながら授業づくりを行うようにしている。

内面の働く確かな学びの姿（規準）
①人との関係の中で
②思考を働かせて
③見通しをもって
④正しい（通用する）方法で
⑤自分の役割を意識して

　これらの視点を基に中学部の教師全員で丁寧に子どもを見ていくことで、子どもへの理解が

深まるとともに、適切な課題設定や支援の工夫を行うことができた。

　プレ大会では、本校の生徒・附中生共に、「とくしんピックを開く」という共通の目的意識の基に、「する」「見る」「支える」の活動に主体的に取り組み、自然に関わる姿が見られた。教師も授業づくりの話合いに関わることで、お互いに学び合い、よりよい授業づくりに向けて、見通しをもって取り組むことができた。

　活動後に、中学校の教師も交えて活動の振り返りを行った。授業づくりの3つの柱や「活動のねらいに迫れていたか」「一人一人の目指す姿はどうだったのか」「附属中学校の生徒の関わりはどうだったのか」等について話合いをもった。さらに、次回の活動への展望を互いに共有するために、附属中学校の子どもからのアンケートをとり、両校で共有した。この話合いを通して、これまでの授業づくりにおける成果と課題が明確になり、次の授業への展望が見えてきた。

(3)「とくしんピック2020（本大会）」に向けての交流会

　互いに理解を深めながら、大会に向けて継続して活動していけるよう、2学期には2回の交流会と「とくしんピック2020（本大会）」の準備の活動を行った。交流会では、本校の生徒が見通しをもちやすい活動内容を設定したり、附属中学校の生徒が計画を立てたりすることで、両校の生徒がより主体的に活動に取り組めるようになり、それにつれてやりとりも自然でスムーズなものになっていった。また、大会の準備では小グループに分かれ、本校の生徒が自信をもっている活動を中心に行うことで、お互いに教えたり、教えられたりという関わりが見られるようになった。活動後の附中生のアンケートからは、1学期よりも手応えを感じている様子がうかがえ、普段の学校生活ではなかなか見られない積極的な姿を見せる生徒も現れた。これらの生徒の変容は、教師にとっても授業への大きな手応えとなり、生徒と共に、教師もわくわくした気持ちで「とくしんピック2020」本大会を待ち望むようになってきた。

(4)「とくしんピック2020」本大会

　本大会当日は、ゲームコーナーで交流した附属幼稚園の園児が応援に駆け付けてくれたり、ボッチャで交流戦を行った附属高校、附属小学校の児童生徒からもビデオレターが届いたりするなど、附属校園が一体となった競技会となった。

　両校の生徒は、最初から最後まで一生懸命競技し、応援し、運営を行った。そこで見られたのは、「自然にハイタッチをする」「互いの名前を呼び合う」「笑顔でアイコンタクトを交わす」など、当初には見られなかった様子であった。両校の生徒一人一人が活躍し輝き、共に協力し、互いをたたえ合い、生き生きとした表情を見せていた。競技会が終わり、互いの健闘を称え合ったあと、記念撮影をした。予定時刻を過ぎても別れを惜しむ生徒たちの姿がそこにあった。

　私たち教師にとっても、生徒たちの輝いている姿を間近で見られ、本当に楽しく充実した時間であった。その光景は、まさに子どもたちがこうありたいと願った姿であり、教師が子どもたちにこうなってほしいと願った姿だったからである。

写真1 「とくしんピック2020」

5 活動を終えて
～授業づくりに大切なこと～

(1) 視点を共有した対話の大切さ

　今回の実践を通して、授業づくりにおいて、明確な視点をもち、それを複数の教師で共有して取り組むことの大切さが改めて明らかになった。その授業で現れた姿を基にしての話合いや振り返りも大切であるが、教師同士が授業づくりの最初からの過程を共有し、その過程と、その結果として授業で現れた姿を併せて振り返ることで、授業や自分たちの実践により確かな意味付け・価値付けができることを実感した。

　授業づくりの過程で、教師が同じ視点で目の前の子どもの課題に向き合い、子どもが精一杯力を発揮するための支援は何か、対話を重ねる中で、子どもの単元で目指す姿が明確になり、教師の子どもへの理解が深まり、適切な支援につながった。そのことで、子どもが主体的に自信をもって活動に向き合う姿が見られ、その姿から教師は自分の授業づくりに手応えを感じることができるようになった。

　対話をとおして、授業に対する意味付け、価値付けを授業に関わった教師と共に行うことで、自分の成長を教師自身がより実感すること

ができた。さらに、今回の実践では、本校の教師だけでなく、附属中学校の教師とも活動の目的や意義を共有し、対話を重ね取り組むことができたことは、双方の教師のキャリア発達を高める上で意義深かった。

(2) 事前の話合いや振り返りの大切さ

　PDCAサイクルで授業改善していくことは授業づくりの基本であるが、その中でも大切と感じたのは、先にも述べた、視点を共有しての事前の話合いと事後の振り返りである。授業に関わった教師同士の振り返りや校内の公開授業での研究協議などいろいろな形で振り返りを行った。どの場においても、視点を明確にし、共有できていたからこそ、子どもの成長を見取り、授業者が手応えを感じ、教師のキャリア発達につながったと考える。

　「とくしんピック2020」は、第99回愛媛教育研究大会において授業公開したが、研究協議の際に本校の教師が語った授業の自評の一部を紹介したい。

　　子どもたちは自分の役割を果たし、一人一人が活躍し輝き、附中生と共に協力し、お互いをたたえあい、生き生きとした表情を見せてくれたと思います。附属中学校の先生方と連携し、目的を共有するために話合いを重ね、お互いがwin-winの関係になるように進めてきました。そして、附中生と活動への明確な目的意識をもち、一緒にその目的に向かって取り組む協働を実践してきました。一人一人の実態を確実に把握し、それぞれにあった課題設定や役割設定を吟味し、それが本当に内面の働く確かな学びになるのかしっかり教師間で話し合い、実践してきました。私たち教師も今日の「とくしんピック2020」を実践し、一人一人が輝いている姿を間近で見ることができ本当に楽しく、また附中生と一緒に協力して取り組んでいる姿を見てうれしかったです。最高です。

ここには、子どものキャリア発達を見取り、その姿を目の当たりにし、教師としての自分の在り様を、意味付け、価値付けしている姿が見られた。その姿こそ、授業づくりの中で子どもと向き合い、対話を重ね、学び合い、高め合った教師のキャリア発達の姿そのものである。

また、共に授業づくりを行い、研究協議に参加し発言した附属中学校の学級担任の言葉も紹介したい。

> 最後の写真を撮るときの子どもの表情がものすごくよかった。終わった後も大事そうにワッペンを手にしている子どももいた。それをなぜか考えたときに、貢献を実感した姿だったのではないか。自分の役割を果たして、自分の名前を呼んでもらって、貢献を実感できたのではないかと思う。初めは、ぎこちない感じの交流であった。そこから子どもたちが課題意識をもち、とくしんピックを一緒に成功させるためにどうするかの協議を行った。
>
> 子どもたちの方から「自分たちから積極的にいこう」「固まらずに自分から中に入っていこう」等の発言が出てきた。附中の教育目標の「実践者を育てる」においてもいい経験である。サポートしたりサポートされたりしていた。授業（学力）では自信がなく授業に参加しにくい生徒もいるのだが、この学習ではいろいろな成長が見られた。自分のこととして捉えているのが良い。
>
> 心のバリアを溶かしてもらいたい。あまり話せなかった生徒も「どうしたらいいだろう」「こうしたい」という感想をもっている。この経験を生かして、社会に出てからバリアを溶かしていくのではないか。大学生や幼稚園生、小学生などいろいろな人が活動しているその場に一緒にいられたのが嬉しかった。本当にいい活動だった。一クラスだけなので考えなきゃいけないことはあるが、研究がなくても続けていきたい。やって意義のある活動であった。

この言葉からも「この授業をやってよかった」という、教育者としての自分の役割にやりがいを感じ、子どもと共にキャリア発達した教師の姿がうかがえた。

6 おわりに

本校では、「子どものキャリア発達を支援する授業づくり」に取り組んできたが、「子どもがキャリア発達する授業は、その授業づくりを通して教師も共にキャリア発達する授業である」ということをこの実践を通して強く感じている。この実践に関わった両校の教師の「なぜ、何のために授業をするのか」という授業づくりの根幹を問い掛け、学び合い、高め合う姿から思うことである。

また、今回の実践では、生き生きとした子どもの姿を見て、そのような姿を子どもたちが発揮できるような授業を実現できた手応えや教師という仕事へのやりがいを感じることができたという多くの教師の声を聞くことができた。私たちは、子どもに「一人一人が役割を果たして貢献を実感してほしい」と願っているが、それは教師も同じである。一人一人にやりがいのある役割があり、貢献したいと教師自身も願っている。それが実現されるのは、今回のように「子どもたちの生き生きと充実した姿を見たい」という願いや思いをもった教師が、授業の目的や方法を共有し、子どもに向き合い、工夫・改善していく「授業づくり」にある。

今回の授業づくりを通して、子どもの願いや思いを実現させるために、対話を通して学び合い、高め合う教師の姿こそ、今求められる教師像であるということを強く感じた。

参考文献

全国特別支援学校知的障害教育校長会編（2021）知的障害教育における「学びをつなぐ」キャリアデザイン. ジアース教育新社.

5 地域における実践を通して生徒とともに高め合う教師のキャリア発達

高知県立山田特別支援学校高等部主事　橋田　喜代美

　高知県立山田特別支援学校では、令和元年度から「探究的な学びを実現する『地域とつながる』授業づくり」をテーマに授業及び教育課程の改善に取り組んでいる。学習指導要領の改訂を踏まえた研究の成果から、児童生徒に身に付ける資質・能力「知識・技能」「思考力・判断力・表現力等」「学びに向かう力、人間性等」また、授業改善の取組を活性化していく視点として「主体的・対話的で深い学び」について、①探究型学習を取り入れることが重要である②探究型学習はその土台として各教科の内容の概念形成や主体的に学びに向かう力の育成が重要である③地域に学びのフィールドを拡大することで充実した実践が展開できるという結論に至った。また、社会と共有し社会と連携しながら教育を考える視点は、教員のキャリア発達形成に大きくかかわっていることもわかってきた。今回は高等部の職業科における「地域とつながる」実践を紹介する。

◆キーワード◆　社会に開かれた教育課程、地域探究、職業科

1　山田特別支援学校の概要

　高知県立山田特別支援学校（以下、本校）は、高知県東部の知的障害教育の中核としての役割を担っている。高知市から東は室戸市まで、校区が広域のため寄宿舎が併設され、併せてスクールバスも運行している。全児童生徒数は156名であり、うち高等部の生徒は90名在籍している。小中高一貫した系統的継続的な教育を行い、地域社会で豊かに生きる力を身に付けることを責務とし、教育課程全体を通しキャリア教育に取り組んでいる。令和元年度からは探究的な学びを重視し、地域とつながり、地域に学び、地域とともにより実践的な生きる力を身に付ける取組の研究を日々重ねている。

2　教育課程とカリキュラムマネジメント

　児童生徒につけたい力を確実に身に付けるために、どのような教育課程が望ましいのか、ＰＤＣＡサイクルを回しながら小中高一貫性のあ

る系統立てた教育課程の在り方を模索している。本校では、10年前よりキャリア教育の充実を柱に据え、勤労観、職業観の育成だけでなく、人格形成も包括した生き方の教育として実践を重ねてきた。実践を積み重ねていく中で、生きる力の育成には地域とつながることが重要と捉え、地域社会とつながる教育の充実に取り組んできた。また、学習指導要領の改訂に伴い、児童生徒の資質・能力の育成には、教員一人一人が各教科の内容を理解し、どのように学ぶかを重視して、指導の工夫を行い、しっかりと概念形成を図っていくことが深い学びとなり、生きる力となると捉えている。以上の2点を踏まえたうえで以下の3点を実現するための望ましい教育課程の編成を検討している。

　①探究型学習を取り入れることが重要である。

　②探究型学習はその土台として各教科の概念形成や主体的に学びに向かう力の育成

が重要である。

③地域に学びのフィールドを拡大すること
　で充実した実践が展開できる。

　また、先ほど述べたように人格形成も包括し
た生き方の教育として「特別の教科　道徳」が
重要と捉え、教育課程に明確に位置付け、本校
独自の小中高共通のツールである「道徳の内容
項目表」（表１）を作成し全校で活用すること
でキャリア教育の充実を進めている。

　探究型学習については、小学部では、特に児
童の興味関心に基づく学習内容を計画し、地域
に出て体験的な活動を行うことを重視してい
る。児童自身の発見や喜びや気付きから他者に
伝えようとすること、地域の人との直接的なや
り取りの中で五感全体を使い「来て、見て、学
ぶ」直接的な学習に取り組んでいる。

　中学部では、生徒の興味関心に基づきながら、
地域にある資源を活用することを念頭に置いた
調べ学習に取り組んできた。

　高等部では学校周辺及び自分の生活の場を地
域とし、貢献といった視点を加味し、卒業後の
生活を見据えた実践を行なっている。社会に開
かれた教育課程の実践を系統的に重ね、生き抜
く力を高めていく高等部では職業科の指導内容
の再編と指導の在り方を重要課題として取り組
んでいる。

3　高等部の職業科の取組
（1）教育課程の変遷

　高等部の「職業科」は平成 30 年度までは各
教科等を合わせた指導「作業学習」をコアとな
る教科として教育課程に位置づけ、キャリア教
育の視点を取り入れながら社会人、職業人とし
ての基礎的資質・能力の向上を図ってきた。月
曜日と木曜日の終日の時間配分とし、全学年が
縦割りの作業種目に分かれて学習し、重複障害
や重度の知的障害がある生徒は、「自立活動」
の内容を重視し指導してきた。作業種について
は農耕、鉄工、リサイクル、木工、布工、陶工、
食品加工、紙工、メンテナンス 9 種から 2 種
を選択する形をとってきた。週 2 日の授業に加
えて、年間 2 回、1 学期と 2 学期にそれぞれ 2
週間ずつ、1 年生は校内実習、2 年生からは希
望する一般企業や福祉事業所等での現場実習を
実施している。本校の作業種について簡単に紹
介を行う。

　鉄工は高知県でも本校のみが取り組んでいる
作業種目で全国的にも珍しく、鉄筋や鉄板の切
断、溶接、研磨等が主な工程である。火花が飛
び散る危険と隣り合わせの作業を行うため、生
徒は緊張感をもって真剣に取り組んでいる。製
品は雑巾がけラック、傘立、木板と組み合わせ
た移動式キッチンラック、ペーパーウエイトな
どで、品質の高さには定評がある。

　農耕は広大な農園で、無農薬で土づくりから

表1　山田特別支援学校道徳内容項目表

	小学部1段階	小学部2段階	小学部3段階	中学部1段階
A 主として自分自身に関すること				
善悪の判断、自律、自由と責任	よいことと悪いことの区別を知ること。	よいと思うことと悪いことの区別をし、よいと思うことを行うこと。	よいと思うことと悪いことの区別をし、正しくないと判断したことは行わず、よいと思うことを進んで行うこと。	正しくないと判断したことは人に勧めたりせず、きっぱりと断わったり、止めたりし、正しいと判断したことは、自信をもって行うこと。
正直、誠実	うそをついたり、ごまかしたりしないで、素直に生活すること。	過ちを素直に改め、正直に明るい心で生活すること。	人の失敗を責めたり笑ったりせずに、明るい心で生活すること。	周囲に流されたり、傍観者で過ごしたりするのではなく、誠実に明るい心で生活すること。
節度、節制	わがままをしないで、健康や安全に気を付け、身の回りを整え、規則正しい生活をすること。	健康や安全に気を付け、物を大切にし、身の回りを整え、規則正しい生活をすること。	自分でできることは自分でやり、安全に気を付け、よく考えて行動し、節度のある生活をすること。	安全に気を付けることや、生活習慣の大切さについて理解し、よく考えて行動し、自ら節度を守って生活すること。
個性の伸長	自分の好きなことやものを知ること。	自分の得意なことを知ること。	自分の得意なことに気付き、伸ばそうとすること。	自分の得意なことや苦手なことを知ること。

収穫販売までを行っている。丹精込めて質の良い野菜を作り、地域に訪問販売やＪＡに出荷することで、高い品質を認められ喜ばれている。

メンテナンスは令和２年度から新たに導入した職業種である。主に清掃作業を行うものであるが、県教育委員会が行う技能検定清掃部門で１級取得を目指すことも、生徒の職業に対する意識や意欲の向上につながっている。

リサイクルはアルミ缶やペットボトルを回収し洗浄、圧縮し、業者に引き渡すもので、比較的障害の重い生徒が履修できる工程が含まれている。

その他、牛乳パックなどを利用したスツールを作製する紙工、椅子や万能台などの木工品（木工）、エコバックやティッシュボックスカバーなどの布製品（布工）、皿や箸置きなどの陶製品（陶工）などを製作する作業を生徒の実態に応じて選択し学習している。製品は学校行事やイベントなどで販売しており、廉価で品質が高いことから評価も高く、このことは生徒が働く喜びや意欲の向上につながっている。

表２　令和３年度高等部教育課程

※自立活動は教育活動全体を通して指導する。
※１単位時間は 50 分とする

令和２年度に教育課程を見直し、表２に示すとおり、作業学習を「職業科」とし、新たに重複障害や重度の知的障害のある生徒には軽作業という職業種を設け、自立活動中心ではなく職業科として取り組んでいる。

（２）職業科の在り方

「職業科」は、教育課程上、週２日（10 時間）と最も多い時間数を履修することとし、卒業後社会人となり、社会で職業生活や自立をしていく上で必要な力を身に付ける重要な位置づけとなっていることは、従来と同様である。「職業科」では作業学習の歴史の中で培ってきた、キャリア発達を促す実践的・体験的な授業実践を受け継ぎながら、一層望ましい勤労観や職業観を育むために、「校内技能検定」「労働条件や報酬との関係」「ビジネスマナー」といった職業生活にかかわることや、「地域社会への参画」といった内容を取り入れている。また、より実践的に職業に関する知識や技能を習得することを目途にデュアルシステムの導入について検討を始めているところである。

4　「職業科」の充実をめざして
（１）地域社会への参画について

高等部の生徒のキャリア発達の向上には、各教科等の中でも「職業科」はその中核となりその充実は大変重要である。学習指導要領には地域に開かれた教育課程をはじめ、地域社会との理解・連携・協力が教育の向上に不可欠であることが提起されている。地域社会と連携したより実践的、より体験的な実践は、子どもたちの学びの質を向上させ、深い学びにつながるものと考える。本校では令和元年度から「地域とつながる」実践及び授業改善をテーマに取組を進めてきた。「職業科」においても学びのフィールドを地域に広め、地域や産業界との連携も重視し、人材・資源の活用を図り、探究しながら学びを深めていく「地域社会への参画」の実践を模索することとなった。

（２）実践のポイント

これまでの「地域とつながる実践」では、学校と社会が連携・協働しながら新しい時代に求められる資質・能力を生徒たちに育んでいく「社会に開かれた教育課程」の実現に向けた実践に生活単元学習を中心に取り組んできた。今回、

職業科における「地域社会への参画」に重点を置いた取組を進めるに当たり、まず、職業科の内容を正しく理解することから始めた。望ましい勤労観や職業観を育むために、必要な内容を網羅しながら子供たちに付けたい力を「知識・技能」「思考力・判断力・表現力等」「学びに向かう力、人間性等」の3観点で整理にしたうえで、生徒が主体的に取り組める内容を精査し、しっかりと評価し、生徒にフィードバックできるPDCAサイクルを意識しながら、地域と連携・協力した職業科の実践に取り組んだ。

（3）モン（山）・スペ（特）・マルシェ（市場）Montagne spe'ciale marche' の取組

令和2年度は新型コロナ感染症の拡大に伴う長期休校からのスタートとなり、地域での実践的な学習を進めるにあたって、出鼻をくじかれることとなった。職業科の取組も年度当初の予定通りには計画が進まず、現場実習、販売学習など校外や地域とつながる学習はほぼ延期又は中止となり、見通しのもてない状況が続くこととなった。

販路の確保と在庫管理が困難を極めていた頃、感染拡大も一定落ち着き、学校における新型コロナ感染症の予防対策も確立し、地域とつながる学習の方向性を模索し始めた折、地域の教育委員会から「市役所のスペースで販売ができるのではないか」とのアドバイスをいただき、地域とつながる販売学習を計画することとなった。

宣伝用ポスター・看板、値札の作成など、役割を分担しながら準備を進め、高等部全体で取り組むこととした。校内販売での商品の売れ行きから、生徒たちはどのようなものがどのくらい売れそうかを話し合いながら予測し、商品の種類や値段、個数を考え、その考えに基づいて計画を立てて、主体的な学びを進めることができた。

事前学習では、接客・会計・梱包の練習を行い、生徒のアイデアで工夫を凝らした装飾も準備した。事後学習では売り上げ状況、来場者からのアドバイスを基に、振り返りをそれぞれの作業種目で行った。来場者は地域住民の大人の方であったため、鉄工や木工の棚、ベンチなど比較的高額で大きな商品が人気を集めた。客層によって選ばれる商品が違うということも生徒たちの振り返りの中で気付きがあった。

また、来場者から製品の完成度の高さを評価していただいたことは、生徒の意欲や自信を大いに高めた。地域の人々を対象にした販売は初めての学習経験であったが、接客を通して、直接感想を聞く機会にも恵まれ「地域にある学校なのに、こんなにすごい物をたくさん作って働く勉強をしていることを知らなかった。」「生徒達の技術の高さや、どのようなことを学んでいるのか等学習内容を知ることができてよかった。」「地域で学ぶ生徒たちの力になれてよかった。」「是非また出店して欲しい」「いい物を見つけて購入出来て楽しかった」といった生の声は、生徒の主体性や意欲、積極性、達成感、自己肯定感の向上に一層つながったものと考える。この取組は今年度も引き継がれ、地域の商店街の店舗前スペースを借りて実施している。高齢化が進みシャッター通り化している地域の活性化に少しでも貢献できればと考えている。

（4）地域の資源を活用し貢献する取組

本校の職業種の一つに「メンテナンス」がある。前述したとおり、校内の清掃作業を主に行っている。生徒を指導するに当たっては、「一般社団法人高知ビルメンテナンス協会」から人材を派遣していただき、教員が研修を受講するとともに、年間数回実際の学習場面を見ていただき、教員及び生徒にアドバイスもいただいている。こうした実際の事業所の専門家から直接指導を受けることは、確実な知識と技能を身に付けることができるだけでなく、仕上がりに完璧さを求めるプロフェッショナルな視点により、

私たちが社会の厳しさを理解するよい機会となっている。

これまで学校生活で行われていた清掃では、手順や方法は指導者の経験や主観に基づくもので、職業という視点での清掃とは程遠く、不十分な点が多かった。トイレ掃除一つとっても、その手順は効率的でしかも仕上がりの違いは見た目に明らかである。清掃を生業としているプロフェッショナルからの手ほどきは、意識改革をもたらし、最近では、日常の清掃活動においても、指導を受けたことを意識しながら丁寧に取り組む教師や生徒が増えてきている。

こうした清掃活動についても、地域とつながる視点を入れた取組が可能ではないかと高等部では考え、生徒に投げかけたところ、主に3年生から、「地域をきれいにしたい」「これまでお世話になった場所をきれいにしたい」という意見が出された。最終的に、本校が日頃校外学習等で利用している公園や最寄りのJRの駅舎の4地点を候補地として、トイレや施設周辺の清掃活動を行うことが話し合いを重ねて決定した。高等部3年生が中心となり、自ら必要な道具を準備し、どんな順番で清掃していくか、トイレは構造にあった効率のよい手順について考え、二人一組となって清掃に取り掛かるなど、日頃学んだことを忠実に実践し、声を掛け合い、互いに教え合いながら真剣に清掃に取り組む姿が見られた。「自分達が清掃して綺麗になって嬉しい」「いつもより自信をもってきれいにできたと思う」といった感想が聞かれた。学習で培った力を発揮し地域に貢献することは、地域への本校教育の理解・啓発とともに、生徒にやりがいや達成感をもたらすものとして、今後も継続して取り組んでいきたい。

5 実践から得たもの
（1）生徒の変容
高等部全体で取り組んだモン・スペ・マルシェ

と銘打った職業科で製作した製品の地域での販売学習、主に3年生が取り組んだ地域での清掃活動の実践は、生徒のキャリア発達にどのような効果をもたらしたのだろうか。

最初に、生徒が普段の学校生活に比べ明らかに主体的かつ意欲的に取り組む姿が事前の準備から随所に見られたことである。販売では製品の特長、機能、使い方の工夫など、ぜひ使ってほしいという気持ちを込め接客する態度に特に表れていた。清掃活動においても、労をいとわず、納得いくまで取り組む姿に成長を感じるほどであった。

次に、生徒が課題を見つけ、解決に向けて考え、相談し、その方策を見つけて実行していく場面が増えてきたことである。

最後に、事後学習において、今回の学習を振り返り「普段の授業の様子を伝えたらいい」「商品の説明があったほうがいい」「おすすめの商品とその理由を添えるといい」など、次にどう生かすかについて考えることができる生徒が増えたことである。これらのことは、単に販売をして売り上げを伸ばすといったことや清掃活動できれいにするという目的意識から、「日ごろの頑張りを知ってほしい」「喜んでほしい」「役に立ちたい」と言った、より高次の目標へ意識が向いたことが生徒の変容につながったものと考える。

（2）教師のキャリア発達
この一連の取組を通して、生徒はもちろん私たち教師にとって、今後もこの職務を生業としていくに当たり、キャリア形成やキャリア発達に大きな収穫があったと考える。まず、「職業科」の内容や位置づけを基礎基本から確認できたことである。これまでの作業学習では作業することを通してという認識が強く、体力、集中力、忍耐力、手先の巧緻性などが重視されがちであったが、望ましい職業観や勤労観、職業人としての人格形成のために、何を教えなくては

ならないのか、どんな力をつけなくてはならないかを中心に据えて考えることにより、一つ一つの学習に明確な目的と意味づけができるようになったことである。次に、本当の厳しさとは何かを体得したことである。教員側もプロの指導を受け、職業として働く上での厳しい目線を知り、一般企業への就職に向け、どのような力を生徒たちにつけさせることが必要か、何をどのように取り組まなければいけないのか、といった職業科の授業や在り方を考える機会となった。

最後に地域社会と学校や教育はつながっていることを理解できたことである。学校で培った力は、学校以外の場で活用・発揮できてこそ本物の力であると言える。その恰好の発揮の場が地域である。地域の協力を得て学びのフィールドを広げ積極的に機会を設けることで、地域・探究型の「地域とつながる」授業づくりを実践することができたのである。私たちは、地域を活用するだけでなく、地域にとって学校は一つの資源であるという認識を持ち、お互いがWin-Win の関係があってこそ、連携協力が成り立つことを意識し、日頃から地域を大切にし、良好な関係を築いておく大切さを学んだ。

6　今後の展望

生徒自身が、地域とつながり、地域社会に貢献し、周囲とコミュニケーションを取りながら学んでいくことは、これから急激に変わっていく社会の中で生き抜くために必要な力である。今回の取組においては、学校という限られた場所から地域へとフィールドを広げることで、より現実的実践的な学びが保障され、深い学びを実現するに至ったと考える。

今回紹介した実践だけではなく、通常の「職業科」の授業において、地域と一層つながり、生徒の学びを深める取組ができるのではないかと考える。実際、モン・スペ・マルシェに来場してくださった地域の方から後日「こんな商品を作ってもらえないだろうか」との連絡が複数寄せられた。受注によるオーダーメイドといった個々のニーズや用途に応じた製品の作製なども今後検討の余地がある。また、職業種のメンテナンスにおいては、県の技能検定の最上級となる１級取得者が増えていることもあり、地域の公共施設への出張清掃サービスの展開なども考えられる。こうした地域と連携・協力した取組は、日々の学習に現実性をもたせるだけでなく、生徒にとっては地域社会の一員として存在を認められ、必要とされ、主体的に生きていくための土台を築くものであることを改めて認識し、地域や地域の人々とつながることは、豊かに生きていくために必要不可欠であることを、実践を通し気付くことができた。今後も実践を深め、より良い教育課程を全教職員が一体となって探究していきたい。

図1　市役所での販売学習の様子

6 様々な困難に立ち向かう、これからの時代の教育課程編成の視点を考える
～業務改善の推進と課題解決をとおして～

宮崎県立みなみのかぜ支援学校教諭　湯淺　真

　本校は、昭和53年4月に宮崎県立宮崎南養護学校として、小学部と中学部を設置して設立した。平成20年に現在の校名に改称し、平成22年4月には高等部を開設した、県内唯一の知的障がい特別支援学校である。令和2年度は高等部所属の教務部員（学年主任）の立場から、業務改善や教育課程編成について、学期末反省等での提言や代案の提案を行い、学部目標の改善や高等部志願者選考の実施システムの改善等を果たすことができた。令和3年度は教務主任の立場から、今般の状況やこれからの時代を踏まえた教育課程編成の視点や業務改善、職員同士の対話の取組について進めてきた。その成果や課題、今後の展望について報告する。
◆キーワード◆　業務改善、対話、リーダー

1　業務改善に対する職員の意識
（1）アンケートから垣間見る職員の実態

　教務部として、教育課程全般について基幹となる部分を企画提案していくが、昨今の新型コロナウイルス感染症の影響もあり、これまでの計画の運用では、もはや実施不能なものも生じてきた。職員は、昨年度初めのうちは、「年度を越せばある程度収束点も見えるのでは…」という思いから、暫定的な計画変更で対応してきたが、これまでを振り返ると、もはや小さな学習活動の予定変更では済まず、教育課程編成時点での大きな改善、もしくは新規計画の立案が必要となってきた。

　大掛かりな計画変更等の業務にあたるということは、大きな負担が生じるということである。これは昨今叫ばれている「働き方改革」の観点から、業務改善とのバランス調整が課題となることが予想された。

　そこで、業務改善を進めるにあたって、校内

の職員が「業務改善」ということについて、どのようなイメージをもっているのか、どのようなことに期待をしているのか等についてアンケート調査を実施した。結果の一部を抜粋して紹介する。（サンプル数…職員数116名のうち、回答数109名。）

　まず尋ねたのは、「業務改善への関心」である。101名が「おおいにある・ある」と回答。ほぼ全職員が関心を寄せていることが分かった。また「業務改善というワードを聞いて、何を思い浮かべるか」という問い（複数選択・記述）については、「会議の削減」「提出様式の削減」「業務システムの改善」などを中心とした事項を思い浮かべ、同時にそれらに期待を寄せていることがうかがえる。

　あえてマイナスな側面について、「業務改善を行う上で、予想されること」（複数選択・記述）と尋ねたことに対しては、「慣れないうちは時間がかかりそう」「様々な見直しで、逆に業務

■ 慣れないうちは時間がかかりそう	73/109	66%
■ 新しいシステムを覚えるのが面倒くさい	21/109	19%
■ ICT機器の使い方が不安	48/109	44%
■ ICTの導入で、デスクワークが増えそう	23/109	21%
■ 逆に、できれば紙媒体での資料を求める人も多そう	17/109	15%
■ 保護者との直接面会の機会が減りそう	8/109	7%
■ 様々な計画見直しで、逆に業務が増えそう	48/109	44%
■ 新しい活動のアイデアが行き詰りそう	14/109	12%
■ 予算獲得が難しそう	19/109	17%
■ その他…「⑤」の質問へ	11/109	10%
（選択なし）		0

図1　アンケート結果の一部

が増えそう」「ICT機器の使い方が不安」といった、過渡期には避けられそうもないことも回答として多かった。

　また、期待感を尋ねた「軌道に乗った場合、期待できそうなことは」との問い（複数選択・記述）には、「負担感が軽減しそう」「ゆとりができたら、落ち着いて業務を行えそう」「じっくりと教材研究ができそう」といった回答を得ることができた。

（2）職員の中にある共通認識

　アンケートの最後に「業務改善で大切だと思うことや意見等」を書いてもらった。そこで書いてもらった全部の文言を"テキストマイニング"のアプリを使って、見える化してみると、「ICT」「教材研究」「業務改善」「児童生徒」「共通理解」というキーワードが浮かび上がった。また「洗い直す」「話し合う」といった、職員の「対話」や「協働」を示唆するような文言も見て取ることができた。

図2　「テキストマイニング」による職員の回答の"見える化"

上述のように、取り掛かりや過渡期においては、負担が大きいことも予想される業務改善ではあるが、職員は大きな期待をもっている。

2 業務改善と教育課程編成

（1）業務改善と計画見直しの課題

教育課程編成においては、本校も毎年改善を行い、効果的な学習活動ができるよう運用しているところである。また、本校は地域の教育資源（ゲストティーチャーや学生ボランティア等）を活用した教育活動も多く展開している。

しかし、今般の新型コロナウイルス感染拡大等に見る、予測困難な状況に際しての準備ともなるとかなり難しい。校外での活動や、保護者等も来校する大きな行事の実施、先述した地域の教育資源を活用した計画等、実施直前での困難事態を想定して計画することは大変な労力を要する事がある。

また、今般のような状況下での学習活動上の課題の解消を目的の１つとしたICTの導入についても急務となっている。本校の進捗については、全国の流れと比較したときに恥ずかしながら決して先進的とは言えないが、今年度に入り、端末等の購入など整備も進み始めた。夏季休業中には校内の担当職員より各学部別に必要なスキル研修を行うなど、新学期での活用に向けて準備を進めている。

（2）教育課程編成に向けた教務部の発信

上述したことを踏まえて、教務部として、職員へ学習活動の企画立案、ひいては教育課程編成に至る業務について、視点を提案することとした。

まずは、学校長に提案内容について確認を

とった。そして運営委員会（各校務分掌部長が会する、行事、企画立案等の承認機関）で承認を得たので、職員会議の中で、教務主任からの提案の形を取り、職員に周知することにした。

まず、教育課程を編成する中で、学習活動が今の子供達の実態やニーズに対応しているのか、本校で言うところの『チャイルドファースト』となっているのか、という視点での立案がなされているのか。また、当然「何のために」取り組む学習なのかが明確になっているのかを再確認するようお願いした。

計画立案の面からは、様々な計画の多くはPDCAサイクルで計画立案されており、理想的な形であるのだが、今般の社会情勢と併せて、職員の"生真面目さ"がネックとなり、できるだけ詳細な計画を提案したいという思いから、計画段階で何度も変更することとなり、疲弊感が大きくなることも少なくなかった。そういった部分をできるだけ改善するために、AARサイクルでの視点も紹介した。計画の綿密さはもちろん重要であるが、8割程度の完成度で計画を進めながら修正していくことも、ある部分では必要ではないかと考えた。暫定的な「P」から始まるPDCAサイクルを繰り返しまわしてくことで、妥当性・協働性が向上し、納得できる形になっていく。このような形での取組をつないでいくことを提案した。

さらに各学部主事（小・中・高各1名）や各校務分掌部（筆者以外に8人の部長）、いわゆる校内のミドルリーダーには、計画の「ゼロベース見直し」をお願いした。ここ1年半ほどは、従来の学習計画が十分に実施できない形が続いている。そうであれば、社会情勢の大きな

変化や ICT の導入での学習形態の変容等も視野に入れることで、令和の時代に合う学習計画の企画を試みたいという意図も伝えた。

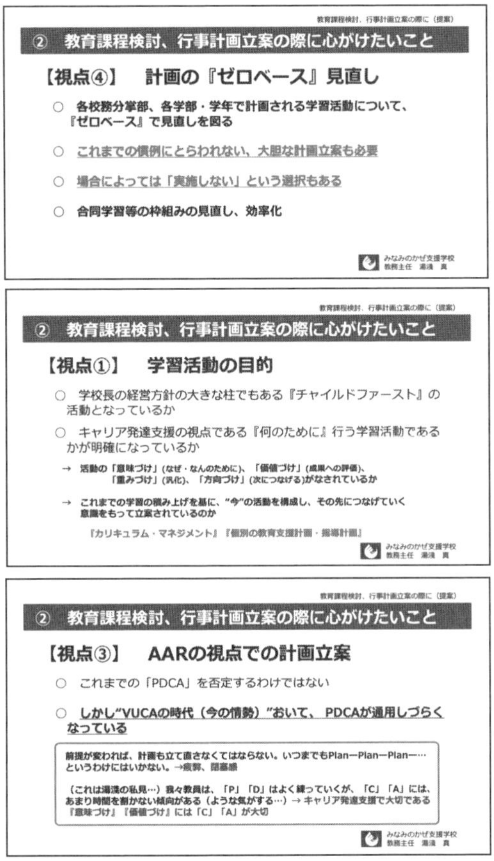

教育課程検討，行事計画立案の際に（提案）
② 教育課程検討、行事計画立案の際に心がけたいこと
【視点④】　計画の『ゼロベース』見直し
○ 各校務分掌部、各学部・学年で計画される学習活動について、『ゼロベース』で見直しを図る
○ これまでの慣例にとらわれない、大胆な計画立案も必要
○ 場合によっては「実施しない」という選択もある
○ 合同学習等の枠組みの見直し、効率化
みなみのかぜ支援学校 教務主任 湯浅 眞

教育課程検討，行事計画立案の際に（提案）
② 教育課程検討、行事計画立案の際に心がけたいこと
【視点①】　学習活動の目的
○ 学校長の経営方針の大きな柱でもある『チャイルドファースト』の活動となっているか
○ キャリア発達支援の視点である『何のために』行う学習活動であるかが明確になっているか
　→ 活動の「意味づけ」（なぜ・なんのために）、「価値づけ」（成果への評価）、「重みづけ」（汎化）、「方向づけ」（次につなげる）がなされているか
　→ これまでの学習の積み上げを基に、"今"の活動を構成し、その先につなげていく意識をもって立案されているのか
『カリキュラム・マネジメント』『個別の教育支援計画・指導計画』
みなみのかぜ支援学校 教務主任 湯浅 眞

教育課程検討，行事計画立案の際に（提案）
② 教育課程検討、行事計画立案の際に心がけたいこと
【視点③】　AARの視点での計画立案
○ これまでの「PDCA」を否定するわけではない
○ しかし"VUCAの時代（今の情勢）"において、PDCAが通用しづらくなっている
前提が変われば、計画も立て直さなくてはならない。いつまでもPlan－Plan－Plan…… というわけにはいかない。→現実、阻害感
（これは湯浅の私見…）我々教員は、「P」「D」はよく練っていくが、「C」「A」には、あまり時間を割かない傾向がある（ような気がする…）→キャリア発達支援で大切である
「意味づけ」「価値づけ」には「C」「A」が大切
みなみのかぜ支援学校 教務主任 湯浅 眞

図３　提案のスライド（一部）

（３）業務改善と計画見直しの実際
① 教務部間の連携

　まずは、教務の中でも中心となる各学部主事と教務主任との協議を密にすることとした。元々「学部連絡会」というこの４者での打ち合わせが設定されているが、その場以外でも連携を取り、情報交換はもちろん、学部間で共通理解したいこと、新たに提案する事項についての事前調整を行った。これまでも校務分掌部会で、

ひととおりの提案や協議を行っていたが、連絡会を密にすることで、提案後の各学部の職員の反応や要望等を把握する機会が増えた。様々な計画見直しをお願いしている側としては、実際に業務運営する職員のいわゆる "熱感" を把握することが大切である。中には否定的な意見もある。業務に関するマイナス面をできるだけ早く把握して、具体的に業務量を改善する内容なのか、計画見直し等についての意見を丁寧に聞く内容なのかを吟味することが可能となった。学部連絡会を行うことで、今般の状況で分散開催となった学部ごとの参観日、密を避けるための特別教室使用調整等、職員会議で協議する内容項目の削減も図れ、会議時間の短縮もかなった。学部連絡会での連携は、学部主事のリーダーとしての機能を高め、教務主任が細かく指示を出さなくても、各学部内の行事や業務について、各校務部の部長や担当者とのスムーズな調整を可能とするものとなった。

② 各校務部長のリーダーシップ

　教務部からの提案で、教育課程編成において「ゼロベース」での見直しに取り組むこととなった各校務部では、部長によるリーダーシップの発揮がより一層図られた。

　特に、年間を通して行事や取組の多い、生徒指導部、保健体育部、進路支援部、学習支援部については、大幅な計画見直しが課された。その際、計画案を作成する前に、部長・担当者、関係者同士でのアイデア発散を行うことが増えた。

　例えば保健体育部メインの「運動会」の計画についても、学部別開催となることで生じる児童生徒の発表内容、観覧のスタイル、人の動線

規制等の課題について、必要な係の調整（児童生徒を優先し、人員配置等の負担が少なくなるような形）や、他の校務部への協力依頼等を部内ミーティングでゼロから話し合うのではなく、各担当が集めてきた情報をリーダーである部長が丁寧にまとめ、スムーズな調整を図り、全職員に提案できた。

　事前のアイデア発散やミーティングの設定は、一見会議の回数増加や時間累積等、「働き方改革」に逆行しているように感じる。しかし部員全員が参加してゼロベースで会議を行うよりも、小さなミーティングやこまめな情報交換、収集を行う方が、負担が少ないということが、前述の内容で検証された。そして、それは所謂"完璧な計画"ではなく「AAR」の視点に基づいたものであった。今後の状況によっては、児童生徒の動線や観客への対応、変更する部分をあらかじめ提案してあるもの（複数案）であった。方向性はしっかりと提示し、様々な状況に柔軟に対応できるものが学校行事の中で提案されたことは、非常に意義深い。

　これは保健体育部だけでのことではなく、他の部についても同じような動きがみられた。各部のリーダー、担当者が教務部から提案した教育課程編成の視点をよく理解し、「自分ごと」として学校全体の課題解決に向き合ってくれたからではないかと考えられる。また、各リーダーが手間はかかるものの、部員の職員に、丁寧に役割分担を行い、計画立案・意思決定に必要な情報を積み上げ、学部や校務部としての提案を行っていることが形になってきていると考えられる。

　「働き方改革」と言われる現在、事前の打ち合わせなどは、リーダーや担当者からすれば負担のかかることであるが、今後計画が軌道に乗れば、ミーティングや実行もスムーズになるということを理解して行動してくれている。業務改善に関して、立ち上げ時点では幾分かの負担はあるが、先を見通した業務遂行を行っており、組織的に連絡調整のスタイルが定着しつつある。

3　様々な職員同士の対話の取組
（1）各校務部長と教務主任との対話

　本校は、学校設置の経緯や立地の関係上、小中学部棟と高等部棟がグランドを隔て離れている。もちろん内線で話はできるが、長い時間話すわけにもいかない。

　本県では「ミライム」という情報共有システムが運用されており、校内はもちろん県立学校間では個人でメールも可能であり、今はメールを活用しての情報交換が中心となりつつある。

　ICTの普及により可能なことが増えた一方で、どうしても伝える内容の"熱感"は伝わりにくい。校内の職員間であれば、どこかで時間を見つけて直接対話を行う方が解決が早いときもある。あるリーダーからは「直接対話が生み出す信頼関係もある。感染症等への配慮が必要な状況下では、集まる人数や場所にも制限があるが、便利なツールの活用と直接対話を上手く組み合わせ、コミュニケーションを図る必要がある。リーダーに必要な要素ではないか。」という心強い意見も出された。

（2）若い職員との対話

　本校は初任者研修を教務部が担当している。教務部の担当者が指導教官としても対応し、校

内のリーダーに講師依頼をして研修も行う。

　筆者が担当した研修のなかでは、校内の様々なリーダーについて紹介し、仲間をリードし協働して業務を遂行することや、学校経営への参画の魅力を伝え、将来のリーダー育成につなげる取組も試みている。

　研修後、ある初任者から「校外学習担当のチーフになりました。研修で学んだことを活かして頑張りたいです。」と報告を受けた。「自分一人で解決しようとせず、"協働"を意識してほしい」とアドバイスさせてもらった。

4　今後の展望

（1）本校に求められるリーダー像

　以前勤めていた職場でも見られた傾向であったが、学部や校務部のリーダーたちは、様々な業務、行事の計画立案に関して、自分が大きな業務負担や責任を負っていた感じが大きい（もちろん悪意はないが…）。できるだけ職員には負担をかけないようにという「配慮」をしていた。

　しかし、今後本校に必要なリーダーは所謂「ファシリテーター」である。業務の目的・意図を理解し、またメンバーの個性やよさを把握し、上手く活用してくれる人材である。リーダーは、ゴールイメージをメンバーと共有して、時には協働し、時には助言を行う多角的な人物が求められる。

（2）本校の「働き方」の創造

　これまで述べてきたように、柔軟な計画の立案には、これまでの本校にはない発想での取組が必要となってくる。他県での取組にもあるような「15分間会議」なども視野に入れている。

リーダーの裁量についての議論や、次のリーダーの発掘等、課題はある。しかし、職員の特性やよさを生かした業務の取組を続けていくことで、職員各自が業務への「自分ごと」意識が高まると考える。

　今後もそういったスタイルの発信を続け、本校のこれからの「働き方」が生み出されていくことを期待したい。

総 括

神戸親和女子大学発達教育学部准教授 武富 博文

キャリア発達を促す対話の相手とその形

第Ⅲ部の実践報告では、「教員のキャリア発達」に焦点を当てて、各種の取組のコンセプトを明らかにするとともに、確かにキャリア発達を遂げていく教員の変容過程を報告していただいた。いずれの実践においても「対話」が重要なキーワードとなっているが、一言で対話と言っても様々な対話の過程が見て取れる。

以下に四つの視点から対話の相手やその形、そして対話の在り方について総括してみたい。

一つ目には、対話の相手として教員対教員、つまり教員同士の対話が挙げられる。同僚性を構築していく手立てとして現・原・対・変シートを活用した「学びあいの場」を提案している柳川氏の報告やKPTシートを活用しながら指導・支援上の課題を見い出し、改善策を出し合う「ワークショップ型研修」を導入した相畑氏の報告、コロナ禍を機に業務改善を進めるために機動的なミーティングの機会を設定し、「AAR」の視点から各種の学校経営に関わる計画の見直しを進めた湯浅氏の報告からは、どのような質の対話が繰り広げられたかが手に取るように分かり、仮説や見通しをもった相互の対話の重要性が浮き彫りになっている。それぞれの教員が児童生徒の成長・発達を促すことを念頭に、学校組織の進化・発展をも視野に入れた温かくも厳しく鋭い視点で語り合う姿は、図らずも、いや、誰かが背後で意図したであろうそ

のプランに即して、教員そのものの働くことへの認識を塗り替え、成長へと誘っている。

二つ目には、教員と生徒の対話が挙げられる。交流及び共同学習を成功裡に実施し、生徒の確実な変容に結び付けた土居氏の報告からは、交流校の担当教員間の対話もさることながら、他者を思いやり行事を成功させたいという強い願いを抱く生徒一人一人との丁寧な対話や、それぞれのパフォーマンスを通して語り掛けてくる様々な「なにか」との繊細な対話が展開され、教員の熱い想いが込みあがり、教員自らの意識や行動の変容へと結び付いている。その「なにか」が何であるかについては、読者の深い読解に委ねたいところである。いずれにしても生徒の心を揺さぶる実践の中で、共に揺さぶられる教員の心の有り様が見て取れる実践報告であったが、必ずしも対話とはバーバルに限定される対話のみではなく、ノンバーバルな対話の中にもまた、教員の心に灯をともし成長を促す数々のエッセンスが詰まっているといえる。この点は次の川島氏の実践においても指摘されているところである。

さて、その三つ目には、対話の形として立場・役割や経験を超えたもの相互の対話が挙げられる。川島氏の報告では、現職教員と学校現場経験の比較的少ない学部新卒院生（いわゆる「ストレートマスター」）との対話の中で、教えることや支えることの意義や意味を捉え直し、教

員としての考え方、立ち居振る舞いの在り方を探究する実践が報告された。実習科目では、ともに教員としての立場で対話をおこなっているものの、大学院ではともに学生の立場でもあり、一方で学校現場経験に着目するとストレートマスターにとっては、その経験値は決して大きくなく、現職教員院生とストレートマスターが授業で果たす役割には違いも期待されたであろう。そしてこの取組は「省察」というキーワードを基に展開されたわけであるが、立場や役割・経験を超えて双方に確かな学びや成長を促す省察の機能が十分に働いていた。まさに立場・役割や経験を超えた対話が成立しているとともに「省察」の中で過去や未来という時間を超えた対話、学校現場や大学院という空間を超えた対話の形を見て取ることもできる。「省察」とは文字の成り立ちから解釈すると「澄み切った目で見ることにより神の心をはっきりとさせる」ことに通じるという。ゆえに時空を超えた対話を成立させながらキャリア発達を促した取組であったといえよう。

　四つ目には、教員と地域や社会との対話が挙げられる。学校や地域の実情を分析的に捉え、社会に開かれた教育課程の具現化と児童生徒の確かな資質・能力の育成を目指した橋田氏の報告からは、生徒との対話を起点にしつつも地域や社会が発する声に耳を傾け、学校と地域・社会の相互のニーズを汲み取りながら成長や変容を促そうとする姿が垣間見られた。まさに地域を大きな学校に見立てた「地域探究型授業づくり」のプロセスにおいて、地域・社会が有する各種の課題やリソースを有効に活用し、地域・社会との対話的な課題解決が展開される中で、生徒と教員のキャリア発達が促された実践といえよう。言い換えれば、学校の中だけでは完結できない児童生徒の資質・能力の育成と関わって、仮に地域や社会にも個性と人格が備わっていると捉えられるのであれば、実態は捉えにくいながらも、地域や社会のキャリア発達を促すことが可能であり、その中で暮らす人々、つまりは児童生徒や教師もその大きな好循環やうねりの中でキャリア発達を遂げられるものと考えられよう。

　上述の通り、それぞれの実践に特徴的な対話の形を四つの視点で見て取ったわけであるが、第Ⅲ部で報告されたすべての実践は、この四つの対話の相手や形を程度の差こそあれ、すべて内包しており、本来、単純化して語られるものではないだろう。また、対話の形はこれら以外にも様々に考えられるだろうが、形として表れ実態の捉えやすいものから形としては目に見えづらく実態の捉えにくいものまで、様々な対話を検証する中で、成長の可能性を追求したいところである。観えざる実態を心の眼で捉え、聴こえざる聲に耳を傾ける想像的にして創造的な対話を通して教員のキャリア発達は促されるものといえよう。

第IV部

キャリア発達を促す実践

　第IV部では、まず、投稿論文として、実践報告１本、資料１本を掲載する。

　地域協働活動や病棟保育とテーマこそそれぞれであるが、いずれも参考となる知見である。

　続いて、全国各地におけるキャリア発達についての実践事例を紹介する。

　それぞれの報告において、各学校を取り巻く地域の特色を活かした児童生徒や学校組織を対象とした多様なニーズに応じたキャリア発達支援の取組が紹介されており、息づかいのきこえる生きた実践事例ばかりである。各取組をとおして変容する子どもの姿や、周囲の姿に触れ、自校における実践の参考としてほしい。

投稿論文

地域との協働、そして共創へ
～特別支援学校（知的障害）高等部作業学習の事例から～

広島県立呉南特別支援学校教諭　若松　亮太
広島県立三原特別支援学校教諭　檜山　祥芳

1　はじめに

（1）学校と地域の連携・協働

　特別支援学校高等部学習指導要領（文部科学省、2019）では、「社会に開かれた教育課程」の実現には、「よりよい学校教育を通してよりよい社会を創るという理念を学校と社会とが共有すること」や、「社会との連携及び協働によりその実現を図っていく」ことが重要とされた。そのために「カリキュラム・マネジメント」を挙げ、「教育課程に基づき組織的かつ計画的に各学校の教育活動の質の向上を図る」ための方策の一つとして、「教育課程の実施に必要な人的又は物的な体制を確保するとともにその改善を図っていくこと」を挙げている。また、中央教育審議会（2015）では、今後の地域と学校の目指すべき連携・協働の方向性として、「地域とともにある学校への転換」「子供も大人も学び合い育ち合う教育体制の構築」「学校を核とした地域づくりの推進」の3点を挙げている。

（2）地域活動の類型

　令和2年度、広島県立三原特別支援学校（以下、本校）で行ってきた地域との連携・協働による学習活動（以下、地域活動）を、その主体、目的・目標の設定と過程、学校と地域の関係性等から、「地域貢献」「地域協働」「地域共創」の三つに整理した（図1）。

　ここで、「貢献」を目指す地域貢献（活動）は、「学校から地域へ活動する関係」のものであり、学校を主体とした、地域への貢献を目指した学習活動のことを指す。「協働」を目指す地域協働（活動）は、学校と地域、「お互いが対等な立場で活動し合う関係」のものであり、学校と地域の双方が主体となり、対話を通して目的の実現や目標の達成を図る学習活動のことを指す。「共創」を目指す地域共創（活動）は、「学校と地域が共に創造していく関係」のものであり、新しい価値の創造という目的に向け、学校と地域が共に行う活動を指す。また、高岡

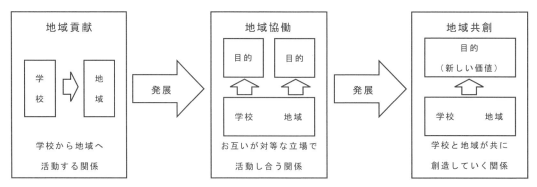

図1　地域活動の類型
（広島県立三原特別支援学校ホームページ第9号　作業学習　月1MTG通信（令和3年5月14日発行）を基に作成）

市（2017）「高岡市共創の指針」を参考に、本校における地域協働と地域共創は、目的・目標とその設定の過程の点で、その位置付けを明確に分けて定義した。地域協働は、学校と地域、それぞれに目的・目標がある。異なる目的・目標の実現や達成に向けて、学校と地域が共に活動するものと整理した。一方、地域共創は、目的・目標を設定する段階から学校と地域が共に考え、活動する。新しい価値の実現を目指した、学校と地域の共通の目的・目標があるその設定の過程から共に活動するという点において、地域共創は、地域協働と明確に異なると整理した。なお、一般的には「協働」が目的・目標を同一にすることを意味する言葉と捉えられるが、本校ではこのように定義した。

（3）主な地域活動と校長のキーワード

本校では、「自立」「社会参加」「社会貢献」の教育目標の実現に向けて、平成29年度以前からも地域貢献に取り組んでいた。作業学習での活動として、製品の販売会を学校祭や参観日で行ったり、年1回校外（商業施設）で行ったりしていた。

本校では、校長が毎年1月の新年の挨拶で、4月からの新年度に向け、学校全体で取り組むキーワードを提示していた。平成30年度は「協働」、令和元年度は「創造」、そして令和2年度は「共創」であった。平成30年度、「協働」を目指し始まったのが、商業施設での月1カフェであり、本校における地域協働の先駆けであった。その地域協働の「型」である月1カフェなどを手本にしながら、令和元年度はこれまでにないものの「創造」を目指し、後掲の取組が進められた。そして令和2年度は、学校から地域へのベクトルだけでなく、地域からも学校へもベクトルが向かうようにするという意味を含む「共創」を合言葉にして、これまでにない地域活動にも取り組んだ。

（4）令和元年度の木工グループ

高等部第2・3学年作業学習木工グループ（以下、木工G）では、主に令和元年度から地域活動を通した学習を始めた（若松、2019；三原特別支援学校、2020；若松・檜山、2021）。一つは、木工製品の「注文販売」である。これには、日々の作業に必然性を見出し、目的意識をもって作業ができるような学びを実現できないかという教師の思いがあった。生徒は注文販売の学びのサイクルを経験する中で、お客様との対話から電話の際に適した声があることに気付くことができたり、注文してくれたお客様が見えることで、量（多く作ること）から質（商品として丁寧に作ること）へ、意識を変容させたりすることができた。もう一つは、幼稚園等での「木工教室」である。木工作業の体験の場を提供する中で、身に付けた知識・技能を表現し、他者との対話を通して学ぶ経験、認められる経験をしてほしいという教師の思いがあった。年齢が下の相手に説明するという環境が生徒の言動を変えるだけでなく、学校・家庭・地域と多様な場で認められる経験を重ねることにつながった生徒もいた。

（5）キャリア発達と内面の変容

令和元年度の二つの取組を、先に示した「地域活動の類型」で整理すると、「注文販売」は、地域貢献であり、「木工教室」は地域協働である。これらの取組を発展させ、令和2年度は主に三つの取組を行った。そのうち二つは地域協働で、一つは地域共創に分類される。それぞれの活動を通じた生徒6名（本稿では生徒A～Dを取り上げる）の学びを、具体的な学習内容と併せて記述していく。その際、「キャリア発達（＝社会の中で役割を果たしながら、自分らしい生き方を実現していく過程）を促す」（中央教育審議会、2011）という、キャリア教育の本質的な理解を押さえた上で、「内面の変容」を捉えられるようにする。さらに、取組を通じた「内

面の変容」は生徒だけでなく、教師や地域（の方々）にも見られた。なお、オンラインにより行った、担当教師同士による、当時の取組を通した学びや感じたこと等を振り返り、言語化した内容についても、記述することとする。

2　地域協働その1
〜人のつながりから生まれた製作依頼〜

（1）生徒の学びが人をつなぐ

　令和元年度、「木工教室」の取組を知った方から、地域イベントに招待された。「有機農家の収穫祭があり、子供もたくさん来るので、木工体験のブースを開いてもらえないか」と依頼があり、参加させていただいた。当日は、子供だけでなく、多くの大人の方にも体験していただいた。また、木工体験だけでなく、製品販売や「注文販売」のチラシ配布も行った。数日後、数名の方からFAXで注文をいただき、年明けに納品した。納品の際は来校いただくが、その中の一人から「個人的に生徒さんが作られたベンチとテーブルを購入しました。丁寧に作られており、とても気に入っております」「私が勤務しているJICA中国展示スペース模様替えの為、棚などを購入しようと思っています」「地元の生徒さんが作られた作品を地元の施設が使用出来たら良いなあと思っています。可能ならば、ぜひ、そちらの生徒さんに棚の作製を依頼できれば、と思います」という感想等をいただいた。このように、生徒の学びが人をつなぎ、新たな学びの場が創造される中で、ひろしまNPOセンターの林さやか氏との「飾り棚」製作が始まった。担当教師は、「意図しない発展が生まれる楽しさ、これまでの学びがつながる喜び」を感じていたと、当時を振り返った。

（2）Withコロナ時代の地域協働

　新型コロナウイルス感染症拡大に伴う、令和2年2〜3月及び4〜6月の二度にわたる臨時休業は、本校にとっても大きな出来事であった。当時の本校の合言葉は「学びを止めない」であり、教師自身が校訓である「挑戦」する姿勢を貫き、児童生徒に示し続けることが求められていた（広兼・佐々木、2020；三原特別支援学校、2020）。上記のような依頼があり、担当教師が考えたことは、施設の規格に合う製品を、ただ単に作って納品するということではなかった。依頼者の意向や思いを聞きながら、生徒が初めてのことに挑戦したり、できないこととできることを判断したりして、学校内で完結しない学びを実現させるということであった。そして、その学びを通して、生徒も教師も成長することを目指していた。

　製品についての打合せは、納品までにオンラインで3回行った（表1）。授業でZoomを活用するのは、当時の本校では初めての事例であった。依頼をされた「飾り棚」と同様の製品は、それまで作ったことがなく、試作という新たな学びの過程を経験できた。1回目の打合せで設置場所や大きさについての説明に加え、どのように使用したいのかという依頼主の思いを聞いた。林氏からの「飾り棚を横に並べたり、縦に重ねたりして使用する際、上下左右を固定するための穴を、棚の側面に開けてほしい」と

表1　林氏との「飾り棚」製作の日程・内容

日程		内容
6月16日	オンライン	自己紹介，林氏から製品注文（設置場所や大きさの説明），生徒から試作品の説明や大きさの提案
7月28日	オンライン	生徒から製品についての相談（奥行きの深さ，側面に開ける穴）
9月25日	オンライン	生徒から製品づくりの進捗状況についての報告，生徒から棚の固定方法の提案
10月7日	校外学習	納品・設置，製作過程と自身の成長についてのプレゼンテーション

いう要望について、生徒は「できるかどうかは、やってみないと分からない」とその場で答えた。実際に試作をする中で、その加工方法は非常に高い技術（と設備）が求められることが分かり、2回目の打合せでは「なぜ難しいのか」ということについて、林氏に伝えた。さらに3回目の打合せでは、側面に穴を開けることで、棚同士を固定するというのを実現することは難しいが、違う方法でなら固定ができる、という提案を行った。オンラインでの打合せを重ねるにつれ、やり取りの内容が具体に迫った事例であり、「依頼主の意向や思いを聞く」ことができたため、使用される場面をイメージしながら製作するという過程が生まれた。

これ以外にも、「○○の加工はできますか？」という依頼があり、生徒はその都度「できます」「やってみます」「できました」等の回答をしており、オンラインの打合せを通じ、多くの成長が見られた。何より、地域とつながる楽しさを最も感じていたのは、教師自身だった。レパートリーにないものを作るというクリエイティブな作業を通して、生徒は初めての加工に挑戦した。その前にはジグを作る等、教師自身ができるようになっておかなければならなかった。地域との関わりの中で、自ずと教師も、多様な意味でのステップアップができ、それは生徒も同様であった。

（3）豊かで多様な生徒の学びと変容

感染症対策を十分に講じた上で、生徒は現地での「飾り棚」30台の納品・設置とあわせて、依頼主を含む施設の方へのプレゼンテーションを行った（JICA中国、2020）。その中の、「飾り棚」製作を通じた自身の成長について、教師との対話を通して生徒が文字化・言語化した気付きと、それを意味付けした教師の解釈は次のようなものであった。

生徒Aの「締め切りがあることで、間に合わせようとして早く作業ができるようになっ

た」という振り返りからは、お客様が見えることで、必ず間に合わせるという責任感の高まりが見て取れた。実質の製作期間は1ヶ月しかなかったが、当初の予定どおり納期を遅らせないという判断を、最終的には生徒が行い、守ることができた。生徒Aと根底は同じだろうが、少し異なる捉えとして、生徒Bは「ゆっくりするように気を付けていたら、埋め木切りがきれいにできるようになった」と述べた。「急がば回れ」、急いでいる時こそ丁寧に、ということを経験として理解したのだと捉えられた。

生徒Cが「自分で考えて、他の人のところを手伝いに行けるようになった。塗装をするときに、前の工程が終わっていなかったので、自分で考えて、手伝うことができた」と言うように、他者と協力することについて述べた生徒は他にもいた。どうすれば良いかを考えて提案し、行動できるようになってほしいという教師の思いは、折に触れて生徒には伝えており、生徒Cはそれを実行することができた。同様の視点ではあるが、生徒Dの「助け合うことで、チームワークが良くなった。僕が途中までしかできていなかった印付けの作業を、途中から助けてもらった」という気付きには、ハッとさせられた。自分が助けられた経験から、チームワークを語ることは多くないように思うが、生徒Dが他者を素直に認めているのだと解釈できた。

プレゼンテーション後、依頼主の林氏から、「製作の説明をしてくれている生徒の様子をみて、ウルっときてしまいそうな時がありました」と言っていただいた。製品づくりに込めた生徒の思いが、林氏にも伝わったと感じた。またそれは、帰り際に生徒が言った「（飾り棚を）1個持って帰りたいな」という言葉にも表れていた。

3　地域協働その2　～作業療法学科の大学生との学び合い～

（1）「県大学び合いチャレンジ」の目的・内容

　県立広島大学保健福祉学部作業療法学科の大学生との地域協働活動、「県大学び合いチャレンジ」は令和元年度に始まった（三原特別支援学校、2020）。令和2年度は、高等部第2・3学年作業学習全グループが参加した（県立広島大学、2020）。木工Gの生徒の目的は、「①自己の『課題』を見付け、それを『解決』しようとする姿勢を身に付ける」「②異年齢と協働する」「③相談力を身に付ける」と設定した。なお、大学生の学修目標は、「①作業遂行観察を行い、作業遂行の特徴を明らかにし、対象者に伝えることができる」「②作業遂行をサポートするための社会的環境・物理的環境の調整方法を理解する」「③対象者の作業遂行や作業経験が向上する方法を、対象者や教員と一緒に考えられる」「④クライエントが個人・集団などである場合を想定し、作業療法の進め方を考えられる」と設定されていた。

　「県大学び合いチャレンジ」では、生徒と大学生の目的・目標は異なる。しかし、協働することによって、それぞれの目的・目標が実現・達成できるよう、深い意図をもって学びを進めた。具体的には、「①『三原版　作業学習で身に付けたい力（以下、ルーブリック）』を基に、自己評価や他者評価をする」「②自己評価や他者評価を基に、生徒と大学生が相談する」「③大学生は、生徒の作業を見て、アドバイスをする」「④生徒は、大学生のアドバイスを聞き、作業に生かす」という内容に沿って、生徒と大学生が共に活動することで、それぞれの目的・目標の実現・達成を目指した（表2）。

（2）アドバイスを実行し、その良さを経験した生徒

　生徒と大学生は、最終日に4日間の学びをペアで模造紙にまとめ、報告会を行った。まとめる項目として、表3の7点を提示し、ペアで活動してきた生徒と大学生が、学びの成果を文字化・言語化した。ここでは、生徒Cと大学生の成果資料を基に、その過程も含めて記述する。生徒Cは事前学習の中で、ルーブリックから「工夫・改善」と「計画性」を重点課題に選び、その項目が関わる場面と、大学生への相談内容として、次のように決めた。前者については、

表2　「県大学び合いチャレンジ」の日程・内容

	日程	内容
5時間	事前学習	［生徒］ルーブリックの自己・他者評価をする，重点課題の項目を選ぶ，学生への相談内容を決定する
10月28日 （1日目）	朝礼・終礼時	［生徒］学生全員に対して事前⑤で考えた相談内容を発表する，個別に相談する
	次回に向けて	［学生］アドバイスを考える
11月4日 （2日目）	朝礼・終礼時	［生徒］個別に相談する　［学生］アドバイスをする，取り組んで欲しいことを伝える
	次回に向けて	［生徒］アドバイスを作業に生かして取り組む
11月17日	オンライン	［生徒］アドバイスを作業に生かして取り組んでいる過程を個別に報告・相談する
11月25日 （3日目）	朝礼・終礼時	［生徒］アドバイスを作業に生かして取り組んだ結果を個別に報告・相談する ［学生］アドバイスをする
	次回に向けて	［学生］報告会に向けて模造紙にまとめる準備をする
12月2日 （4日目）	朝礼・終礼時	［生徒・学生］報告会に向けてペアで相談する，ルーブリックの自己評価・他者評価をする
	報告会	［生徒・学生］4日間の学びを表3に沿ってペアで模造紙にまとめて発表する

表3　生徒Cと大学生の「県大学び合いチャレンジ」のまとめ

	重点課題となる項目	工夫・改善	計画性
1			
2	重点課題が関わる場面	ねじ穴開けの時に，効率的な作業が思い付かない時。	納品が決まっている時。いつまでにどれだけ終わらせればよいのかを考えて作業をする。
3	重点課題を踏まえた相談内容	効率的な作業を考える。	計画を立ててする。
4	どんなアドバイスをしたか・受けたか	使わない物はすぐ片付けて，机の上をきれいに保つ。	計画を少し立ててみる。「〇〇日までに〇〇を終わらせる」など。
5	どのように取り組んだか	使い終わったらすぐ片付けるように意識をした。	先輩と先生とカレンダーを見て，計画を立てました。
6	取り組んだ結果どうであったか	机の上をきれいに保つことができた。作業はやりやすかったです。	目標が明確になった。どれくらいすればよいのかが分かった。
7	県大学び合いチャレンジを通して成長したこと（生徒）	机の上の整理整頓ができるようになった。	いつまでにどれだけ終わらせればよいのか，計画を立てて作業ができた。
	県大学び合いチャレンジを通して成長したこと（大学生）	作業をどうすればやりやすくなるか，考えることができた。話し方（尋ね方），関わり方（距離感）を模索しながら，コミュニケーションを取ることができた。	

ボール盤を使った穴開け作業の場面を挙げ、スペースが限られる中での作業で、もっと効率的にできるようになりたいと考えていることが分かった。後者については、注文販売や各種地域イベントでの製品数を、見通しをもちながら、納期までに確実に完成できるようになりたいと考えていることが分かった。それらを大学生に相談した。

「工夫・改善」については、大学生から「使わない物はすぐ片付けて、机の上をきれいに保つ」というアドバイスを受けた。この点については、同様の課題をもった生徒と、同様のアドバイスをした大学生は他にもいた。多くの生徒が、使わない物を片付けることで、限られた作業場を広く使い、作業の量・質を上げる等のアドバイスを受け、実践することができるようになった。3日目の大学生のレポートには、「前回アドバイスした、『作業環境を整える』を生徒の皆さんが意識してくれていることを感じて、とても嬉しく思い…」や、「生徒全体を通して変化が見られて嬉しかった。…作業環境についてはみんな意識しており…」等の記述があった。生徒Cも、使い終わったらすぐに片付け、作業

台をきれいに保つことによって、作業がしやすくなることを経験することができた。

「計画性」については、大学生から「（1週間ごとなど少し細かく）〇〇日までに〇〇を終わらせる」というような計画を立ててみるようアドバイスを受けた。同様の課題を挙げていた生徒Aと、教師と共に、納期から逆算しながら、作業の工程ごとの目標数量をカレンダーに書き記した。生徒Cはこのように取り組むことで、「目標が明確になった」と表現している。また、「いつまでにどれだけ終わらせればよいのか」を見通していたことで、授業内で間に合わなかった際には、率先して放課後の居残り作業を行おうとしていたのだと捉えられた。このように、生徒はより同世代に近い大学生との関わりの中で、多くの学びを経験できたと捉えられた。

（3）大学生の学び、教師の省察

また、大学生にとっても、4日間で多くの学びがあったと捉えられた。本人の承諾を得た上で、ある大学生のレポートの一部を掲載する。

1日目を終えた時点では、これまであまり経験のない木工における、作業の進行をより良くするアドバイスへの難しさを感じていたようで

あった。他の大学生も同様のようであった。2日目の開始時に、大学生から「作業を一緒にしてもよいか」という申し出があったこともあり、生徒からも「（作業を）やってみますか？」と声を掛ける場面も見られた。そのことも影響したのか、生徒の言動に現れていない課題であっても、同じ作業を経験することによって、捉えられるような意識の変容が見られた。また、3日目終了後は、言動に現れない考えや気持ちの存在を感じながらも、その見取りの難しさを改めて感じていた。しかし、1日目と異なるのは、「どうしたらよいか」と考える姿勢が、より見られる点であった。そして、最終日を終えて、4日間の学びを言語化した。気持ちを言葉で表

> （1日目）木工という作業に関しては私たちがアドバイスすることはなかなか難しいと感じた。
> （2日目）観察するだけでなく，実際に自分もその作業を行ってみて少しでも作業している人の感覚を知ることで，そこで必要になるものも見えてくるのではないかと感じた。
> （3日目）本心かもしれないが，もしかしたら言葉にできない考えや気持ちがあるのかもしれないと考えると，どのように質問したらそれを引き出せるのか，どこからその気持ちを推測していけばいいかが難しいと感じた。
> （4日目）言葉でのコミュニケーションも大切ではあるが，自分の気持ちを上手く言葉に出せない人もいる。その際には，表情や雰囲気，観察の様子からその気持ちを推測することが必要だと感じた。また，実施に同じ作業を行ってみることで，見ているだけでは分からないようなその人が感じている感覚を共有することができるように思った。さらに，言葉の表面に現れているものが本当にその人の本心かどうか考えていくことも必要だと学ぶことができた。

現することが難しい人への支援においては、表情等の情報を丁寧に見取ったり、同じ作業をすることにより、観察だけでは分かりにくい本人の感覚を共有したりすることが肝要であると感じたようだ。

また教師は、大学生からの質問と、それに対する回答を通じて、生徒の学びと変容、学習活動の意図等を改めて捉え直すきっかけとなった。作業療法学の視点による鋭い質問もあり、教師にとっては自身を顧みて、省察する貴重な機会であった。渡辺三枝子氏は「対話」について、「他者の意見に耳を傾けることによって自己改革を自らに迫らなければならないこともある。『対話』の内実は、時に苦しいもの」と述べているが、その一端を経験することができた。

4　地域共創　～地元家具職人との新製品開発～
（1）0から1を生み出す「ものづくり」

三原市を中心に家具や建具を製作販売しているSAKURASAKU（サクラサク）代表植原健司氏には、令和元年度に2回、外部講師として来ていただいた。令和2年度も、植原氏には引き続き特別非常勤講師（外部人材活用）としてお願いしたいと考えていた。令和元年度は木工作業に関する技術的な指導をお願いしていたが、それだけでなく、生徒と共に新しい価値の創造を目指した取組ができないかという教師の思いがあった。生徒にも「共創」をテーマに「どんなことができるか」「どんなことがやってみたいか」と尋ねたところ、令和元年度に引き続き木工Gの生徒は、全員が「植原さんと一緒に製品を開発したい」という思いをもっていた。新型コロナウイルス感染拡大による臨時休業を経て、植原氏との地域共創活動が始まった。

まず生徒は、Web上で市販の家具等を検索し、つくってみたい製品を植原氏に提案した。「これまでに作ったことがないから」「部屋にあるとおしゃれ」等の理由で、生徒が候補に挙げ

ていた、「ローテーブル」に挑戦してはどうか
ということになった。一方で、植原氏からは
「テーマがない。何のために作るのか、どのよ
うに使ってもらいたいのかを、しっかり考えて
ほしい」と助言をいただいた。帰校後、生徒か
ら早速、「お客様に喜んでもらうために作る」や、
「安心・安全に、長く使ってもらいたい」とい
う意見が出た。さらに、「今はコロナで人と集
まれない」や、「家で過ごす時間が長い」とい
う話題にもなり、キーワードとして「おうち時
間」が挙がり、外部講師1回目として来校した
際に生徒が発表した。それらのキーワードを基
に、生徒と植原氏が協議を重ね、共に考えたテー
マが「おうち時間を楽しく」であった。植原氏
からは、「テーマをしっかり考えられて良いと
思う。では、『おうち時間を楽しく』するには、
どのようなデザインのローテーブルが良いだろ
うか」と、次のステップへと進んだ。生徒は「こ
うやって製品を考えていくのか」と、初めて0
から行う「ものづくり」の経験から、学びを得
ている様子だった。そして、生徒と植原氏が意
見を交わしながら、「三原のこと、知ってる？」
「三原のこと、もっと知ってほしい」、そして
使ってくれる人が三原の話題で楽しい時間を過
ごしてほしいという思いを込め、天板を三原市
の形にした、「みはらしっテーブル」を作るこ
とが決まった。外部講師2回目には、拡大コピー
した三原市の地図をもとに、実物大の天板を型
取ったり、実際に床に座ってみて、どれくらい
の高さが良いか、リビングに置くならどれくら
いの大きさが良いかを考えたりした。使う人の
ことや、どのように使ってもらいたいかを考え
る過程は、ものづくりの原点であり、クリエイ
ティブな学びであった。

（2）生徒の挑戦、教師の変容

　それまで木工Gが作っていた製品のほとん
どは、2×4材等のSPF材によるものであっ
た。それはSPF材が、軽くて、柔らかく、規

格が決まっているので加工しやすいからであ
る。このローテーブルづくりで使用するタウン
等の南洋材は、重くて、硬く、規格の決まって
いない、プロが家具を作る際に使用するもので
あった。そのため、テーブルの天板を作るにも、
サイズの違う数枚の板を接ぎ合わせる等、これ
まで生徒が経験したことのない作業工程が多く
あった。しかし、生徒は初めての作業にも挑戦
する意欲が見られ、新しい機械を使おうとした
り、初めてで上手くいかないからこそ、能力開
発への姿勢が見られたりした。そして何より、
大変ではあったが、ものづくりの楽しさを、生
徒も教師も感じる日々であった。植原氏には外
部講師として5日間来ていただき、完成するこ
とができた。

　新製品開発を通じて、植原氏は、「（生徒に
は）自分たちだけではできないこともあること
を知ってほしい。全部はできない、誰かの力を
借りないとできないことを知ってほしい」「でき
ないところをカバーしてもらって、助けてもらっ
ていると分かっていればいい。仕事とはそうい
うもの」「それでも自分たちが作ったと、自信を
もって言えるように、一緒に作りたい」と思っ
たとのことであった。実際、このローテーブル
作りには、植原氏はもちろん、教師も参加しな
ければ、完成することはできなかった。

　また、教師自身の作業学習への考え方も変わっ
た。それまでは、教師は手を出さず、生徒の「主
体性」を狭く捉え、見守る支援に徹することが
多かった。それゆえ、外部講師の授業では、規
律の面での心配もあった。しかし、植原氏の姿
から、学校の外の社会は、学校よりもっと自然
だと気付かされた。生徒にとって、「してくれる」
教師ではなく、一緒に作る、共に働く、そのよ
うな作業学習の中で、生徒の学びを仕掛け、促し、
見取り、意味付けていくことができる教師像を
標榜することとなった。

（3）人の心を動かす

　人の縁とタイミングに恵まれ、「みはらしっテーブル」完成までのストーリーについて、三原市長にプレゼンテーションする機会をいただいた（三原市、2021）。生徒は、テーマ「おうち時間を楽しく」の設定から、完成までの過程を発表する中で、新製品開発を通じて成長したことについても述べた。「以前よりもお客様のことを考えて、手触りや、手に取った時に触れそうなところをイメージしながら作るようになったこと」や、「苦手だった大人の男性とのコミュニケーションが、少しだけ慣れたこと」と、生徒の内面の変容が見られた。その場にいた、三原市職員の方々から、「感動しました」と声を掛けていただいた。そして、植原氏の言葉に感動し、この学びの価値を実感できた。

> サクラサクの植原と申します。とても感動しまして。僕はものづくりという立ち位置で、今回授業に講師として呼んでもらったんですけど、講師というよりは、仲間で作りあげたという思いの方が強くて。もともと彼らがやっていた仕事に対して、プロの目線からの、彼らができることをちょっとお手伝いしただけで。彼らがデザインを考え、お客さんのことも考え、ものを作っていく工程の中で、彼らがしたことっていうのは革命的なことで。「みはらしっテーブル」っていうタイトルもなんですけど、その辺からずっと生徒たちと考えて、すでにもう発信側にいる。それを知ってもらった人が、使用してくれるところまでを考えて、彼らはとてもいい提案をしたと思います。これは誰でもができることではなくて、人と人が何かの目的のために、いろいろなアイディアを出し合って。さらに自分自身たちがちゃんと楽しんでいた。技術がどうのこうのっていう前に、その取組に対して120％の力で臨んでいた。ものを見たら分かると思うんですよね。そういうことを伝えることに関して、彼らの活動は、今回本当に僕は大人として、何か不思議な魅力を感じまして。自分の新しい、初心に戻るというような、「あ〜そうだな〜」ということをたくさん気付かせてもらいました。もちろんこれから先も、いろんなものを彼らとつくっていきたいし、彼らが言っていた「共創」というのは、これからの社会にとっては確実に重要になってくると思います。僕たちの木工という業界も、担い手としては人気のない職です。ものをつくるっていうのは、０から１をつくるということなんですね。１から10っていうのは、たくさんあります。彼らは今回、０から１をちゃんと作りあげたと思うので、これからも新しい三原の風となって、いろんなことを考えてほしいなと思います。本当にありがとうございました。

5　おわりに

（1）令和３年度へのバトン

　令和３年度、第２・３学年の作業学習は昨年度同様、「共創」をテーマに、７作業グループでスタートを切った。しかし、昨年度と大きく異なることが一つあった。それは、全作業グループが外部講師を招いて活動する計画をしていることであった。各作業グループで形や方法は同じではないが、学校外の方とつながり、新たな価値を創造しようという動きは続いている。その集大成として、12月に「共創の日」を定め、障害者週間啓発事業との連携も図りながら、本校主催のイベントを企画している。このイベントでは、全作業グループが参加し、共創活動で作った製品や、活動の報告をする予定にしている。

　令和２年度、人の縁とタイミングが重なり、木工Ｇが行った新製品開発等により、作業学習で作る製品のレベルや生徒の活動の幅を大きくステップアップすることができた。また、学校という枠の外に出ることにより、生徒は多様な立場や年齢の人と関わることができ、学校内だけでは得ることのできない素晴らしい経験と

なり、良い刺激も得ることができたのではないかと感じている。昨年度の取組が即座に生徒の自信につながったり、資質や能力を向上させたりすることにはならないかもしれないが、その一助にはなったと感じている。昨年度始まった「共創」の種が学校に根付き、教師がその意義を理解し、より多くの地域の方に作業学習に関わっていただくことで、生徒の資質や能力を最大限に伸ばす作業学習という花を咲かせることを願っている。

（2）地域との協働、そして共創が目指すもの

令和2年度の木工Gの事例から、地域との協働、そして共創へと発展する学びは、生徒や教師、地域の方々の「内面の変容」を促したといえる。また地域協働、とりわけ地域共創では、直接関わった人だけでなく、それを見た人や聞いた人の「心が動く」体験にもつながると考える。先述のように、学校と地域が共に、新しい価値の創造を目指した取組を進めてきた結果、両者の思いや願いが込められた価値（もの・こと）は、多様な方々の理解、共感、感動を呼ぶことにつながった。これらのことからも、今後の地域と学校の目指すべき連携・協働の方向性である、「地域とともにある学校への転換」「子供も大人も学び合い育ち合う教育体制の構築」「学校を核とした地域づくりの推進」（中央教育審議会、2015）を具現化した一例を示すことができたのではないかと考える。目的・目標を設定する段階から学校と地域が共に考え、活動することは、「よりよい学校教育を通してよりよい社会を創るという理念を学校と社会とが共有すること」（文部科学省、2019）、ひいては共生社会の実現につながると信じている。

文献

中央教育審議会（2011）今後の学校におけるキャリア教育・職業教育の在り方について（答申）.

中央教育審議会（2015）新しい時代の教育や地方創生の実現に向けた学校と地域の連携・協働の在り方と今後の推進方策について（答申）.

広兼千代子・佐々木良治（2020）Withコロナ時代における新たな挑戦−児童生徒・教員の学びを止めないために．キャリア発達支援研究会（編）、キャリア発達支援研究7．ジアース教育新社、123-130.

JICA中国（2020）広島県立三原特別支援学校の皆さんが飾り棚を作ってくれました！．独立行政法人国政協力機構ホームページ、2020年10月27日、https://www.jica.go.jp/chugoku/topics/2020/ku57pq00000m5185.html（2021年8月17日閲覧）.

県立広島大学（2020）【作業療法学科】三原特別支援学校との協働『学び合いチャレンジ』．県立広島大学ホームページ、2020年12月15日、https://www.pu-hiroshima.ac.jp/site/health/ot20201215-01.html（2021年8月17日閲覧）.

木村宣孝（2020）第7回大会基調講演『キャリア』から『働くこと（working）』へに寄せて 〜渡辺氏との出会い、「対話」、そして深い学びへの探索〜．キャリア発達支援研究会（編）、キャリア発達支援研究7．ジアース教育新社、2-5.

三原市（2021）三原特別支援学校の生徒が「みはらしっテーブル」を市に寄贈（広報みはら令和3年1月号）．三原市ホームページ、2021年1月1日、https://www.city.mihara.hiroshima.jp/uploaded/attachment/111416.pdf（2021年8月17日閲覧）.

三原特別支援学校（2020）カリキュラム・マネジメントで子どもが変わる！学校が変わる！．ジアース教育新社.

文部科学省（2019）特別支援学校高等部学習指導要領.

高岡市（2017）高岡市共創の指針．高岡市公式ホームページ、2017年4月7日、https://www.city.takaoka.toyama.jp/kyodo/kyoso/documents/documents/kyoso_shishin.pdf（2021年8月17日閲覧）.

若松亮太（2019）生徒が目的意識を持ち、「考える」作業学習を目指して〜木工製品の注文販売及び「木工教室」の取組を通して〜．キャリア発達支援研究会（編）、キャリア発達支援研究6．ジアース教育新社、96-99.

若松亮太・檜山祥芳（2021）木工房MIHARA〜地域協働活動による学びのサイクル〜．特別支援教育研究、767、48-53.

資　料

闘病する子どもの保護者を支える病棟保育

小田原短期大学保育学科非常勤講師　尾島　幼子

1　はじめに

　昨今、医療の進歩により日常的な医療処置があれば生きていくことができる子どもが増加している。生命の維持は本来、歓迎されるべきことであるが、その一方で保護者達にかかる負担は重い。仕事を続けたくても子どもの預け先がないなど、身体的な困難を抱える子育てをすることになると、保護者たちの生活時間はわが子の看病や、日常のケアのために大半が割かれることになる。このことは、ひとりの人間として、社会と関わる時間やそれまでに築いてきた、あるいはこれから築くべき、その人らしい生き方の形成にも影響があると考える。

　2021年6月、「医療的ケア児及びその家族に対する支援に関する法律」（以下、本法）が国会を通過した。本法は、以上のような保護者の自分らしさの追求という側面からも、好影響が期待される。立法の根拠と目的は以下のとおりである。

　「医療技術の進歩に伴い医療的ケア児が増加・医療的ケア児の心身の状況等に応じた適切な支援を受けられるようにすることが重要な課題となっている」「医療的ケア児の健やかな成長を図るとともに、その家族の離職の防止に資する。安心して子どもを生み、育てることができる社会の実現に寄与する」（厚生労働省社会・援護局障害保健福祉部障害福祉課障害児・発達障害者支援室、2021）

　本法の円滑な施行により、医療的ケア児及びその家族全体の生活の質が上がれば、その有する思いや願いの達成に寄与することになるだろう。しかし、本法の対象として庇護されない、闘病生活にある子どもも多く存在している。本法によって、身体的困難をもつ子どもや家族に対する社会の関心が高まるタイミングを好機とし、広い意味で闘病生活にある子ども全体の支援の充実が図られるべきである。

　医療の進歩は、困難な子育てをする保護者の増加にもつながる。社会の根幹を担う世代でもある子育て世代の一定数がわが子の闘病や障害に寄り添いながら生きることにより、離職や離婚に進む例が少なくないことは、ひいては社会全体の弱体化へとつながりかねない。このような視点に立てば、病障害のある子どもの保護者に向けたさまざまな支援は、社会機能の健全な維持のためと捉えることができる。

　また、筆者は病棟保育士の経験をもつが、その業務の中で身体的な困難を抱えながら生きる数多くの子どもたちに接遇し、同時にその保護者達とふれあってきた。病気や障害を受容し適応しながら生きる保護者の姿をみてきたその体験から、筆者の中に芽生えたのは、保護者が生活の安定と安心を得られるよう社会で支え通し、ひとりでも多くの保護者自身の今後のキャ

リア発達を促すことができたとき、困難を伴う育児という体験から人として成長した力が社会に還元されるのではないかということである。

このことは、医療的ケア児支援法の立法に関与した野田聖子国会議員の子育ての過程に象徴される。自ら医療的ケア児を育児している氏の日々からは、氏のキャリア発達が支援なくして成立しないことと、抱える困難に対し足りていないことが見えてくる。野田氏の語り（朝日新聞、2017）には、職務との両立の中、子どもの預け先に困窮したり、子どもをケアし続けることで肉体的にも精神的にも疲弊し、家族と揉めたりした様子等が書かれている。喀痰などの管理のために睡眠さえも阻害される生活を余儀なくされる親たちの生活は、キャリア発達の維持や前進に影響を与える。こうした保護者の負担や離職などの事象の軽減を目的とする医療的ケア児支援法は確かに救いとなるだろう。しかし、それが子どもの退院後の生活の支援と、医療的ケアに集中していることに偏りがある。

保護者を取り巻く問題は退院後ではなく、子どもの障害や病の発覚した直後、最初期の入院期間から始まっている。保護者がさまざまな不安を抱きながら子どもの状態を受け入れていく時期にはより繊細な支援が望まれると考えるが、その実態はどのようなものなのか。支援や法的整備は充実しているのか。子どもが入院生活を続けることはどのような意味をもち、その保護者にとってどのような影響を与えるのか。子どもの育ちや、保護者自身の生活を見据えたとき、医療的ケア児などの生後からの入院期間や、医療的ケアこそないものの長期の入院や治療を余儀なくされる子どもとその保護者への支援について検討する必要がある。

2　目的

本稿では、病棟保育士としての立場より医療的ケア児、そしてその他の身体的困難を抱える子どもの入院期間の支援に対する課題意識を整理する。子どもの疾病や障害と共に生きる保護者に対して、働き盛りの保護者の生活がその人らしく社会で役割を果たしながら生きる生活の維持に寄与する病棟保育の有用性を明らかにし、その充実を目指すものである。

3　方法

病棟保育を闘病生活にある子どもと保護者に対する支援の第1段階として、我が子の入院中に働き盛りの子育て世代が、少しでも安心して社会生活やその他の家族との生活を維持するためには何が必要なのか、わが子の状態を親が受容し、向き合っていくことと病棟保育はどのように関連するのか、事例を挙げて説明した。また、病棟保育はどのような仕組みの中にあるべきか、保育者は何を意識してどのように働くことが必要なのかを検討した。具体的には、まず病棟保育の意義と実態について述べ、次いで筆者自身の病棟保育士の経験を内省し事例を振り返りつつ、関連する文献を整理することで、保護者のキャリア発達を支える病棟保育の在り方を考察した。なお、倫理的配慮の観点より、記述される事例については、複数の経験を集約した架空のものとした。

4　病棟保育の意義と現状

保育とは子どもの保護育成を目的とした営

みであり、care and education（ミネルヴァ書房保育用語辞典第6版）と解釈されている。養護と教育については、保育所保育指針解説（以下、解説）に以下の説明がある。

「保育における養護とは、子どもたちの生命を保持し、その情緒の安定を図るための保育士等による細やかな配慮の下での援助や関わりを総称するものである。心身の機能の未熟さを抱える乳幼児期の子どもが、その子らしさを発揮しながら心豊かに育つためには、保育士等が、ひとりひとりの子どもを深く愛し、守り、支えようとすることが重要である。養護と教育を一体的に展開するということは、保育士等が子どもをひとりの人間として尊重し、その命を守り、情緒の安定を図りつつ、乳幼児期にふさわしい経験が積み重ねられていくよう丁寧に援助することを指す。（中略）乳幼児期の発達の特性を踏まえて養護と教育が一体的に展開され、保育の内容が豊かに繰り広げられていくためには、子どもの傍らに在る保育士等が子どもの心を受け止め、応答的なやり取りを重ねながら、子どもの育ちを見通し援助していくことが大切である。」

入院中の子どもも、他の子ども同様、成長発達の過程にある。しかし、愛着形成の重要な乳児期において、母親と隔絶された環境で入院する子どもがいる。また、社会性など生きる力の基礎を培っていく時期に、友達と遊べず、閉塞された空間や安静の必要のために、患部以外の運動機能発達に影響が出る、さまざまな経験が不足するなど、しばしば二次的な弊害を伴う。

石井・遠藤（2017）は入院環境＝子どもの育ちを下支えする、さまざまな経験や関わりが剥奪されやすい・容易に剥奪されうる環境であると指摘する。入院や治療に伴う身体的苦痛と恐怖、大切な人との分離、生活の制限や変化など子どもたちにかかるストレスはのちの子どもの育ちにも影響するといわれ、入院という制限の中で質の高い保育による育ちの援助が求められる。

子どもが人生の初期、人格形成の基礎を培う重要な時期に、長らく保育器内で過ごすNICUや、感染防止などの観点から面会時間が限られる多くの小児病棟において、入院による弊害を最小限に食い止めるために、成長発達に視点を置いた病棟保育の質と量の充実が必要であると考える。専門性のある保育士が子どもに関わるということは、単に情緒の安定にとどまらず、その後生きていくために必要な力を育むという、教育的作用があることが指摘できる。解説では保育士の専門性として次の6点を示している。①子どもの発達に関する専門的知識を基に子どもの育ちを見通し、その成長・発達を援助する技術、②子どもの発達過程や 意欲を踏まえ、子ども自らが生活していく力を細やかに助ける生活援助の知識・技術、③保育所内外の空間や物的環境、さまざまな遊具や素材、自然環境や人的環境を生かし、保育の環境を構成していく技術、④子どもの経験や興味・関心を踏まえ、さまざまな遊びを豊かに展開していくための知識・技術、⑤子ども同士の関わりや子どもと保護者の関わりなどを見守り、その気持ちに寄り添いながら適宜必要な援助をしていく関係構築の知識・技術、⑥保護者等への相談・助言に関する知識・技術。

また原田（2005）による報告には、2000

年に厚生省（現・厚生労働省）が21世紀の母子保健事業の達成目標として定めた「健やか親子21」の中で、入院児のQOLの向上のために病棟保育士の必要を指摘している。このことから、病棟保育の必要と意義については国も認めるところと捉えられるが、病棟における保育の状況については以下のような報告が挙げられ、国が求めている現状とは遠い現実があることも見えてくる。京極・千田（2010）は、50人近くの子どもがいる病院であっても保育士は1名であり、全員と関われないことで葛藤する保育士も多いという。また病院側が保育士の役割を理解せず、雑務に追われ子どもと遊ぶ時間のない保育士もいるという。

　少子化傾向や医療の進歩による入院日数の短期化傾向などから小児医療の現場の経営難へつながり、病院経営の側からすると、病棟における保育事業が保護者の付き添いで補えるとの認識もある。病棟保育士加算がありながら、多くの入院中の子どもたちに本来の子どもらしい生活と、今の体のことばかりでなく先の人生を見つめた関わりとしての適切な保育が提供されているとは言い難い現状である。保育士の働きが、成長発達に寄与することができるとの認識が、社会的に脆弱であることも課題の一つである。

5　病棟保育士の業務の状況例

　以下に、病棟保育の一例を紹介する。ある小児ICUを含む数十床の病棟において、軽重さまざまな疾病の子どもが目まぐるしく出入りを繰り返す。保育士は平日と土曜、子どもたちの朝食前に仕事に入り、夕方まで業務につく。病棟自体が常に臨機応変に患者受け入れの状況に合わせて動くので、保育業務も状況に応じて動く。その日の体調により、プレイルーム可とされた子どもを看護師より簡単な口頭での申し送りを受けて、食事や遊びの援助を行うのが常である。

　0歳児から20歳までの、さまざまな内臓疾患や怪我等の患者がいて、点滴をつけたままの乳児や厳しい食事制限のある子ども、車いすのままの重度心身障害児、停留精巣などの術後で、肘、膝に拘束筒をつけ腹部、足首をベッドに固定した状態の1歳過ぎの男児、重度の拒食症の中学生、自殺未遂を繰り返す高校生などを同時にひとりで見守る日常を過ごす。一般の保育士配置基準に照らすと、それをオーバーすることもあるが、看護師たちもともに安全を見守るということでひとり体制でも可能との考え方で運営されている。

　実際には看護師は病室や診察介助などほかの業務に明け暮れるため、プレイルームは保育士がひとりで担当せざるを得ない。朝の申し送りやカンファレンスに保育士は参加できず、プレイルームにくる子ども以外の情報は開示されないこと、プレイルームにくる子どもについても、病状や検査の予定などは伝えられても現在の精神状態であるとか家族構成や家族の特性、これまでの成長過程での配慮点などは伝えられず、子ども理解の上、ひとりの子どもの全人的成長を見据えて、必要な関わりを見極め援助する保育士の職業意識にこだわると、業務が進まないこともしばしばである。

　本来の保育のように、病棟の特性から指導計画を設定することはできないものの、情緒の安定と成長発達を意識した関わりを一貫して目指

している。ひとり体制でプレイルームに常駐していると、ベッド上安静などの子どもたちに関わる暇は、ごくたまにプレイルームが無人になるときに限られ、プレイルームも安全を担保するだけで手いっぱいになることが常である。さまざまな手を尽くしても、保護者の安心につながるほどの関わりは難しい実情がある。とりわけ重症心身障害の子どもたちへは手が及ばず、ある重症心身障害児は退屈すると呼吸を止めてアラームを鳴らし、看護師に来てもらうことを繰り返すなどしている。

6　保護者支援の視点から見た病棟保育の在り方

　入院という環境下においても子どもの育ちが担保されることは、本人は無論のこと保護者やそのほかの家族にとっても、退院後の生活にとっても重要である。また、「児童の権利条約」が示す、すべての子どもの育ちを保障していこうとすることは国際的な約束事である。

　本条約によると、闘病中であっても子どもには成長発達の観点からの援助が求められ、そのためには、上述した保育士の専門性等を活かして関わることが求められる。

　病棟は保育所ではないが、一定期間子どもが生活する場所である。治療に向かうという点においてさまざまな困難があり、丁寧な養護と教育がさらに必要となる場所である。このような状態に対し、専門性を有した保育士等が、成長発達の機会が損なわれることがないために援助することが、病棟保育の目的である。

　そして、これに関わる保護者支援もまた、大切な要素である。保育所保育指針の平成 20 年（2008）の改訂では「保護者に対する支援」が新たに章として設けられているが、わが子の闘病や障害という状態を抱える家庭において、そのニーズはますます高まる。先行研究には、保育士の「入院児の保護者にとって存在価値」について、先に述べた原田（2005）の報告がある。この報告には、保育士が保護者と場と時間の共有を重ねることで信頼を得、必要とされることで保護者からも情報開示があることが語られている。

　上述したように筆者は病棟保育士として、子どもに寄り添う保護者と頻回に接遇し、病気や障害と向き合うわが子のために、そのほかの家族や仕事やひとりの人間としての自己充実を犠牲にする保護者たちの思いを傾聴してきた。重度の障害や闘病中のわが子に寄り添う間にあって、保護者のキャリア発達は大切であり、それを支援することは、闘病する子どものキャリア発達の機会と一体的に担保するものになると考える。

　保護者の中には、子の闘病、あるいは死別といった事象をきっかけとして、子どものホスピスを立ち上げるなど肯定的変化を遂げる姿もある。現代は少子化が進みながら、医療的ケア児は増加している。時に困難を伴う育児を経験した保護者がその経験を糧に成長し社会とつながることは社会全体にとって肯定的影響を与える。わが子が闘病中であっても、保護者がその病状以外のことでは安心して、社会の中で自分の役割を果たしながら自分らしく生きることが、後の家族全体の幸福につながり、子どもの困難を親子共々の力に変えることにつながるのではないだろうか。問題の渦中、支援によってその保護者自身のキャリア発達が保障された結

果、個人の成長のみならず、社会の人々が今まで気付かなかったことに気付けるという、いわば、社会全体のキャリア発達ということにつながるものであると考える。

では「保護者がその病状以外のことでは安心」（前述）するためには何が必要なのだろうか。これには第一に、入院中であっても、わが子の情緒の安定が促され、子どもが主体的に遊びを通して成長発達できる環境におかれていること、即ち適切な保育が提供されることではないだろうか。これにより、わが子が子どもらしい生活を送ることができ、適切な教育を受けられていると認識できれば、保護者の安心も深まり、不安や疲弊の軽減へと向かうと考える。次項では病棟保育の事例を挙げ、その在り方を検討する。

7　病棟保育における保護者支援事例

・面会時間になると日参し、浮腫んで体重が重くなった2歳児Aをおんぶし続ける母親への援助

　〇月〇日（木）保育記録より

入院から24日目となる。今日も12時ちょうどに母来訪。幼稚園を早退させたという長男を連れての面会5日目。長男に入り口の小部屋でビデオ視聴をさせ面会にはいる。ここのところAは浮腫がひどい。Aは母と笑顔で食事。食後の安静時間、母親はAが眠りにつくまでおんぶしていたが、なかなか寝付かないようで辛抱強く付き合っていた。今週は毎日同じルーティンで過ごしている。13時半、プレイルームの清掃を終えて保育士が休憩に出ようとすると兄が病棟入り口に立ち尽くしていた。長男自

身の好きな遊びや、幼稚園での出来事などを話題にしてしばらくおしゃべり。その後刃物を使わず工作できるものやパズルを渡し休憩に向かった。幼稚園を早退してくる日が続き欲求不満が募っている様子が見て取れる。休憩から戻るとAを寝かしつけ終えた母親が兄と遊んでいた。これまで長男を見てくれていた祖母が腰痛で連れてくるしかないこと、母親自身は連日の長時間のおんぶのために、足の裏がはれ上がり、地面との隙間がない状態だと聞く。こちらからはAがナースやドクターにもとてもかわいがられていること、楽しいおしゃべりで病棟スタッフをむしろ笑わせてくれるほどに明るく過ごしていること、最近の遊びはもっぱら看護師さんごっこで、自分の受けた治療を人形に映しとって自分の頑張りを自分自身で認め昇華しているように見えることなど伝えた。また、「お母さんが本当に愛情深くかかわっているからことのほか安定している」と伝えると、涙ぐんでいた。保育士から「Aのことが不憫で心配で仕方がないことはよくわかるが、お兄ちゃんの安定や、お母さん自身の心身の健康が崩れることが怖い」と伝え、面会を減らすか安静時間後に来訪することを提案した。「ありがとうございます。考えてみます」との返事があった。

夕方、保育士の退勤時、「明日は昼寝明けごろきたいが大丈夫か」と問いかけあり。Aの母親はAに対し、「明日はおうちの用事で遅くなるけれど必ず来る」と話しており、こちらも「全く心配ない」と笑顔で返す。

Aの母親とのこのやり取りについて看護師に報告し、深夜勤、翌日日勤の看護師にも引継ぎいでもらった。看護師と保育者と連携してA

を明るく見守ることとした。

　○月○日（金）保育記録より

　朝、保育士の到着より早くＡがプレイルームに座っていた。本来のルールからは外れており、深夜勤のナースから次の伝達があった。

・ひとりで○さん（保育士）を待つといって聞かなかったこと。

・パジャマのままでなく着替えるといって、洋服を抱えていること。

・プレイルームの約束事を話したが○さんに自分で言うといっていること。

保育士がＡに挨拶し、わけを聞くと、

・ママが今日遅いから○さんと待つように言われたこと。

・ママにひとりでお着替えできたことを見せたいこと。

・自分でお話しできること。

を話してくれた。

　その後、援助しながら着替え。「パジャマは寝るときだけ」といいながら15分以上かけてボタンの位置もずれてはいたがやり遂げた。朝食後チックンごっこに夢中。昼食後、「おんぶする？抱っこする？」と聞くが、笑いながら「だいじょうぶ」という。大部屋でほかの子も一緒に絵本を読み聞かせると、トントンで寝付いた。午睡から目覚め母に会うと、ひとりで着替えたこと、抱っこやおんぶなしで眠れたことを笑顔で伝えていた。

　この一連の言動からは、母親がいつものように来ないことが、本人の頑張りにつながり、「ママ」がいなくても頑張れるお姉さんになった自分を誇らしく見せたいＡの姿が見て取れる。また、母親も成長したわが子を見た喜びと安堵

により、解きほぐされた事例である。1日の頑張りを、年齢の特性から長期的に継続させることは避けたいことも母と話し合い、様子を見て緩急をつけていくこととした。

　この事例においては、きょうだい児をひとりの子どもとして主体的に関わることや、家族全体の心身の健康の保持の援助を意識して、母親の思いの傾聴、当該児の病院での頑張りの様子や成長の様子の報告、休息の提案、を行った。また、看護師サイドと相談しＡの寝かしつけに保育者か看護師がつけるよう全体調整を行った。結果、この子の母親は、翌日から面会には日参するも、自分自身の休息や家族との関わりも充実させるようになった。そして、「金曜日にいつもより遅く面会に来たときの本人の成長を見て、Ａ本人のためにも自分が頑張りすぎないことは悪くないことだと思った」と話してくれた。その後、家族全体の調子のよいときには早く来て、ほかの子どもたちも巻き込んで遊んでくれるなど、安定感ある姿が見られた。退院時には、「お母さんも休んでいい、十分以上に愛情深い育児をしている姿に感動している。と保育士さんに言われたこと、見えない時間にわが子が楽しそうに過ごしている様子を教えてもらえたことが大きかった」と語った。

　入院中から、困難な育児に対峙する保護者の情緒の安定を促すためには、治療に奔走する医療従事者だけでは不足することが感じられた。また、これはたまたま保育士の休憩時間内にきょうだい児や保護者と丁寧に会話ができたことで成立した援助でもある。この病院での病棟保育士の労働環境は目まぐるしく状況が変わる

中でのひとり体制であり、手が回らないことが多かった。

　入院生活中に入院児の成長発達が適切にサポートされ、心的外傷や退行現象、きょうだい児の心理的課題、保護者の疲弊等が極力防止されることが、その後の生活にソフトランディングさせると捉えることは、医療的ケア支援法のねらいとも重なるところである。保護者の「社会の中で自分の役割を果たしながら、自分らしい生き方を実現していく過程」への支援は、すべての入院を余儀なくされる子どもへの成育医療の視点をもつ保育の提供によって成立することと考える。そのための保育士の人数増が望まれるところである。

8　NICU における看護職による保護者支援の実際

　障害や病気が発覚すると、親にとっての最初の困難は、受け入れて向き合うということである。NICU での親子の日常を見ると、受容に至るまでに多くの問題があることが見えてくる。筆者が接した小児病棟の子どもたちの中で、NICU から直接小児病棟へと移ってきた子どもたちがいたが、接遇する中で知的に問題がないといわれていても言葉が出ない、目線が合わない、人見知りをしないなどの違和感をもつことがあり、NICU を見学することにした。そこで看護師から、親子の触れ合える時間が限られていることや、抱っこできる体の状態になるまでに相当の時間がかかる子どもがいること、母乳を届けはするが子どもに会っていかない親もいるなどの日々の課題があることを聞いた。また、子どもの育ちや親としての成長、親子関係の健

全な発達のために看護師たちが努力する様子を見ることができた。ここで、周産期の医療にかかわる医療者と臨床心理士の報告を挙げる。

　「出産直後から母と子の間には重要なやり取りがおきており、子どもと母親との関係が育っていく過程にはさまざまな要因が関係していることが分かってきている。しかし NICU 入院児は治療や処置のために母親と出生直後から分離し、そのあとも接触の機会が限られており、母子分離体験そのものだけによって愛着の形成が滞ることはないといわれているが、誕生から数ヶ月を NICU で過ごすことは母親と子どもの関係が形成される上では不利となりやすい。そのため生命を助けるだけではなく、母子の関係性の発達を支えていく必要が生じてきている」（鈴木・丹波、2002）

　このように述べられ、また、同研究において、NICU 入院児の母親において高い確率でうつ状態がみられること、子どもへの愛着も有しているが、不安も高いこと、実際の赤ちゃんのイメージがもちにくいことが明らかにされている。

　「最近の NICU では子どもの命を救うだけではなく、子ども自身、あるいは家族の QOL（生活の質）も求められるようになり、ここ数年は NICU においても親と子どもの心のケアが注目されはじめられ積極的に　心理的サポートをする態勢がとられはじめてきている」（鈴木・丹波、2002）。以上の報告からは、子育ての最初期からの支援の必要性が窺われる。

　また、看護師による、障害のある乳幼児から子どもを亡くした親 43 事例における、障害のあるわが子の受容過程についての面接・分析では、次の 12 カテゴリーが抽出されている。

1　障害の説明と理解の促進、2　障害と育児の重圧からの解放、3　新たな夫婦関係の発展、4　身近な人の支え、5　専門職からの支え、6　育児方法と介護方法の蓄積、7　育児と介護に向かう力の源、8　ライフサイクルの先を見越した準備、9　子どもの持てる力の発揮、10　きょうだい児の自己実現、11　親の生きる力と生活の充実、12　生活の保障（佐鹿、2007）

　本研究では、これらの結論を踏まえ「これらの12カテゴリーが親の障害受容に深く関わっており、危機的時期・状況を乗り越えていくときの「複合的な力」となっていた」としている。

　NICUの見学においては、看護師たちが親と子どもの心のケアの視点から丁寧に取り組んでいる様子が見て取れた。子どもの毎日の様子が写真やイラスト付きで手書きで詳細に記録され、退院が近くなった子どもには成長の様子がかわいらしくレイアウトされた色紙が手作りされていた。保育士の想いと相通じる感性がそこにあり、成育医療の観点で同一の方向性を見て安堵した。だが、同時に看護師たちの切羽詰まる声も聴くことができた。生命の保持の観点からの業務だけで手一杯になる中、母に渡している日記や色紙は休憩時間や持ち帰りで補っているということだった。順調な母子の愛着形成や、退院後の円滑な生活のための必要不可欠な取組が、関わる看護職のボランティア的働きによって成立しており、保育士という専門性が介入することにより解消される課題が散在していた。

　筆者が病棟保育で関わった子どもの中に、NICUから直接小児病棟に引き継がれ、生後から2歳過ぎまで病院で過ごしていた子どもがいた。気管切開してわずかに足が痙直している

ものの、全身的にはいつでも退院できる状態であったが、母親の心身の状態が整わないことや、仕事や子育てそのものなどに対する不安が強いということであった。面会も月に数回ほどで、その子は長い間病院の中だけで、外気に触れることもなくその生活時間の大半を過ごしていた。退院後社会に適応していかれるのか懸念せざるを得なかった。母親は子どもを産むまでに培ってきた経歴や、母親としての責任感の間で思い悩み、自らが鬱とつきあいながら時間をかけてわが子を家庭に迎えていった。NICUの段階に保育士という専門性が介入することや、小児病棟での保育士の有用性の理解や拡充が必要であることを示唆する事例である。

9　まとめ

　子どもを育てることで、親も育つという相互作用がある。困難を伴う育児は時に人を大きく成長させる。その経験から培われた知識、知恵、エネルギーが社会に及ぼす肯定的影響は社会の発展のための大きな力となりうる。これから増え続けることが見込まれる、障害や病気とともに歩む人々の内面的成長を国が支え守るためには、その子育ての最初期からの支援を充実するべきと考える。少子高齢化が加速する中、人を育てるということにより成長する人々の力が、社会に反映され、社会全体が発達するために、国は国を挙げて取り組むべきである。その意味において医療的ケア児支援法の成立は意義深い。この立法をきっかけとして、成育基本法の考え方と相まって、困難を伴う育児の出発点に対する支援の施策が練られていくことが望まれる。

以上のことから、わが子の闘病に寄り添う保護者を、その内面的成長につながるように支援していくために、社会の取り組みの今後の課題として以下のことを挙げる。

1　看護職の負担を軽減し、より保育の専門性を向上させるためのNICUにおける保育士配置

2　保育の質を担保するための、小児病棟における病棟保育の人員増を含む拡充

3　一般保育施設における保育士の不安軽減及び、対応力向上を目指した、医療的ケア児受け入れの為の現職保育者へのサポート

4　増え続ける、配慮が必要な子どもたちの受け入れに対応できる保育者養成のために、これからの保育現場保育士資格取得にまつわる教育内容の見直し（医療的ケアなど基礎的な介護、看護の知識と技術を必修とする等）

人の育ち、社会の育ちは、適切な養護と教育のもとに成立する。これまで少数派だった重篤な障害のある人々が増えている現在、その人格形成の基礎の成長発達に寄与する保育はますます重要である。病棟保育を取り巻く環境は閉鎖的であり、その意義や内容を、社会に対して広く周知することも必要であろう。特別な支援を要する人々への支援整備の一つとして、保育士の更なる知識技術の向上と、病棟保育のさらなる充実が肝要である。

引用文献

朝日新聞（2017）．共働きで障害ある息子の子育て、無理だった（2017/1/28付）．

原田知佳（2005）．入院を必要としている子どもの保育に関する研究．甲南女子大学大学院論集．3, 71-79.

石井悠・遠藤利彦（2017）．病棟保育に関する全国調査．小児病棟＝育ちの場としての質を豊かに．http://www.cedep.p.u-tokyo.ac.jp/projects_ongoing/medicalchildcare/(2021/8/10閲覧)

厚生労働省（2017）保育所保育指針．

厚生労働省（2017）保育所保育指針解説．

厚生労働省（2008）保育所保育指針．

厚生労働省社会・援護局障害保健福祉部障害福祉課 障害児・発達障害者支援室（2021）．社会保障審議会障害者部会 第112回 (R3.6.21) 資料7 医療的ケア児支援法立法の目的．

京極恵・千田晶子（2010）小児病棟での保育士の役割と活動の実際について．近畿大学臨床心理センター紀要．3, 177-189.

佐鹿孝子（2007）．親が障害のあるわが子を受容していく過程での支援（第4報）：ライフサイクルを通した支援の指針．小児保健研究．66(6), 779-788.

鈴木千鶴子・丹波早智子（2003）．平成14年度愛知県周産期医療協議会調査／研究事業 NICU入院児の母親の子どもへの愛着形成に関する研究．

実践報告

1

キャリア教育の充実に向けて
～卒業後を意識した進路学習から、新しい「職業」の授業へ～

横浜市立上菅田特別支援学校教諭　小田　紀子

　横浜市立上菅田特別支援学校（以下、本校）では、この３年間で教育課程を見直し、類型を意識したグループを再編成した。現在、児童生徒一人ひとりのニーズに合わせた教科等の学習を展開している。また高等部の総合的な探究の時間では、より主体性が求められるようになった。今回の実践をとおし、「仕事をするには、コミュニケーションが必要。コミュニケーションとは、ことばのキャッチボールだから、相手のことも考えて話す必要がある」ということに生徒たちは気づいた。これは、自己理解・他者理解がより深まった証と考えられる。働くために必要だと思う力、今の自分に足りない力を、主体的に考え、自己を見つめ、自分の将来や、働くことへの意識を高めるきっかけになった取組を報告する。

◆キーワード◆　進路学習、自己理解・他者理解、働くことへの意識

1　はじめに

　本校は、肢体不自由のある児童生徒が通う学校である。高等部卒業後の進路先は、主に生活介護で全体の約７割になる。地域活動支援センター（いわゆる作業所型）、自立訓練、就労移行支援や就労継続支援等の事務所に進む生徒は、それぞれ１割もいない。また、大学へ進学する生徒は、数年に１名いるかどうかという実態である。昨年度、初めて卒業後すぐに一般就労をした生徒が２名いた。

　本校は、「キャリア教育」の必要性を提唱されてからも、なかなか「キャリア教育＝進路学習＝今までの学習で大丈夫」の方程式から抜け出せなかった。そこで、キャリア教育推進校の取組や研究会等から多様な実践や考え方を学び、それらを校内研修で共有することで、全職員でキャリア教育の本質を確認し合う機会を設定した。また、本校は小学部から高等部まであり、全校で160名を超える大規模な学校である。３年前まで教育課程や類型が整っておらず、実態やニーズに合わせた小集団を作ったり、縦割りや学年ごとに活動したりと複雑な時間割で活動していた。そのため、何か新しいことをやりたいと思っても、なかなか時間の融通が利かず、初めの一歩を踏み出す事はとても困難であった。実際に今回の報告は、きっかけから２年を経過してやっと実現できた内容になる。きっかけは、キャリア教育に関するシンポジウムで、東京の学校と企業が合同で実践していた遠隔授業の発表を拝見したことである。本校でもやってみたい、という率直な気持ちから、気づいたら企業の方と名刺の交換をしていた。しかし、前述したとおり複雑な教育課程、そしてその頃は一般就労をする生徒が０人だった本校にとって、どんなに素晴らしい内容だとしても、即実践とはならなかった。

　転機が訪れたのは、ちょうど２年前である。筆者が高等部へ配属されたこと、しかも、大学進学や企業就労、就労移行支援へ進路を選択する可能性がある生徒が例年より多く入学してき

たことである。生徒をどうにか企業とつなぐことはできないか、大切にしまっておいた名刺が日の目を見るチャンスがやってきた。ここからは、筆者が、生徒と企業をつなぐために、どのような計画をし、実際に出前授業を実現したかについて述べる。

2　総合的な探究の時間での取組
～卒業後を意識した進路学習～

　授業の目的はシンプルで、とにかく進学や就職を希望する生徒に企業の方と直接話をさせたい、そのための進路学習がしたいという想いであった。そこで、学年会でこの事を話題にしてみた。すると返ってきた答えは、確かに働くことを目標にしている生徒には大切なことだと同意はしてくれたものの、学年生徒の半数以上は進路先が生活介護であり、関係ない生徒にとっては授業そのものが難しいのではないかという意見だった。

（1）目的の再確認から新たな授業の形へ

　学年会で明確になった課題は、自立活動中心の生徒には、どんな進路学習の授業が必要なのかである。しかし、筆者だけでは答えが見つからず、早々に行き詰まってしまった。それならば、本校で誰よりも卒業生を知っている進路を担っている進路専任の教員に聞くしかないと思い、すぐに相談に行った。そこで、進路支援をとおして日々感じていた問題点を聞くことができた。それは、卒業後に必要な力を身につける場面が欲しいということだった。

　ここで新たな疑問が生まれた。生活介護に通う生徒にとって、卒業後に必要な力とは、一体何なのか。日々の授業でも卒業後の生活は意識している。だからこそ、できることが一つでも増えるようにと、個に応じた課題を考え、アプローチをしている。しかし、教員が思っている必要な力と、進路先が思っている必要な力は果たして同じなのか、正直分からなかった。そこ

で、卒業生や進路先とつながっている進路専任にさらに質問を続けた。すると、担任としては気づきにくい、とてもシンプルな答えが返ってきた。それは『どんな場所・どんな人・どんな環境でも、自分らしく楽しみながら取り組める力』を身につけて欲しいということだった。

　ここまで話をすると、実態の幅が広い生徒たちを対象に、卒業後を意識した進路学習を一緒に行うのは無理という結論しか出なかった。そして同時に、授業準備が大変であってもやるなら2チーム編成しかないという案が浮かんだ。同じ時間帯に、目的に応じたグループに分かれ、それぞれのねらいを達成する授業展開をすれば、誰にとっても有意義な進路学習になると考えた。

　本校の高等部では、総合的な探究の時間は、唯一学年ごとに授業展開をしているため、学年のみんなで一緒に活動しなくてはならないという価値観で授業展開を考えていた。しかし、改めて何を大事にする授業なのかを考えると、進路先が異なるのだから、学ぶことが違って良いという発想になった。この考えは、同じ学年の教員からも賛同を得られ、やっと具体的な授業展開を考えられる段階になった。

　次に、各チームのねらい、主な活動内容や配慮点などの実践について述べる。今回の取組で幸運だったことは、学年を編成している教員の経験が多種多様だったことである。そのため、その経験を存分に活かせる教員が複数いた。外部講師を呼んだり、学年を越えた方々に協力をお願いしたりと、今までにないスケールの大きな授業展開になりそうだったため、筆者一人で頑張るのではなく、とにかくたくさんの教員を巻き込み、みんなで作りあげる授業にするよう心がけた。

（2）『職業体験チーム』の実践報告
ねらい

○協力して作業をすることで、自分の仕事に責

任をもってやり遂げる力をつける。

○企業の方から在宅ワークについての講義を受けることで、働くことに目を向ける。

内容

○社会へ視野を広げ、働くことへの意欲を高める学習を行う。

具体的な方法

○自分たちで『高1だより』を発行する。

・話し合い活動をとおし、作業の分担や引き継ぎ業務を経験できるようにする。

写真1　引継ぎの様子

・記事づくりのために、高等部の生徒や、校内販売に来ている方に取材する。

写真2　仕事を分担してインタビューをしている様子

配慮点

○本校の特徴として、教員数が多いため、普段、必要以上に先回りして何かをやってしまうことがあった。そのため、今回はあえてかかわる教員の数を減らし、自分たちで考え行動しないといけないという場面を設定した。

写真3　生徒6名の話し合いに対し、教員1名が見守る。

○他チームの活動内容を見て、毎回どちらのチームに参加するか、自己選択・自己決定する機会を設ける。このことで、欠席連絡をする、自分の仕事を引き継いでもらうための依頼や相談をする、任されところは締め切りを守って終わらせるなど、働くために必要なやりとりを自然に学ぶことができた。

成果

○『高1だより』の内容よりも、チームの仲間と1つの物を作り上げる中で、一人一人が自分にどんな力が足りなかったのかに気づき、さらに、これからどんな力をつけていく必要があるのか、身につけていきたいかを、真剣に考えられたことで、深い学びにつながった。また、最初のうちは教員が仲介していた話し合いも、生徒同士で話し合う場面が増えた。

写真4　生徒が感じた働くために必要な力

○企業の方との段取りや計画に進路専任にも入ってもらったおかげで、今回の出前授業だ

けでなく、本校の職場実習の一つとして企業実習に取り組めるようになった。

写真5　会社概要を確認後、本校の生徒（横浜）⇔社員（北海道）をつないで、質疑応答をしている様子

（3）『生き生き活動チーム』の実践報告

ねらい

○「どんな場所」「どんな人」「どんな環境」でも、自分らしく楽しみながら取り組める力をつける。

内容

○進路先である地域活動ホームでの日中活動を模して、様々な体験活動（ペットボトル回収作業、カラオケ、リトミック、プラバン作製、アロマストーン作製、ポスティング風お便り配り等）を行う。

配慮点

○「どんな場所でも」の工夫→参加している生徒が普段の授業で使用していない特別教室（音楽室、調理室、技術室、理科室）を利用した。

写真6　理科室で行ったリトミックの様子

○「どんな人でも」の工夫→他グループや他学部の教員、校長、栄養教諭、学校用務員、外部講師等、普段一緒に活動する機会がない、または少ない人を授業に呼ぶことで解消した。

写真7　技術室にて、学校用務員と一緒に行ったペットボトルつぶし作業の様子

○「どんな環境でも」の工夫→関わる教員の人数を減らすことで「待つ」環境を作ることとした。また、毎回一緒に活動する教員を変えたり、校内で会う人とかかわりをもつ機会を作ったりした。

成果

○実際に地域活動ホームでリトミックをしている講師をお招きし、同様のプログラムで授業展開をしていただいたことで、普段の音楽の授業とは異なる雰囲気を感じることができたようであった。他の活動のときも、いつもの授業とは違う雰囲気を出すことで、進路学習を意識することができていた。

○地域活動ホームの紹介をしてからそこで行っている日中活動を体験する流れにしたことで、職場実習へ行く前に、同様の雰囲気を経験することができた。実際にこの生徒たちが高3になり職場実習へ行った際、とても落ち着いて活動できていたと報告があった。今回のこの経験と直接関わりがあるかは不明だが、少しでも力になっていたと信じたい。

3　新たな課題から「職業」の授業の見直し、準ずる教育の生徒のために、学校設定教科の新設へ

総合的な探求の時間で取り組んだ進路学習

は、今までにない授業となり、ある程度の成果は挙げられたと考える。しかし、活動中にたまたま耳にした一人の教員のつぶやきが、筆者の中で新しい課題となった。それは、「話もきけないし、卒業後に働くことは無理だな」という一言だった。つまり、今回の活動はあくまで体験であって、本当の意味で働く力が身についたわけではないということである。確かに、高等特別支援学校のように職業教育に重点を置いたわけでもない。しかし、この一言を聞いて、正直筆者は悔しかった。と、同時に、今まで働くための授業を生徒に提供していなかったことに気がついた。心のどこかで、肢体不自由がある本校の生徒には、作業学習のような職業教育は難しいと決めつけていたのかもしれない。

　そこで次に取り組んだことは、いわゆる知的代替の教育課程で学習している生徒が学んでいた「職業」の授業の見直しである。それまでは、窯業と手工芸の２チームに分かれ、売れる製品を作ることをねらいとしていた。しかし、そのためには、どうしても教員が行う作業が多く、誰のための授業なのか分からないときもあった。そのため、今回の気づきをきっかけに、「職業」の授業で生徒にどんな力をつけたいのか、ねらいを明確にした（表１）。そして、その力をつけられる作業内容はどんなものがあるのか、徹底的にリサーチもした。今までは、生徒たちには成功体験をしてもらいたいと先回りして危険回避をすることが当たり前だと思っていたが、本当は、有意義な失敗体験ができる授業も、卒業後の生徒たちに必要な経験だということに気がついた。そして、そのことは、知的代替の生徒だけでなく、一般就労や大学進学を目指している生徒にも必要なことであり、どうすれば働く力を育てられるのか検討を重ねた。そこから、学校設定教科「産業社会と人間」（以下、産社）の新設という方法に至った。本校で育成したい４つの資質・能力である「かかわる」「み

つめる」「とりくむ」「くらす」を意識し、どのチームでもこれらの力が身につくような授業の展開を検討した。

表１　身につけたい力や、授業の構想

チーム	上紙工房 かみかみこうぼう	ジェネラルファクトリー オフィスサポート クラフトサービス	KSTビジネス
身に付けたい力	1年 体験する力 2年 ていねいに取り組む力 3年 長い期間、じっくり取り組む力	1年 働くために必要な力を知る 2年 働くことの基礎を身に付ける 3年 指示された仕事に、継続して取り組む力を身に付ける	1年 働くことの基礎を身に付ける 2年 担当する仕事を継続して取り組む力を身に付ける 3年 状況に合わせて働く力を身に付ける
学習単元	・オリエンテーション（働くことの意義） ・ビジネスマナー （あいさつ・返事・身だしなみ・余暇）	・オリエンテーション（働くことの意義） ・ビジネスマナー （あいさつ・返事・身だしなみ・公共・電話） ・コミュニケーション （言葉遣い・報告連絡相談・余暇） ・自分を知る	・オリエンテーション（働くことの意義） ・ビジネスマナー （身だしなみ・公共・電話・メール・文書） ・コミュニケーション （言葉遣い・適切な援助依頼・報告連絡相談・余暇） ・在宅ワークでのコミュニケーション
毎回取り組む活動	①授業前後の手洗いor手指消毒 ②出退勤の名札 ③準備・片付け・清掃	①授業前後の手洗いor手指消毒 ②出退勤のネームカード ③準備・片付け・清掃・整理整頓	①授業前後の手洗いor手指消毒 ②出退勤のネームカード ③準備・片付け・清掃・整理整頓 ④メモをとる習慣
配慮事項			・評価は、全員同じ観点の絶対評価で行う。 ・仕事内容によってできないときに、生徒のせいにするのではなく、できない理由を探り、どんな支援があれば働けるかを検討する。 ・課題の工夫を！！ ・メンタルの生徒へのアプローチを！！ ・これからみんなで作っている教科で、意見を出し合い、形にできたらと思います！ ・今年度は回数が取れないときので、「依頼された仕事に取り組む力」を育てます！ ・この授業中は、教員は、「主任」になります！

　本校の児童生徒は、身体に肢体不自由があることで、様々なことを経験するのにどうしても制限がある。そこでこの授業では、実際に働きながら、必要なスキルを学ぶ方法を選んだ。経験豊富な教員に恵まれ、初年度から充実した授業になったことに感謝している。最後にそれぞれの教科で設定した各チームの取組について紹介する。

○ KSTビジネス（産社）

　主にPC等を使って、受注作業をしている。また、他チームへ外注を出すこともある。今までの依頼では、名刺の作成、名札の作成、シールやポスター等のデザイン、文書入力、など多岐に渡る。困った時はとりあえず相談すると、KSTビジネスが何とかしてくれることが多い。お得意先は、PTAや教員。

○ジェネラルファクトリー（職業）

　主にヒノキを使った製品（ヒノキブロック・におい袋）を作っている。材料は、学区内にある工務店から無償で提供してもらっている。また、におい袋の巾着部分を他校の生徒に製作依頼し、協働している。

○オフィスサポート（職業）

　主にメモ帳を作っている。また、KST ビジネスからの外注で、ラベルシールの貼り付けや名刺の仕上げ作業をしている。

○クラフトサービス（職業）

　主に封筒の作成をしている。また、KST ビジネスからの外注で、既製封筒に宛名を貼る作業も行う。今年度は、PTA 広報誌の折り込み作業も行った。

○上紙工房（職業）

　主に紙すきを行い、そこから、カレンダーやコースターなどの製品に加工している。

　今年度はさらに下記の2チームが増え、より充実した活動になっている。現在、本校 PTA 主催の『かみすげたマーケット』に向けて、それぞれが製品作りに取り組んでいる。

○スマイル工房（職業）しおりなどの作製。

○アトリエ上菅田（中学部　職業家庭）

　くるみボタンの作製。

Comments

　一人の教員が周囲を巻き込み、学校という組織においてキャリア教育の正確な概念の浸透に腐心される様子が詳述された、大変リアリティのある報告であった。壁にぶつかった際の自省なども隠すことなく述べられており、今後、自校において同様の働きかけを企図する先生には大変参考になる内容ではないだろうか。そして、この記事の核となるのは、総合的な探究の時間を活用した社会性の涵養である。「仕事をするには、コミュニケーションが必要。コミュニケーションとは、ことばのキャッチボールだから、相手のことも考えて話す必要がある」ことの大切さについては、卒業後に取る進路を選ばない。子どもたちが社会で豊かに生きることを支える、まさにキャリア発達支援の体現であると感じられた。

実践報告

2

ICTで『心を密に…』〜コロナ禍における地域協働 茶農家と協働した【茶畑プロジェクト】〜

京都市立白河総合支援学校教諭　森　玲央名

　京都市立白河総合支援学校（以下、本校）は、地域に根差し、地域とともに成長することを重視してこれまで学習活動を進めてきた。しかし、コロナ禍では従来の形では地域とともに活動することが困難となった。そこで、新しい形で地域とともに成長する事を模索し、茶農家とともに茶畑を育てるプロジェクトを立ち上げた。本稿では、活動の経過とその活動を通して気づいた地域とともに活動する上で大切なことについて紹介したい。

◆キーワード◆　学習の広がり、めあての設定、生徒主体の活動、ICT でツナグ

1　本校の概要

　本校は、平安神宮等のある京都市左京区岡崎に位置し、卒業後の企業就労を目指す高等部職業学科を設置している学校である。働くことを学ぶ科目として『食品加工（家政、流通・サービス）』『農園芸（農業、流通・サービス）』『情報印刷（工業、流通サービス）』の３つの専門科を設定している。専門科は、１〜３年縦割りで学習集団を形成している。どの専門科も製品を生産し、販売するだけでなく、周辺地域の方とのつながりを大切に地域とともに生徒を育んでいる。

2　【茶畑プロジェクト】のねらい

　従来から『農園芸』の授業では、以下のような地域協働活動を実施してきた。

・栽培した野菜を大八車に載せ周辺地域へ販売する引き売り

・周辺地域住民とともに野菜を栽培する交流農園の開設

　しかしながら、長い年月の中で、生徒・地域の“慣れ”や学習活動の形骸化が進み、それぞれの活動だけでは学習効果が得られない状況が見られるようになってきていた。

　かねてから「京都の特産物である茶木を育ててみたい」という生徒の希望がある中で、授業にアドバイスをいただいている農業専門家（以下、農業アドバイザー）の伝手で京都府和束町の茶農家と関わる機会を得ることができた。京都の特産品である“お茶”を通して地域協働活動を実施することで新たな学習効果が見込めるのではないかと考え、【茶畑プロジェクト】として進めることとした。

　【茶畑プロジェクト】で主にねらったことは以下の３点である。

　①学習の広がり≪３つのツナグ≫

　②明確でわかりやすいめあての設定

　③生徒主体の活動

①学習の広がり

学習の広がりを目指して生徒とも共有しやすいように≪３つのツナグ≫をスローガンとして掲げた。茶畑を通して、以下の３つをそれぞれつないで、学習を広げていきたいと考えた。

＜学校の中と外をツナグ（学校と地域）＞

茶農家とのつながりはもちろん、地域社会と栽培したお茶をとおしてさらにつながっていきたい

＜学校の中をツナグ（校内の３つの専門科）＞

お茶の活動を通して、他の専門科『食品加工』『情報印刷』とも、共に同じ目標を持って活動をしていきたい

＜学校を未来とツナグ（卒業生と在校生）＞

苗を植えてから収穫まで３～５年かかるお茶の栽培をたくさんの生徒が年を越えて継承していくものにしたい

以上の≪３つのツナグ≫をスローガンとして生徒も教員も共有することで、学習活動に空間的・時間的広がりができ、学校としての活性化が図れるのではないかと考えた。

②明確でわかりやすいめあての設定

校内の中に使われていない斜面があり、そこを茶畑とすることとした。「斜面にお茶を植えられるようにする」という生徒にとってわかりやすいめあてを設定した。また、そのことが、「茶木が植えられるように整備できたか」というわかりやすいプロジェクトの達成目標の設定となることにつながった。

③生徒主体の活動

わかりやすいプロジェクトの達成目標の設定が、生徒がどのような活動をすればよいか見通しを持ちやすいことにつながった。

また、ゴールは明確であるが、そこに到達するまでの過程に色々な方法、手順が考えられる状況であった。そこで、どのように進めていくのか、生徒が茶農家、農業アドバイザーが相談しながら計画を立て実施することで、生徒主体の活動になり、より実践的な学びになりやすいのではないかと考えた。

以上を踏まえて、３年生を中心とした、『農園芸』の授業での大きな学習活動として位置付けた。

3　【茶畑プロジェクト】の活動

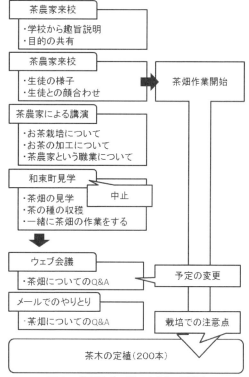

図1　【茶畑プロジェクト】の活動

（１）茶農家による生徒への講演

作業と並行し、茶農家の方に、生徒に「お茶栽培のこと」「お茶の加工のこと」「茶農家とい

う職業について」等を講演していただいた。茶木の育て方、収穫の方法に加えて、お茶の種類や1つ茶葉から緑茶だけでなく、紅茶やウーロン茶など色々な種類のお茶に加工できることなどを教えていただいた。そのことから、「こんなお茶が飲めるのか」「こんな風に加工したいな」と具体的にイメージすることで、お茶を育てる楽しみになり、活動へのモチベーションの向上につながった。

　また、自身の茶農家としての体験を具体的に語っていただく中でお茶を育て、自分で育てたお茶がお客様に届く「楽しみ」や天候、災害によって茶木がダメージを受ける等の「苦労」も伝えていただいた。生徒が、茶農家の職業人の姿を通して自分たちの将来の職業生活のイメージを重ね合わせることができた。

（2）ウェブ会議

　実際に和束町に行き、現地の茶畑の見学等を計画した。しかし、新型コロナウイルスの感染が拡大したことで、校外学習を中止せざるを得なかった。

　そこで、校外学習の中止の代案として、ウェブ会議を活用し、学習活動へのアドバイスをいただく場を設定した。事前の準備として、以下の3つを実施した。

　　①茶畑の写真を撮影する
　　②計画図をデータで作成し、ウェブ上に提示できるようにする
　　③質問事項を事前に整理し、提示できるようにする

以上の準備をすることで、現状や今後の計画を茶農家と共有でき、具体的なアドバイスをいた

だくことができた。それに伴い、よりよい茶畑にするため、計画予定の変更も行われた。

（3）茶木の定植

　3月、3年生の卒業直前に、茶農家とともに、1～3年生全員で200本の茶木の苗を植えた（写真1）。植え終わった後、「これから半年間は水をしっかりやること」「除草をしっかりしてお茶の苗がしっかり根付くようにすること」等植えた後の管理についてもアドバイスをいただいた。

写真1　茶農家とともに苗の定植

4　生徒の変容・気づき
（1）"ホンモノ"と関わる大切さ

　プロジェクトスタートの段階で生徒と茶農家の方がつながれたのは大きかった。生徒が自分たちのする活動が"ホンモノ"の茶農家と関わる"ホンモノ"を目指す活動であるということが伝わったからである。

　また、講演においても「なぜ茶農家になったのか」をご自身の人生経験も含めて伝えていただけた。「お茶を飲んでもらって喜んでもらうことがうれしい」と茶農家の方が話していたこ

とに対し、生徒が「人に何かを喜んでもらうことを自分が大事にしていることと言えるようにないたい」と職業人として身近な目標と捉えることができた。その後の活動にも意欲的に取り組めることにつながった。

（2）主体的な学びによる学習効果

　ある生徒は「学校の代表としていいものが作れるように色々な人に助けてもらいながらやっていこうと思います」と今後の活動に目的・目標を見出すこと、まわりの助けを受け入れる大切さへの気づきがあった。それから、自ら段取りを考え、より具体的に計画し、周囲の生徒と協力しながら取り組むようになっていった。

　ウェブ会議でも、大幅な計画修正が必要になったが、中心となる生徒たちが互いに、「この部分をこうしたら解決できる」「こっちもこうしたらいいですか？」「見た目にもこだわりたい」と画面を見ながら意見を言ったり、質問しアドバイスを求めたりする場面が見られた（写真2）。活動を自分ごととして捉え、「よりよいものをつくろう」と考える姿勢が生まれた。また、計画変更に伴い、周囲の力がより一層必

写真2　ウェブ会議中、画面上で今後の計画を相談する生徒

要となった。そのため、自分たちの計画をよりわかりやすく周囲に伝え、共有する工夫を考えた。そのことが、周囲と協力して活動する原動力につながった。

5　教員の気づき

　この【茶畑プロジェクト】を通して教員にも気づきがあった。「茶畑を完成する」という共通のゴールに向かって、生徒と専門家たちが協力して活動する場を設定することで、学習における生徒の主体性が培われた。すると、教員が直接指導せず、生徒と専門家を"ツナグ"役割を担うことで、生徒が自分たちで試行錯誤しながら「よりよいものを作る」ために協力し活動できることがわかった。

　生徒、専門家そして教職員それぞれの立場でお互いに尊重し、1つの目標に向かって取り組んだことで、「教員が指導するのではなく、生徒主体の活動を"支える"大切さ」に気づく活動となった。

6　地域協働におけるICTの効果

　ウェブ会議を活用することで、京都市と和束町という車でも2時間かかる距離を縮める効果もあった。頻繁に行き来できる距離ではないので、実際に長距離を移動する選択肢以外にウェブ会議を選択し、より密に連携を取ることにつながった。そこには、コロナ禍で地域社会でもテレワークやオンライン会議の活用が一般的になり、和束町とのウェブ会議の実施が容易になったことがある。

　生徒がリアルに体験している"お茶"というものを媒介として"ホンモノ"とツナグことが

できたことによって、ウェブという間接的なつながりをより身近にすることができ、大きな学習効果につながったと感じている。心が触れ合うICTの活用には、自分と相手をツナグ"ホンモノ""リアル"が必要であると感じている。

7　今後の展開

茶畑が完成した（写真3）。中心となった3年生の卒業前に【茶畑プロジェクト】が完遂できた。

写真3　完成した茶畑で

茶農家から畑の完成度について「立派な茶畑になりましたね」と評価を受け、"ホンモノ"の人とかかわることで"ホンモノ"の作業ができたことを誇りに感じていた。「ここまでよくやったと自分でも思います。でも、これからの方が大事ですね」という生徒の言葉からも、達成感を得ながらも、これからの年月に思いを馳せるとともに、下級生へ継承される重要さをかみしめていることが感じられた。

卒業後にも、生徒は「あのときの茶畑はどうなりましたか？」と学校に訪れ実際に茶畑の様子を見に来ている。自分たちが責任を持って持てる力を発揮し、役割を果たした結果であると捉えている。

現在も茶畑は、在校生が日々除草をし、苗がしっかり根付くように管理している。卒業生も在校生も「早くできたお茶を飲んでみたい」と未来に目を向けて目標を描いている。また、活動を通じて上級生の姿を下級生が見て、「自分たちも茶畑を大事にしたい」「下級生に継承していきたい」というように思い始めている。＜学校を未来とツナグ＞がお茶と共に根付きだしていることを感じている。

今後は、継続してウェブ会議を活用し茶農家の方とのつながりを頻繁に設定し、さらに、ウェブカメラでお互いの茶畑の様子をリアルタイムにつなぎ、茶農家の方からリアルタイムにアドバイスをいただくだけでなく、生徒も、お互いの茶畑を見比べ、よりよい茶畑の生育を目指す等の計画をしている。『農園芸』が収穫した茶畑の茶葉を『食品加工』がお茶を地域に提供するといった活動や『情報印刷』が茶葉のパッケージや地域へ広報をするといった活動＜学校の中をツナグ＞＜学校の中と外をツナグ＞ことも進めていきたい。そのことで、『地域とともに作り上げる喜び』を引き継ぎ、この活動の意味、意義、意図も継承していき、学習活動に空間的・時間的広がりがもたせ、学校としての活性化を図りたい。

本来の地域協働は、お互いのことを知ったり、思いやったり、目標を共有することで色々な価値が生まれる。しかし、コロナ禍で人と人が集まれない、活動を共有できないなど、制約が生まれたが、今回の活動を通して、地域協働は目に見える距離ではなく、心の距離が重要であるということを感じ取ることができた。

　最後に、『人と人は距離をとっても　心は密に…』という気持ちを大切に地域協働をこれからも広げていきたい。

京都市立白河総合支援学校 HP
http://cms.edu.city.kyoto.jp/weblog/
index.php?id=400206

Comments

　コロナ禍という難しい状況にあって、ICT の利活用等、距離を埋める創意工夫をしながら、茶農家との連携のもと「ホンモノ」の仕事に触れた様子がリアルに伝わる実践であった。制約のある環境においてもやり方ひとつで、キャリア発達は支援できるということを教えていただいた。コロナ禍に学んだ現代の子どもたちは、生涯の発達においてその影響を免れないものと思量するが、そのような時こそ学校や教員個人からなる周囲のアイデアの重要性が引き立ってくる。得がたい経験をした生徒たちが将来「ホンモノ」となる時が今から楽しみである。

実践報告

3

各学部・学年における
連携・協働による力を学校の力に
~語り合い、支え合うことのできるチームづくりを目指す~

静岡県立浜北特別支援学校教諭　木本　恭嗣

　静岡県における知的障害のある児童生徒を対象とする特別支援学校（以下、知的障害特別支援学校）の児童生徒数は、平成18年度の2,344人から、平成28年度には3,651人と10年間で1.6倍増加している。さらに令和2年5月1日現在の児童生徒数は4,198人となり、10年間で1,307人の増加に対し、4年足らずで547人と依然増加傾向にある。

　一方、静岡県では、平成28年4月に公表された「静岡県における共生社会の構築を推進するための特別支援教育の在り方について－『共生・共育』を目指して－」を基本理念とし、平成30年2月に策定された「静岡県立特別支援学校施設整備基本計画」の6つの視点の一つである、特別支援学校の適正な規模と配置を計画的に進めている。

　このように児童生徒の増加に伴い、平成18年度以降は12校が新設され教員数も増加している。教員数が増えると、業務に必要な教員とのかかわりを優先しまいがちになってしまい、その他の教員に対しては積極的にかかわりを求めない傾向にある。この関係性の希薄さが後々、教員の指導力や専門性に影響することを危惧し、筆者が勤務した2校において取り組んだ若手から中堅までの人材育成と学び合いの組織づくりの実践例を報告する。

◆キーワード◆　ＯＪＴ、教員のキャリア、知的障害

1　はじめに

　筆者は平成20年度国立特別支援教育総合研究所の研究研修員制度により1年の任期で静岡県より派遣された。研究所内では、木村宣孝氏（以下、木村氏）が研究代表者を務める「知的障害教育におけるキャリア教育の在り方に関する研究」（平成20、21年度）へ参画した。当時、研究研修員の担当は菊地一文氏であり、両氏とキャリア教育論との出逢いが、その後の教員人生に大きく影響している。特に、派遣時に学んだ「暗黙知」から「形式知」への考え方を組織活性化の基本とし、「啐啄同時」の考え方に基づき、学びの適時性及び関係性の具現化を仕事上において常に意識している。

2　静岡県立掛川特別支援学校での実践
（1）学校概要

　当校は、静岡県立袋井特別支援学校の狭隘化の解消と児童生徒の通学負担を軽減するため、平成27年4月に掛川市内の希望の丘に開校した小学部から高等部までの知的障害のある児童生徒及び知的障害と肢体不自由を併せ有する児童生徒が通学する特別支援学校である。希望の丘とは、掛川市が医療、保健、福祉、介護、教

育に関する施設を一体的に整備した地域のことである。

掛川市は静岡県西部地区に属するが、天竜川以東に位置するため、中東遠地域（図1）という別称もある。

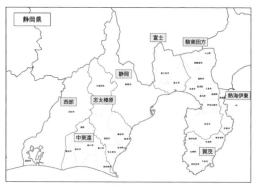

図1　静岡県圏域図

（2）初任者研修指導教員として

今までの勤務地から地域が変わり、9割が見知らぬ職員という環境の中で2年間学年主任を務めた。初めて経験する職場環境の中で学年経営を学びつつ、人材育成にも取り組んだ。そして3年目は、私事の理由により学年学級の担当を外してもらった。そこで与えられた職務が高等部所属の初任者研修指導教員(以下、初任研担当)であった。

①　採用状況及び研修内容

平成24年から令和3年までの静岡県教員採用試験（特別支援学校）の合格者数を表1に示した。過去10年間において、毎年100人以上の正規採用者が出ている。合格者の中には新卒者も含まれるが、ほとんどは講師経験者である。講師経験の年数は10年という者もいる。そして、これら大量採用の背景には、教職経験30年以上のベテラン教員の定年退職が含まれている。

表2は、静岡県教育委員会発行の平成29年度初任者研修資料の中から、研修に関する時間数及び日数を抜粋したものである。

表1　教採（特別支援学校）合格者数

採用年度	2次試験合格者数	新設校
平成24年（2012）	101人	
平成25年（2013）	100人	愛鷹分校　焼津分校
平成26年（2014）	108人	
平成27年（2015）	126人	掛川　吉田
平成28年（2016）	129人	
平成29年（2017）	130人	
平成30年（2018）	134人	
平成31年（2019）	123人	
令和2年（2020）	123人	
令和3年（2021）	109人	浜松みをつくし　伊豆の国

表2　初任者研修時間（H29）

【校内研修】240時間
- ・基本研修　　　　60時間
- ・示範模範研　　　30時間
- ・参観授業　　　　30時間
- ・授業研究　　　　60時間
- ・教材研究　　　　60時間

【校外研修】20日
- ・宿泊研修　2泊3日　2回
- ・センター研修　　　5日
- ・特別支援教育研修　2日
- ・他校の教育活動参加　3日
- ・個別研修　　　　　4日

初任者は1年後には、これらすべてを受講することを目指して、4月から配属学級での担任業務と並行して研修が始まる。新卒者はもちろんのこと、講師経験のある教員にとっても、指導案や報告書の作成には時間を必要とする。令和2年度初任者研修資料（表3）では下記のように変更されている。研修時間が少なくなった分だけ、現場での指導の必要性が増したとい

うことでもある。

表3　初任者研修時間（R2）

【校内研修】~~240時間~~ 180 時間	
・基本研修	60 時間
・~~示範模範研修~~	~~30時間~~
・模範参観授業	30 時間
・授業研究	60 時間
・教材研究	~~60時間~~ 30 時間
【校外研修】~~20日~~ 12 日	
・宿泊研修 ~~2泊3日~~ 1泊2日 2回	
・センター研修	5日
・~~特別支援教育研修~~ 自主研修	2日
・~~他校の教育活動参加~~ ~~3日~~	
・~~個別研修~~ 自主研修 ~~4日~~ 1日	

② 実践と課題

　10人の初任者を3人の初任研担当で割り振り、指導した（表4）。小中学部、高等部、重複（自立グループ）に区分し、養護教諭の場合は、研修内容が異なるため、ＴＴの養護教諭が指導教員を務めた。

表4　初任者の配属と担当の構成

▼10人の初任者を3人で担当（養教除く）				
配属	**小学部**	**中学部**	**高等部**	**重複**	**養護教諭**
☆新卒 ★40代 ◆講師経験あり	A教諭 ☆	D教諭 ◆	E教諭 ◆	G教諭 ◆	K教諭 ☆
	B教諭 ☆		F教諭 ★◆	H教諭 ◆	
	C教諭 ☆			I教諭 ◆	
				J教諭 ☆	
担当教諭	教職27年 学部主事経験 初任者研修担当経験		教職27年 学部主事経験	教職24年 験体主任経験 初任者研修担当経験	教職11年

2018年自主シンポ発表資料（抜粋）

　前述したように、初任者は学級担任の業務と並行して研修を進めていく。担任業務は教職の基本であり、学びの原点である。一日の業務を終え、児童生徒の下校を見送った後、教室の片づけをしながら担任同士で行う振り返りの中には、実態把握、単元設定、指導構想等の多くの

ヒントが隠れている。担当する初任者には5分間の振り返りを自主的に求めることを勧めた。図2は、初任者指導における担当の重みづけと関係を量的に表したものである。所属学年の役割が量的にも質的も一番大きく、次は所属学部となった。中学部や高等部では、作業学習や特別活動など学習内容によっては、学年集団にとどまらず、目的別の学習グループを編成することがある。そのため、初任者は学部で育てるという理念や具体的な方策を学部会や掲示板等を活用して、伝えていくこととした。また、初任研は学校全体で推進されるものであり、初任研担当間での共通認識も忘れてはならない。

2018自主シンポ資料　一部改訂

図2　初任者指導における担当の重みづけ

　しかし、ここで課題となるのは初任者全員が新卒者ではないということである。初任者ではあるが、講師経験が長く、学級主担任よりも年齢が上の場合がある。筆者の経験では45歳の初任者を過去に数人見たことがある。このような状況においては、職務上の上下関係よりも経験年数や年齢が優先されるため、学級主任が直接指導することが難しい場合が多い。図3は平成31年度初任者研修指導教員連絡協議会の資

料より、平成30年度教職経験年数別人数（教諭）を示したグラフである。横軸は経験年数を、縦軸は人数を表している。このグラフからは、横軸の中央当たりの経験年数の人数が少ないことが読み取れる。ここでの経験年数は、18、19、20、21、22年の教員集団であり、年齢的には、30代後半から40代前半の教員である。

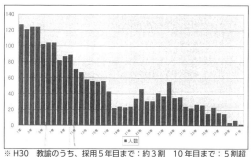

※H30　教諭のうち、採用5年目まで：約3割　10年目まで：5割超
出典：平成31年度初任者研修指導教員連絡協議会資料
図3　H30教職経験年数別人数（教諭）

　静岡県では、教職経験11年目に中堅教諭等資質向上研修の第1期を、12年目に同研修の第2期が年次研修として位置付けられており、これらが最後の研修となっている。その点と併せて考えてみると、教職経験20年前後は職業人として豊富な経験を有し、年齢40代前後は一般的には成人期から中年期にあたり、社会の中核をなし、次世代の教育を担う年代といえる。特に、教職員の多い特別支援学校においては、ベテラン（管理職含む）と若手をつなぐ組織経営には欠かせないパイプ役を担うポジションである。この重要なポジションを担う教員数が少ないことをどのように補うのかが課題として挙がっている。

③　対策

　各校で実施している拡大学年主任者会は、経験年数の浅い学年主任の情報交換を目的として開かれることが多い。運営方法は、全12学年の主任を3グループに分け、テーマを決めて話し合いをする形態が一般的である。話し合いが進むにつれ、学年内の課題なども出始め、共感の声や経験談などの和やかな雰囲気になる。また、この話し合いを管理職が巡回して聞いているため、各学部・学年の状況を知ってもらう好機でもある。配慮すべき事項として参加者全員が意見を言えるように司会者が進めることが肝要であると考える。

3　静岡県立浜北特別支援学校での実践
（1）学校概要

　本校は平成21年4月に浜松市立浜北養護学校から県立移管し、現在地にて開校した。歴史を辿ると、昭和48年に浜北市立養護学校として開校しているため、養護学校義務化前の草分け的存在として、この地に根付いている。平成30年には10周年の記念式典を開き、開校時に尽力をいただいた地域の人々へ改めて感謝の意を示した。しかし、10年の間に児童生徒数は徐々に増え、平成2年度には児童生徒数が358人、教職員は198人と過去最大となった。平成3年度は浜松市北区に浜松みをつくし特別支援学校が開校したため、児童生徒数が293人、教職員は177人となった。

（2）学年主任として
① 現状

　当校では、高等部において同一学年の主任を3年間担当した。その際の学年職員の経験年数を表5に示した。

　この資料からは、3年間共に職員の経験年数

表5　当時の学年職員の経験年数

	教職経験 1〜5年	教職経験 6〜10年	教職経験 11〜15年	教職経験 16〜20年	教職経験 21年以上
2018	教諭 3人 臨時 3人	教諭 1人 臨時 1人	教諭 1人 臨時 1人	研修 1人	研修 1人
2019	教諭 2人 臨時 3人	教諭 3人 臨時 1人	教諭 3人 臨時 1人	研修 1人	臨時 1人
2020	教諭 1人 臨時 1人	教諭 4人 臨時 2人	教諭 2人		教諭 2人 臨時 1人 再任 2人(ハーフ勤務)

のバランスが良いことが読み取れる。筆者の主観となってしまうが、学年経営は安定していたと振り返っている。特に、2019年度は国立特別支援教育総合研究所の3か月研修と6か月の企業研修と経験年数11〜15年の教員2人が交代で現場を離れたが、学年経営に大きな支障をきたすことはなかった。

② 実践

学年主任の役割を4点に絞って実践した（図4）。

```
学年主任の役割
【育成内容】
(1) 日々の授業    指導カードの内容確認（指導の方向性）
                授業参観（話し方、言葉の使い方、支援方
                法など）
(2) 学年会       生徒の表れに関する意見交換（専門性向上）
                教師としての倫理観　他校の取り組み紹介
                保護者指導に関する情報交換
(3) 個別の指導計画  目標と手立ての書き表し方
                →　目的と方法の考え方
(4) 教採        面接練習
                        2018年自主シンポ発表資料（一部改訂）
```

図4　学年主任の役割

まずは日々の授業において、指導カードを書いたT1へ必ず一言コメントをするように努めた。コメント内容は、指導カードの書き方から授業中の言葉づかいまで、気が付いたことの中から一番伝えたいことを選んだ。最初は遠慮していた講師が、「今まで学ぶ機会がなかった」と放課後時間を設けて授業反省をするようになった。

次に学年会では、全員が必ず意見を言う機会を意図的に設けた。経験年数の浅い職員や内向的な性格の職員は、学年会や分掌会などの会議の場で自分の意見を言わない傾向があるため、学年会で言いやすい雰囲気作りに努め、練習した。この練習の成果は意外にも保護者との進路面談の場で発揮されていた。

個別の指導計画については、目標、手立て、評価の書き方について細かく添削した。課題別グループの授業であっても、指導においては個別に異なるため、どの部分に力を入れているのかが分かるように書き表すことを指導した。この指導に関する成果は、残念ながら当該職員からは挙がってきていない。

学年職員の中には、教員採用試験を受ける者が必ずいる。その受験者に聞いてみると、面接が苦手で2次試験で不合格になることが多いとのこと。採用試験の話をした受験者は試験の2週間前になると面接練習の依頼をしてくる。勤務時間外に、最低でも2回は練習を計画し、1回目からの変容を2回目に伝えるようにしている。その結果、毎年1人以上は採用されている。

上記4点に関して、採用試験の支援を除けば、学年主任の業務としては当たり前のことであるが、学年主任が「育成」の姿勢で臨むことにより、対面した教員のその後の成長に大きく影響する。単に、組織内の役割を遂行するだけでなく、対面する教員のキャリア発達を支援するという意識が大事と考える。

4　おわりに

本稿は、第56回日本特殊教育学会（2018）の自主シンポジウムとキャリア発達支援研究会第8回大会（2020）の話題提供が基となっている。話題提供の場での質疑応答や研究会のメ

ンバーと語り合う中で多くの気づきをいただき、実践の中に生かしてきた。そして考えを整理することにより、また新たなことに気づくという繰り返しの途中である。

令和3年4月、学区内に浜松みをつくし特別支援学校が開校した。夏季研修会に呼ばれ、キャリア教育について話をさせていただいた。その際のアンケートには、組織内役割の再認識やチーム内対話の必要性、自分らしさや自己有用感の再認識など児童生徒への指導に関することよりも自分自身のキャリアを振り返る機会になったという感想が多く挙げられていた。本来ならば、児童生徒へのキャリア発達を支援するためのキャリア教育論だろうが、入り方はともあれ、キャリア教育の種をまくことはできた。キャリア教育と出逢って早13年、学びの根幹には、以下の木村氏の言葉がある。

「キャリア」及び「キャリア教育」の定義は、我々に自らの生き方の有り様と、子どものキャリア発達を支援する教育の在り様を同時並行的に問いかける、非常に意味深い概念である（2009）。

ベテランといわれるステージに入り、教員のキャリア発達支援を考えるようになったが、他者の育成よりも自分自身が成長させてもらっているのではないかという思いをたびたびもつ。周囲を見渡すと、同じベテランのステージにはいるものの、今まで培ってきた実践知や経験値を発揮できていない教員もいる。今までは若手から中堅教員までの育成を主に考えてきたが、今後はベテランの活性化にも目を向け、お互いに終わることのないキャリア発達を支援して合いたいと考えている。

参考文献
静岡県教育委員会（2016）静岡県における共生社会の構築を推進するための特別支援教育の在り方について.
静岡県教育委員会（2018）静岡県立特別支援学校施設整備基本計画.
掛川特別支援学校（2018）全国横断 キャリア教育. 特別支援教育研究第725号東洋館出版社.
静岡県教育委員会（2017）平成29年度初任者研修資料.
初任者研修指導教員連絡協議会（2019）平成30年度教職経験年数別人数(教諭).
木村宣孝（2009）障害のある子どもへのキャリア教育①. 特別支援教育研究第620号，東洋館出版社.

Comments

転換期にある特別支援教育は、特別支援学校の組織内部においても、少しずつ変質をもたらしているようである。本報告は、拡大する校内にあって教職員間の連携の希薄化の乏しさに問題意識をもち、自校の具体的な取り組みを明示したうえで、改善案を論じたものである。他のすぐれた実践報告を読めばわかるように、キャリア発達支援の必要十分な達成においては、教員個々人の力量や理解もさることながら、組織的取組や連携が欠かせない。本報告は、そのことに改めて気付かせてくれたといえる。

実践報告 4

「本人の願い」を踏まえたキャリア発達支援の在り方について～聾学校における実践より～

千葉県立千葉聾学校教諭　加瀬　恵

筆者は、令和元年度に調査研究『「本人の願い」を踏まえたキャリア発達支援の在り方に関する研究～個別の教育支援計画に焦点を当てて～』（以下、本研究）を行った。これにより、キャリア教育の基本的理解が全国の特別支援学校において広まっていること、また、「本人の願い」を踏まえた取組の重要性についての見地を得ることができた。本稿では、本研究の概要について報告する。また、それを踏まえた実践について、現任校である千葉県立千葉聾学校での取組を紹介する。聴覚障害のある子供たちへの実践をとおし、子供たちのキャリア発達に向けて「本人の願い」を丁寧に把握する必要性について再確認することができた。

◆キーワード◆　本人の願い、キャリア発達、聴覚障害

1　はじめに

　急激に変化する社会を生き抜く子供たちの資質・能力の育成に向けて、新学習指導要領の確実な実施が求められている。中でも、子供たち一人一人のキャリア発達を促す実践の充実を図ることは、全ての学校種別において重要とされている。

　筆者は、特別支援学校におけるキャリア教育の推進状況と個別の教育支援計画等における「本人の願い」の把握について調査研究（以下、本研究）を行った。本稿では、調査結果の概要と、本校における「本人の願い」を大切にした実践について報告する。

2　調査研究の概要

（1）キャリア教育の推進状況の変化

　全国の特別支援学校のうち221校575学部を抽出し質問紙調査を実施し、菊地（2013）の結果と比較した。その結果、キャリア教育及びキャリア発達の定義、学習指導要領における位置づけという基本的な理解が広がりつつあることが確認できた（図1）。また、各学部にお

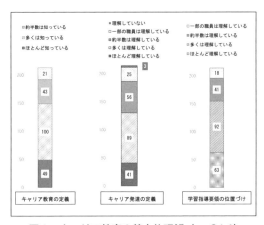

図1　キャリア教育の基本的理解（n＝214）

表1　各学部における具体的取組

	2011 n=615	2019 小学部 n=66	2011 n=603	2019 中学部 n=61	2011 n=605	2019 高等部 n=87
体験活動	24 (4%)	11 (16%)	297 (49%)	32 (52%)	533 (88%)	78 (89%)
職場や進学先見学	150 (24%)	10 (14%)	384 (64%)	44 (72%)	451 (75%)	66 (75%)
職業教育を想定した単元	120 (20%)	10 (14%)	263 (44%)	39 (63%)	408 (67%)	59 (67%)
進路に関する学習	97 (16%)	13 (19%)	311 (52%)	28 (45%)	471 (78%)	66 (75%)
生活体験に関する学習	6 (1%)	47 (71%)	18 (3%)	33 (53%)	160 (26%)	34 (38%)
学習プログラムの作成	41 (7%)	18 (26%)	43 (7%)	10 (16%)	66 (11%)	21 (23%)
本人の夢や希望	176 (29%)	17 (25%)	216 (36%)	19 (30%)	302 (50%)	37 (42%)
育てたい力、観点の明確化	355 (58%)	34 (50%)	321 (53%)	26 (41%)	328 (54%)	44 (40%)
地域の資源や人材の活用		17 (25%)		27 (43%)		50 (56%)

ける具体的取組について、小学部での取組や体験活動の取組に回答が増えるなど、キャリア教育の理解が狭義の職業教育の枠を超えて正しく理解されつつあることが確認できた（表１）。

（2）「本人の願い」の把握と活用

　本研究では、個別の教育支援計画等で「本人の願い」の取り扱いについても調査した。その結果、回答のうち約９割が個別の教育支援計画等に本人の願いを記載しているが、その作成過程において、本人からの聞き取りや、本人を交えたケース会議等の実施が少ないことが明らかになった（図２）。

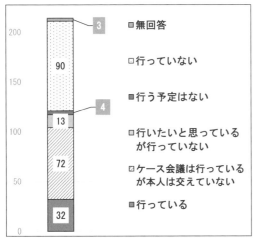

図２　本人を交えたケース会議の実施（n＝214）

　また、「本人の願い」の具体的取組で授業等の場面を設定し行っているものについて、本人の「いま」に着目したものが意識して行われていることがわかった。

（3）キャリア発達支援の参考ポイント

　この結果を受け、キャリア教育の定義が組織的に理解され、かつ個別の教育支援計画等の作成過程に本人が参画していると回答した15校（以下、推進校）へ半構造化インタビューを行った。次の３点がキャリア発達支援の参考ポイントとして明らかになった。

> ①育てたい力の明確化とキャリア教育の組織的取組
> ②「本人の願い」の丁寧な把握と共有の工夫
> ③「いま」と「これから」を「つなぐ取組」の工夫

　推進校ではキャリア発達支援について組織全体で共通の認識をもち、個別の教育支援計画作成における本人参画を基本に「本人の願い」が丁寧に把握されていた。本人主体の教育活動において、本人が「わかる」ことを大切に、「認め、価値付ける」ことが留意され、対話の機会や関わりを広げる体験活動に意識して取り組まれていた。

（4）考察

　本研究を通し、「本人の願い」を踏まえたキャリア発達支援の具体的取組として、以下の４点が重要であると考えた。

> ①子供たちのキャリア発達する姿を「育てたい力」として共通理解すること
> ②「本人の願い」を丁寧に捉える視点を共有すること
> ③個別の教育支援計画等の作成過程において本人参画を進めること
> ④「いま」と「これから」をつなぐ授業内容等の工夫と価値付け、意味付けのための工夫を図ること

　キャリア教育の組織的理解を基本とし、本人参画の機会確保は何より重要である。また、本人主体の教育活動において、子供たちの「いま」抱いている思いを「これから」につなげるための学習内容の工夫は、学ぶこと自体への深まりだけでなく、自他への意識を深めキャリア発達の促進につながると考えた。

　これを踏まえ、キャリア発達を促す単元の工夫をまとめた（表２）。

表２　キャリア発達を促すための単元の工夫

空間 広がり / 時間軸		「いま」を捉える取組	「これから」を捉える取組	「いま」と「これから」を つなぐ取組
人	子どもの活動	①個別的場面での活動 （物との関わり、個での活動） ②身近な集団の中での活動 （友だち、慣れた人） ・好きなことをする ・得意なことをする	③小規模な集団での活動 （知っている人、小集団） ④多様な場面での活動を重視 （初めての人、物事、大集団） ・初めてのことに取り組む ・苦手なことに挑戦する ・やってみたいことに取組む ・夢や目標に向けて取組む	○共有する ・行う・みる・きく・まつ ○選択する ・多くの中から選ぶ・決める ・合わせる ○振り返る ・考える ・考えたことを伝える
	つなぐ工夫やツール	【活動で意識すること】 ①物や人を意識し関わることができる ②好き/嫌い、得意/苦手の選択ができる ③自分以外の他者を意識することができる ④身近な状況を意識することができる	【活動で意識すること】 ③相手や状況を意識することができる ④集団の中での振る舞いを意識することができる ④相手のことを考えて振る舞うことができる ④立場や役割を意識して行動することができる	【ツール】 ・PATH ・個別の教育支援計画等 ・指導記録 ・学びのポートフォリオ ・キャリアパスポート 【関わりの工夫】 ・対話的、共感的関わり ・思いのフィードバックとしての言葉かけ ・個別的カウンセリング ・キャリアガイダンス ・集団での対話場面
環境	支援者の対応	【場の設定】 ①個別的な関わりを重視 ①人や物に存分に関わる機会 ・好きなこと、得意なことに取り組める場面 ・身近な人や物を意識できる場面 ②人への関わりが広がる状況 【関わり方】 ・好き・嫌い、得意、苦手を理解し受け入れる ・できること、難しいことを理解し見極める	【場の設定】 ③集団の中での関わりを重視 ③同年代、異年齢を意識する場面 ③人との関係が広がる状況 ③興味関心が広がる機会 ・芸術等に触れる機会 ・未知の体験、経験 ④新たな経験や体験の機会 ・憧れの存在に触れる ・プロの技に触れる ④異世代との交流の機会 ④地域での役割を果たす機会 【関わり方】 ・やりたいこと、先を見越した思いを受け止める	○行為を意味づける ○行動を価値づける ○思いを意味・価値づける

※人や物との関わりの発達段階を考慮し１～４に区分し示している

３　千葉聾学校における取組

（１）本校の概要

　本校は聴覚に障害のある幼児児童生徒が通う、県内唯一の県立聾学校である。幼稚部から高等部専攻科まで127名が通学しており、乳幼児支援、通級による指導など、県内の聴覚障害のある子供たちの指導・支援を幅広く行っている。聾教育においては、専門的職業教育が従来から行われており、理容師養成課程を設置している。

　近年は、子供たちの実態の多様化、社会構造と職業観の変化に伴い、職業選択、進路選択の幅が多様になっていることに加え、卒業後、社会の中で難しさを抱えてしまう者も少なくない。これらのことを踏まえ、子供たち一人一人のキャリア発達に着目した指導・支援の充実を図るよう取り組んでいる。

（２）具体的実践

①目指す姿の共有

　進路指導に関する全体研修において、卒業後の子供たちの姿を事例に挙げた教員の学び合いを実施した。学部を超えたグループを構成し、課題となること、その解決のために考えられる指導・支援について、自身の学部でできること、他の学部に期待することを事例シートを作成、活用し協議した。

　協議の中で、「各学部でどんな指導をしているかの共通理解が不十分だった」「もっと自身の学部でやれることがあるのではないか」「早期からの積み重ねが大事」「学部を超えて連携していくことが大切」等の気づきが挙げられた。

　これらを踏まえ、校内での組織的な取組を充実させていく必要性を認識し、各学部の発達段階を踏まえた目指す姿を協議し、「本校で大事にしたいキャリア発達の姿」について以下の図のようにまとめた。全校で共有するとともに、本校で目指す姿として、配布物や説明会等で保護者と共有している。

②本人の思いの把握

　「大事にしたいキャリア発達の姿」を整理する中で、各学部で共通して挙げられたのがコミュニケーションの力と自身の障害理解に関する内容であった。聴覚に障害のある子供たちの多くは、新生児期に診断され、育ちの中できこえについて自認する。音声言語主体の社会において、自己のきこえにくさを理解し、必要な配慮や支援を自ら求める力は欠くことができない。本校でも従前から「自分を知る」という発

達の過程において自己のきこえにくさについて理解できるような指導・支援を大事にしてきた。

子供たちの聴力については測定や検査など客観的数値で知ることができ、それらは子供たち一人一人の異なるきこえの状態を適切に把握し、具体的な指導・支援を検討していく上で重要である。だが、数値的に捉える状態は実態の全てではない。子供たちの言語発達やコミュニケーション力、学習の定着には、きいて「する」ための学習（聴覚学習）の状況が大きく影響する。また、きこえにくさを抱える子供たちは、情報の入りにくさや周囲とのコミュニケーションのとりにくさにより心理的疎外感や孤独感などの影響を受けやすいと言われている。以前、進路指導でかかわった生徒に「補聴器をつけていればきこえることも多いけど、この気持ちはきこえる先生にはわからない」と言われたことがある。普段の様子からはうかがい知ることができなかった内面の思いに触れ、自身の浅はかな理解を深く反省した言葉だった。

そこで数値的な「きこえ」に加え、子供たち自身の捉える「きこえ」やその奥にある思いを知ることが必要であると考え、小学部高学年から高等部を対象に「きこえのアンケート」を実施した。

このアンケートにより、次のことが明らかとなった。

○多くの子供たちが自身のきこえについて難しさを実感していること。
○自身のきこえについて悩み、わかってほしいと思うことが具体的にあること。

発達年齢や個人差はあっても自己の障害について、その子なりに受け止める中で、「わからなさ」や「難しさ」、「もっとわかってほしい」という本人なりの「思い・願い」を抱えているということを改めて実感するものであった。このような内面の思いは、あえて形にする機会がなくては知り得ないものである。手話や指文字の使用、集団補聴システムを活用した情報保障など環境を整理することに加えて、思いを把握する、言語化する機会があるということが大事であると考える。

③自分の思いを伝える相談会

聾学校に在籍する子供たちの行動に関する傾向として受動的姿勢が指摘されることがある（石原，2019）。本校の子供たちについても同様の姿勢が指摘されることが少なくない。卒業生自身に話を聞くと「相談ができない」「質問したいけど話しかけられない」との声を聞くことが多く、経験していないからできないという実態があるように感じられた。課題となる状態像に目を向けて否定的に受け止めてしまうことがあるが、できなさや難しさには本人なりの困りや思いがあるということを忘れてはならない。必要な情報を伝えるという教員側の支援の手厚さが、子供たちが「自分から相談にいく」「自分から尋ねる」機会を遠ざけてしまうことが想定される。

このことを踏まえ、横浜市立わかば学園で行われている生徒主体の対話を重視した取組「キャリアデザイン相談会」の実践を参考に、高等部1年生を対象に相談会を実施した。相談を受ける教員は学部の職員だけでなく、他学

部や養護教諭、寄宿舎職員にも加わってもらった。自分から話しかけるという行為自体に戸惑う生徒が多く見られたが、徐々に積極的な姿勢に変わり、素直な質問に相談を受ける側が戸惑う場面もみられた。相談会に参加した生徒からは「やってみてよかった」、相談を受けた教員も「生徒の知らない一面を知れた」と感想が寄せられた。子供たちにとって「自分から人に話す」良い経験だった当時に、話を聞くことで教員が子どもの内面の思いに触れる機会となり、互いに理解を深める機会となった。

④先輩との対話

　高等部進路学習として卒業生を招き、話を聞く機会を設けてきた。昨年度はオンラインミーティングツールを活用し、卒業生である大学生、社会人とそれぞれ対話する時間を設けた。事前の準備について教員からの指示はなかったが、生徒たち自ら「先輩に聞きたいこと」を作成し会に臨んでいたのは、相談会での経験を踏まえての学びがあったからと思われる。「高校時代の進路決定で悩んだことは何か」「大学でのオンライン授業はどうか」「社会人になって大変なことは何か」など自身の進路決定に向けて悩んでいることを具体的に質問し意見交換をすることができた。協力者の卒業生からは「この機会がなければ自分のこれまでを振り返ることがなかったかもしれない」「話をしながら昔悩んでいた自分のことを思い出せた」という感想が寄せられた。先輩後輩という関係性に加え、互いに同じ障害をもつ仲間として語り合うことで双方にとって学びのある機会となったのではと思われる。

　この機会の他にも、教育実習生として本校に来た卒業生との対話、本校で働く聴覚障害のある先生による授業、高等部生徒による幼稚部での読み聞かせなど、ロールモデルとなる存在が身近にあるという聾学校の良さを活用した授業が各学部、学年で工夫して取り組まれている。これらは、子供たちが「いま」抱く思いを「これから」につなげるための学習として有意味なものであると考える。また、自身の学びの過程で同じ障害の仲間から教えられた経験は、社会の中で自身もいずれ担う役割を意識することにつながるのではと考える。

（3）今後にむけて

　2の調査研究を通して重要と考えた「本人の願い」を踏まえたキャリア発達支援の具体的取組のうち、①、②、④の取組について取り上げたが、いずれも各学部で何をどのように取り組むか、組織的取組として充実できるよう試行を重ねている段階である。また③については、本人参画に向け、作成手順の見直しや様式の検討を含めて課題である。まずは、「きこえのアンケート」を活用し、本人の願いを受け止め、個に応じた指導・支援について適切に捉え、計画することに重点を置き取り組んでいきたい。

　また、組織的取組の充実に向け、自立活動の時間を中心に授業改善に取り組んでいる。先の研究を踏まえ、キャリア発達に必要な「価値付け、意味付け」の観点で下図のサイクルで授業改善を進めていきたい。特に、聴覚障害のある子供たちへの教育課題の一つである言語発達を促す側面を意識し、子供たち自身が思いを言語化するツールとしてのキャリア・パスポートの活用、関わる教員が子供たちとの対話において大事にすべきことの共有について検討していきたいと考えている。

図3　キャリア発達を促す授業改善の工夫

4　おわりに

　きこえない、きこえにくいことによる情報獲得の困難さについて、それを補うための情報保障手段の提供が必要なことは言うまでもない。だが、提供されるものがその人にとって「わかる」ものでなくては情報を保障したとは言えない。伝える側と受け取る側が互いに同じ意味を共有できること、そのための手段であることが重要であると考える。

　機能的な障害は、客観的な数値や医学的見地で捉えやすいものではあるが、「きく」という感覚は個人によるものであり、その人の「きこえ」を他者が捉えることは実際には容易ではない。しかし、社会の中で生活していくためには、自身の困難さを他者に共有、理解を促すことが求められる。きこえにくい子供たちそれぞれが実感する「きこえ」や自らの障害と向き合っての「思い」を丁寧に捉える教員の姿勢、対話的関わりは、自己の障害と向き合う力を育む上で重要である。また、子供たちが自身の言葉で語

る機会を設けることを忘れてはならない。このことは、聴覚障害のある子供たちだけではなく、全ての子供たちにとって必要なことであると考える。

　その人にとっての「わかる」を共有することはその人が内面に抱く「思い・願い」に触れることと考える。子供たちそれぞれの「わかる」を丁寧に捉えることを「本人の願い」を踏まえた実践の最初の一歩として大事に取り組んでいきたい。

参考文献

加瀬恵（2020）「本人の願い」を踏まえたキャリア発達支援の在り方に関する研究．千葉県長期研修報告書．

菊地一文（2013）特別支援学校におけるキャリア教育の推進状況と課題．発達障害研究35（4）．日本発達障害学会．

石原保志（2019）聴覚障害教育におけるキャリア発達支援日教育実践に役立つ専門性の基礎・基本21．聴覚障害 Vol.74．ジアース教育新社．

Comments

　調査研究を通してまとめた「本人の願いを踏まえた」キャリア発達支援の具体的取組に重要な点や、校内全体での研修を通してまとめた「大事にしたいキャリア発達の姿」、本人の思いを大事にした具体的取組は、キャリア発達支援を進める上で参考になる資料や取組である。個別の教育支援計画や授業の改善にとどまらず、教育課程の改善も期待したい。

実践報告

5

子どもたちの「誰かのために」という気持ちを大切にした授業づくり～小学部生活単元学習での実践～

福島県立いわき支援学校教諭　會田　晃子
（前福島県立西郷支援学校教諭）

　前任校である西郷支援学校では、単元計画作成、年間指導計画作成において、各教科等を合わせた指導における中心となる教科等（以下「評価する教科等」）を明確にした授業づくりを行ってきた。
　本稿では、それらの実践の中で、これまでの生活単元学習においても大切にされてきた「役割」を果たすことの子どもたちにとっての本当の意味に目を向け、役割を果たす喜びや意欲、「誰かのために」という気持ちを大切にした授業実践を紹介する。
◆キーワード◆　生活単元学習、生活科「カ　役割」、役割を果たす喜び

1　はじめに

　前任校である福島県立西郷支援学校では、学習指導要領改訂に伴い、平成30年度から「新学習指導要領を踏まえた授業づくり～単元展開案の活用～」、令和2年度から「深い学びを目指した授業づくり～主体的・対話的で深い学びの視点での授業改善とつながりのある年間指導計画の作成～」について研究を進めてきた。まず、単元展開案作成において、「評価する教科等」を明確にすることを大切にしてきた。これまで曖昧だった各教科等を合わせた指導の中で「評価する教科等」を明確にすることで、授業の目標、手立てが明確になり、子どもたちの学びの姿を実感することができた。

　次に、これまで実施してきた年間指導計画を見直し、生活単元学習の中での「評価する教科等」を明確にした。

　これまでの実践を見直す中で、小学部では、生活単元学習の単元の多くは生活科と他教科等を合わせた単元が多く、生活科の中でも「エ　遊び」や「カ　役割」の内容が多かったことから、扱う内容に偏りがあったという課題が明確になった一方で、これらがこれまで小学部の教師が大切にしてきた部分であるということも再確認できた。

　「カ　役割」の内容であると思われた単元について、実際に単元の内容やねらいを詳しく見直していくと、「自分のやることがわかって取り組む」といったことが挙げられた。

　そこで、特別支援学校学習指導要領解説各教科等編（小学部）を再確認した。生活科「カ　役割」の内容の2段階には、「様々な集団の中で簡単な役割を果たしたり、友達と協力して活動や作業に取り組んだりすることにより、周囲から感謝される経験を通して、役割を果たすよろこびや意欲等を高めていくことが大切である。」と示されている。

　これまで自分たちが実践してきたことを各教

科の視点から捉え直してみると、これまで漠然と目標設定していた「自分のやることがわかって取り組む」という目に見える部分だけではなく、役割を果たす喜びや意欲といった子どもの内面に目を向けた授業づくりをすることが大切であると改めて気づかされた。

次に、子どもたちが自分の役割を果たしたり、誰かのために何かをする喜びを感じたりすることを大切にした小学部低学年での授業実践について紹介する。

2 授業実践

生活単元学習

「野菜を育てよう～やきいもをしよう～」

小学部低学年の生活単元学習では、さつまいもを栽培し、焼き芋にして食べる単元を私自身何度も行ってきた。さつまいもは比較的栽培が簡単で、さらに、焼き芋は収穫から準備、調理、食べるまでの過程がシンプルで分かりやすく、見通しをもって意欲的に取り組みやすい題材である。

「評価する教科等」を明確にすることを意識するようになる以前に私が行ってきた授業では、焼き芋の準備は教師が新聞紙やアルミホイルを用意し、落ち葉集めも、とにかく焼き芋をするだけの落ち葉を集めることが目的だった。これが「活動ありき」の授業であったということは、今ならよく分かる。

「評価する教科等」を明確にして単元計画を作成したところ、収穫したさつまいもや必要な材料の数を数える算数の内容、さつまいもを絵で表現する図画工作の内容を単元の中で含みながら、さつまいもの栽培、収穫の部分は生活科の「サ 生命・自然」、焼き芋の準備の部分は「カ 役割」とした。

焼き芋の準備では、学習グループの児童を2つのグループに分けた。新聞紙チームは、事務室から新聞紙をもらってきて半分に破り、さつまいもの数だけ用意するという役割、アルミホイルチームは、アルミホイルを机の幅と同じ長さに切り、これもさつまいもの数だけ用意するという役割で、どちらをやりたいかは児童自身が選択した。これらの活動の中には、数を数えたり、長さを図ったりするなど算数と関連する活動が含まれているが、それはこれまで学習した力を「発揮する教科」として、ここでの「評価する教科等」はあくまでも生活科の「カ 役割」であることは、ぶれないようにした。

新聞紙チームの児童は、ある程度言葉でのやりとりはできるが、自信がなく、慣れない人とはなかなか話すことができなかった。児童に対して教師は、「事務室から新聞紙をもらってきてね。」とだけ伝えて教室から送り出した。すると、不安だったのか、2人の児童は手をつないで出て行ったが、廊下ですれ違った他学級の教師に事務室の場所を聞き、無事に事務室まで行って、新聞紙がほしいということを伝えてもらってくることができた。新聞紙を持って「もらってきたよ！」と言って教室に入ってきた子どもたちはとてもいい表情をしていた。

新聞紙とアルミホイルの準備が終わったところで、それぞれのチームの成果を発表し合い、授業の終わりに筆者が子どもたちに掛けた言葉は「上手にできたね」という称賛ではなく、「ありがとう」という言葉であり、それに対して子どもたちは達成感に満ちた表情をしていた。

これまでは教師がやっていた作業も子どもたちの活動にしたこと、2つのグループに分けて役割を作ったこと、最後に各グループの成果を発表する場面を設定したこと、子どもたちの作業に対して教師が「ありがとう。」と言ったこと、これらの手立ては全て、この授業の「評価する教科等」が生活科の「カ　役割」であり、学習指導要領に「周囲から感謝される経験を通して、役割を果たすよろこびや意欲等を高めていくことが大切」と示されていることに私たち教師が真っすぐ向き合った上で、十分に意図したものであった。

　翌年も低学年の担任になり、この年もさつまいもの栽培から焼き芋をする単元を行った。前年度にこのような単元での「評価する教科等」が整理され、また、その成果が得られたことで、この年も生活科の「カ　役割」の内容を十分に踏まえて授業づくりを行った。

　落ち葉を集める場面では、児童一人一人がバケツを持ち、落ち葉がバケツいっぱいになると、教師がいるリヤカーに運んだ。このとき教師が子どもたちに掛ける言葉も「ありがとう」だった。教師に「ありがとう」と言われると、子どもたちは嬉しそうに何度も何度も落ち葉を運んだ。そこにはまさに、「周囲から感謝される経験を通して、役割を果たすよろこびや意欲の高まり」が感じられた。

　焼き芋当日の準備は、子どもたちと私以外の教師は教室でさつまいもを洗い、新聞紙やアルミホイルに包み、筆者は外で火の準備をすることにした。熾火にするには時間がかかるため、筆者は事前に外に行って火の準備をしていたが、タブレットを使い、リモートで「さつまい

も、包んだよ」「こっちは火がついたよ」といったように、教室の児童と外の私とが互いの役割の進捗状況を伝えあった。ここでは、教師自身も役割の一部となった。

図1「落ち葉を集めよう！」

　いよいよさつまいもを焼く段階になった。火の扱いに慣れていない私が慌てながら「火が消える！もっと落ち葉を拾ってきて！」と子どもたちに助けを求めると、子どもたちは張り切って落ち葉を集めて私のところに運んでくれた。その甲斐あって、無事に焼き芋が焼けた。

　さつまいもが豊作だったため、焼き芋がたくさん余った。以前であれば、このようなとき、教師が子どもたちと一緒に身近な学級や先生に配りに行っていた。しかし、今回は、子どもたち一人一人に焼き芋が入ったかごを持たせ、自分が渡したい人に渡してくるように伝えた。すると、子どもたちは保健室や職員室に向かい、先生たちに焼き芋を渡してきた。それでもまだ、焼き芋があり、筆者自身どうするか悩んでいると、一人の児童が「○○ちゃんにあげる！」と言ってきた。その理由についても、昨年は一緒に焼き芋をしたけど、今年は学習グループが変わって、その友達は焼き芋を食べていないから

だと私に説明した。恥ずかしがり屋のその児童は、私が廊下で見守っていると、友達に焼き芋を渡してきた。この児童はとても上手に自分の思いを私に伝えたが、言葉では気持ちを表現できない他の子どもたちも、しっかりと気持ちを乗せて身近な教師や友達に焼き芋を渡すことができたのだと感じた。

この、焼き芋を配る活動は計画にはないものであった。しかし、この単元の中で、生活科「カ 役割」の「周囲から感謝される経験を通して、役割を果たすよろこびや意欲等を高めていくこと」を授業者である私たちが大切にしていたことで、設定できた活動であったと感じる。

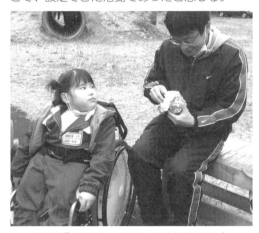

図2「おいしいって言ってくれるかな。」

生活単元学習「コックさんになろう」

長年小学部低学年の担任をしてきて、焼き芋に加えてレストランごっこも生活単元学習においてよく行う単元の一つだった。アイスクリームやお寿司、ハンバーガーやラーメン、サンドイッチなど、子どもたちにとって身近な食べ物を、紙等を切る、貼る、丸めるなどして作る単元であった。食べるものに対する子どもたちの興味・関心は高く、ごっこ遊びも興味をもって

取り組むことができる活動である。

「評価する教科等」を整理する前は、紙等を使って自分なりに食べ物に見立てて表現することや、ごっこ遊びの中で人とやりとりすることを漠然とねらいとしていた。

この単元の「評価する教科等」を整理すると、単元の中の紙を切る、貼る、丸めるなどして自分の作りたい食べ物を表現する部分については図画工作、作った食べ物でお店屋さんごっこをする部分を生活科の「エ 遊び」とした。

紙を切る、貼る、丸めるなどの技能や、物の色や形を捉えて表現する力等について、児童一人一人の実態を把握し、準備する材料やその配置の仕方等の手立てを検討した。どの児童も実態に応じた手立てがあれば、ある程度作るものの色や形を捉え、紙を切ったり貼ったりして大まかに表現することはできた。しかし、細かい作業が苦手であったり、面倒であったりして、作りたいもののイメージを具体的にもったり、それを具体的に形にしたりすること、何より作ることに対する意欲の部分について、筆者自身が目指していた姿に対して、少し物足りなさを感じていた。

そこで、単元計画にはなかったが、最後の時間に、校内の教師にお客さんになってもらい、教室に注文の電話を掛けてもらうことにした。「○○先生から△△さんに電話だよ」と伝えると、子どもたちは目を輝かせて受話器を耳に当て、受話器の向こうの教師の言葉に対してうなずく姿は真剣だった。電話を切ると早速注文された食べ物を作り始めた。それまでの授業では、最後まで集中力が続かず、教師が「この部分はまだできてないけど、どうする？」と尋ねると

「これでいい」と中途半端なまま完成としていた児童は、「先生が大きいハンバーガーが欲しいって言っていたから」と言いながら、紙を重ねて丸めてなんとか大きくしようと工夫していた。また、「これはサービス！」と言って、紙コップに色紙を入れてジュースも添えていた。それらを職員室や保健室に配達すると、教師一人一人が「美味しい！」「ありがとう！」と言って食べるまねをしてくれた。

　この活動も焼き芋の単元も、「ありがとう」と言ってくれる相手がいることで成立した。そのためにいつも快く協力し、子どもたちに「ありがとう」と言ってくれた校内の教師の存在が子どもたちの学びを支えていたのだと本当に感謝している。

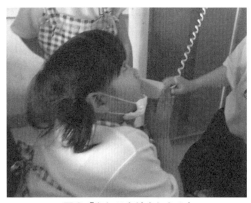

図3「かしこまりました！」

　この単元の「評価する教科等」の中心は図画工作であり、生活科の「カ　役割」は「評価する教科等」としては設定していない。これまでの学習の中で、「周囲から感謝される経験を通して、役割を果たすよろこびや意欲等を高めていくこと」をしてきたこの子どもたちにとって、誰かのために何かをすることや、したいと思う気持ちは、他の教科の力を身に付けるためのモ

チベーションになっていた。

図4「大きなハンバーガーを作るぞ！」

　このことは生活単元学習に限ったことではない。学級の児童が誕生日のときには、他の児童と一緒にメッセージカードを作ってプレゼントをした。文字を書くことが苦手な児童が多かったが、ここでも「誰かのために」という気持ちが子どもたちのやる気となり、長い文章も諦めることなく、伝えたい気持ちを一生懸命に書く姿が見られた。

3　おわりに

　生活単元学習における実践の中で「評価する教科等」を整理し、単元の中で中心となる生活科「カ　役割」の内容に向き合うことで、子どもたちの「誰かのために」という内面に目を向けながら授業を展開していくことができた。しかし、一方で、この「誰かのために」という子どもたちの内面に関わる部分は、生活科「カ　役割」だけでは整理できない部分があるということに気づいた。学習指導要領の中での「役割」に関連する内容を探してみると、中学部では社会科「ア　社会参加ときまり」、職業・家庭科では職業分野「A　職業生活」、特別活動、特

別の教科道徳など、様々な教科等で挙げられていた。これらについても整理し、合わせたり、関連させたりすることで、より豊かな学びとなる生活単元学習を展開していきたい。

筆者はこれまで小学部、そのほとんどが低学年の担任をしてきたが、今年度初めて中学部の担任となった。

子どもたちの学校生活の中心が生活単元学習であった小学部に対して、中学部では作業学習があり、生活単元学習より時数が多く、学校生活の中心となっている。私は家庭班に所属し、慣れない裁縫やミシン等の使い方に苦戦し、そしてどうしたら生徒ができるようになるかを悩む日々を送っている。

図5　中学部作業学習家庭班での様子

小学部の子どもたちに対して、役割を果たす喜びや意欲、そして「誰かのために」と思う気持ちを大切にしたいと願っていたように、中学部の生徒に対しても同じように願う。そして、作業学習はそのための学習の場である。

そのためには、これまで生活単元学習の中で「評価する教科等」を整理し、その教科の本質と向き合うことで、授業の目標やそのための手立てが明確になり、子どもたちの学びの姿が変わったように、作業学習でも同じことが必要だと感じる。

小、中、高のつながりの中で、子どもたちが自分の役割を果たす喜びや意欲を育み、高等部卒業後の社会生活の中で、自分なりの役割を果たし、それを実感しながら自分らしく生きていくことができるように、今、目の前の授業の中で、子どもたちの「誰かのために」という気持ちを大切にしていきたい。

引用文献

文部科学省（2018）特別支援学校学習指導要領解説
　　各教科等編(小学部・中学部)

Comments

　子どもたち一人一人の思いを大切に、生活科の内容「役割」などに焦点を当て、一貫した取組を進めてきた小学部生活単元学習の実践である。学習の具体的な様子が示された2つの実践からは、子どもたちの豊かな表情や思いが伝わってくる。今後は、生活単元学習の理解を一層深め、豊かな実践が積み重ねられることを期待したい。

実践報告

6 作業学習のポイント 30
～肢体不自由教育における作業学習の定着に向けた指導者育成のために～

東京都立八王子東特別支援学校主幹教諭　江見　大輔

「働きたいと思うだれもが働くことができる社会」の実現を目指し、平成27年度から肢体不自由特別支援学校高等部及び中学部の知的障害を併せ有する生徒の教育課程において、作業学習を実践している。肢体不自由のある生徒たちが仕事を「自分で考え、一人でできる」姿を実現し、社会に発信することで、生徒たちの「働きたい」という思いをふまえたキャリア発達の実現につなげることがねらいである。

平成31年度に着任した東京都立八王子東特別支援学校（以下、本校）でも、中学部及び高等部の知的障害を併せ有する生徒の教育課程において実践を続けている。

本稿では、これまでの実践の中から、作業学習を行うにあたって必要な環境設定や考え方を「作業学習のポイント30」としてまとめた。これを基に令和3年度から、本校中学部及び高等部において、作業学習の指導者の育成を図っている。

◆キーワード◆　作業学習、肢体不自由、環境設定、合理的配慮

1　はじめに

東京都の肢体不自由教育特別支援学校においても、近年、様々な作業学習実践が積まれている。しかし、作業学習に熱意のある特定の教員頼みのところがあり、その教員の異動に伴い、形式的に引き継がれていくだけという学校が多いように感じている。

筆者が8年前、前任の併置校の肢体不自由教育部門で作業学習を立ち上げた時には、同校の知的障害教育部門の実践を見て何とか始め、この間、大学教授や企業等様々な方からの助言を受けて、肢体不自由のある生徒たちの作業学習モデルを確立できたと感じている。

前任校を含めた8年間の実践や研究から、次の2つの成果が言える。

（1）肢体不自由のある生徒は、治具や支援具、環境設定の工夫で、支援者の手助け無しに仕事ができるようになる。

（2）（1）により、支援者の数を減らすことができる。

例えば4月年度当初、生徒10人に対して支援者5人が必要だった場合、1学期終わりには3人減らすことができるようになり、2学期終わりには4人減らすことができるようになる。年度後半には、安全管理のための教員1人だけでよい状況となる。

この2つの成果により、生徒の「働く姿」を具現化することができた。それは、直近の現場実習で生徒のセールスポイントになり、生徒のキャリアを切り開くことにつながった。

また、教員にとっても、教材研究時間増となり授業の充実につながる。

生徒が仕事を「自分で考え、一人でできる」姿を具現化することが、生徒自身のキャリアを伸長するだけでなく、授業が充実し、それはさらに生徒のキャリアの可能性を広げることへつながっていく。

だからこそ、本質的に作業学習を引き継いでいきたい、なんとか肢体不自由教育において作業学習を定着させていきたいと思い、これまで前任校在籍時から発信してきたことを再構成し、「作業学習のポイント 30」とし、指導者育成を開始した。

2 「作業学習のポイント 30」の内容

生徒が「自分で考え、一人でできる」状態になること、そのためにも、指導に必要な教員数をミニマム（できれば1人）にすることを目指した環境づくりに重点をおいたポイントである。また、30 ポイントはチェックリスト化しており、授業をチェック・採点することで、確実な授業改善につなげることができる。このポイントは肢体不自由教育に限ったものではなく、知的障害教育の作業学習においても共通すると考える。

【始めるにあたって】

肢体不自由特別支援学校の生徒たちの力を最大限引き出すための「作業種目」をどう決めていくか、というポイントである。

（1）各生徒の「特長」を整理する。肢体不自由のある生徒が「できること」に注目して作業内容・役割分担を設定する。作業種ありきではなく、生徒の「特長」を基に作業学習をデザインする。

（2）「ニッチな作業種」の開発を図る。肢体不自由のある生徒たちは規格通りの製品を大量生産することや、知的障害のある生徒のようにスピーディーに仕事を進めることは難しい。それを逆手にとって、「1点物」の製品などを開発できると社会に対してアピール力が高くなる。近年は、「SDGs」や「アップサイクル」製品が社会的にも注目されている。本校ではこれまで、「お菓子のパッケージを表紙に再利用した裏紙メモ帳製作」「顧客に応じて1枚から作成できる時刻表クリアファイル製作」などに取り組んできている。

【教室環境全体に関すること】

言語による指示より、視覚的指示の方が伝わるというのは、特別支援教育のみならず、あらゆる人の日常生活において実感されるところである。

作業学習の教室環境においても視覚的指示を用いることで、教師の言語指示を減らすことができる。また、作業中も生徒は常に情報を確認できる。

（3）「係分担表」を明示することで、生徒が作業ラインの中のどこに位置し、どんな役割を果たすのかが理解できる。

（4）「タイムスケジュール」を明示することで、仕事のペースを自分で考えて取り組むことができる。

（5）「出勤表」を明示することで、自分が出勤していることを伝え、同僚の出勤状況を誰もが把握できる。

（6）授業毎に全体での「今日の目標」を設定することで、作業班全体の意欲を高めること

ができる。

（7）生徒が言える「長期目標」（例「文化祭までに100個」）を掲示することで、モチベーションが維持できる。

（8）「納期」を明示することで、仕事への意欲が高まる。また、できる生徒は納期から逆算して（6）を設定できるようになる。

図1　教室環境の例

（9）「通算の出来高表」を全体で共有することで、（7）に対して達成状況を理解することができる。意欲の向上、作業ペース調整、モチベーション維持・向上につながる。

（10）「本時の出来高表」を全体で共有することで、作業終了時に今日の全体での成果を確認・共有できる。協働意欲が育まれる。（6）に対して達成できた時の達成感、チームとしての盛り上がり、一体感を感じる事は、仕事のやりがいや楽しさの実感につながる。

（11）「全体の工程表」を明示することで、作業班全体の工程、流れ、作業内容が一目でわかり、作業ラインにおける自分の位置づけや他の係とのつながりを理解・意識して仕事を

進めることにつなげることができる。

（12）「製品見本」を明示しておくことで、生徒が何を作ろうとしているのかをその都度意識できるだけでなく、製品規格を確認することもできる。

（13）教室内の各生徒の持ち場に「役割分担の掲示」をする。

　部外者が作業学習の教室に入ってきたときに、「何をどういう流れで進めているのか」がすぐにわかる工夫をしていれば、働いている生徒も全体の流れやその中で自分が果たしている役割を意識しやすくなる。

（14）「ユニフォーム」を着用する。生徒は着用することで仕事への意識を持ち、働く態度や言葉、姿勢で活動するようになる。協働意欲を高めることにもつながる。

（15）「美しく、機能的な作業空間」を構築することで、生徒たちが気持ちよく働き、仕事への誇りがもてるようになる。整理整頓された作業空間は、安全管理上も有効である。

【生徒一人一人の作業環境に関すること】

　肢体不自由のある生徒たちが社会で活躍する場を広げていくためには、授業での支援者数を少なくしていくことが必要である。

　「こういう工夫（＝合理的配慮）をすれば、一人で仕事をすることができます」という姿を学校が発信していくためのポイントである。

（16）生徒の特長を活かした作業工程・役割分担を行った上で、「治具・補助具・支援具」を個々の生徒に用意すれば、生徒が「自分で考え、一人でできる」ようになる。

　図2は、リモコン式の電動雲台（三脚や

一脚に装着してカメラを固定させるアクセサリー）を用いた検品装置である。「見る事が得意」「製品規格を理解して、製品の適・不適を判断できる」という特長の生徒が、これで検品を一人で行うことができた。

　リモコンに接続した入力スイッチの４つのボタンを手の甲で押し、雲台の上に乗せた製品を検品する。上下左右様々な角度から検品を行い、適なら右に雲台を傾け合格の器に入れる。不適ならば、左に傾けて不合格に器に入れるとして検品を行うことができた。

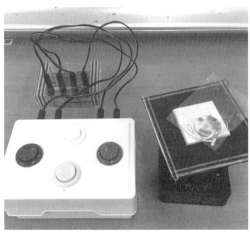

図２　リモコン電動雲台を活用した検品装置

(17)「誰にでも伝わる方法」を用意することで、効率的に仕事を進めることができるようになる。発声が難しい・不明瞭な生徒も、タブレット端末やVOCA装置、市販の呼び出しボタン等の支援機器を使うことで、「報告・連絡・相談」が確実にできるようになる（図３）。

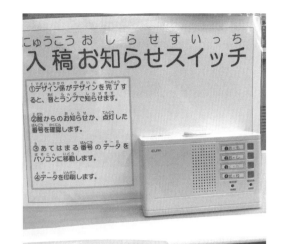

図３　前の係がデータを入稿した旨をスイッチで押すと、次の係は機器の点滅でデータ入稿がわかる

(18) 生徒の特性に応じて「刺激量の調整」を行うことで、集中しやすくなる。パーテーションで仕切ったり、道具や材料の配置を工夫したりすることで、無駄な動きや無駄な思考が無くなり、より仕事に集中しやすくなる。

(19)「係ごとの手順書」を用意することで、手順を確認しながら自分で仕事を進めることができる。また、手順を覚えても、常に傍らに掲示しておくことで、確認をする習慣を身に付けさせることもできる。

(20)「個人別出来高表」を各生徒に用意すると、各生徒の成果や目標に対する達成状況が明確になり、仕事への意欲が向上する。「個人別出来高表」が無いと、生徒を褒めることも評価することもできない。

(21)「規格」があることで、生徒は作業学習を仕事として取り組むことができる。「規格」の無い（業務の正解が無い）作業は、仕事ではなく創作活動や表現活動、お手伝いに過ぎない。

（22）作業の「準備」（道具や材料を用意する）、「片付け」（道具や材料をしまう）などを自分で行う仕組みを整えることで、より主体的に仕事を進める意欲を伸ばすことができる。

【記録・評価】

　生徒の働く意欲の向上と、教員の業務の効率化を図ることができる、

（23）「作業日誌」をつけることは、今日の作業への動機づけとなる。また「振り返り」や「自己評価」を行い、「評価」を受けることで自分自身を客観的に捉え、次につなげる動機づけとなっていく。生徒の長期間の変容も追うことができるポートフォリオともなる。

（24）「働く力の客観的な指標」を設定することで、生徒が自分の特長や課題を客観的に捉えることにつながる。また（23）による主観的な評価を補定する役割も担う。

（25）「社会からの評価」を得る機会を設定する。「製品が売れた」とは、自分たちの仕事が評価されたということである。「売れなかった」場合は、自分たちの仕事や製品を改善する必要があるということである。

　「特別支援学校で作った」という但し書きが無くても売れる製品（評価される仕事）にすることが、子どもたちのキャリアの実現、共生社会の実現に向けて我々に求められていることである。

【環境の一部としての教師について】

　作業学習において、教師は脇役・支援者となり、生徒が自主的に（時にリーダーとなって）仕事を進めていくことが望ましい。30のポイ

ントを踏まえることで、自然と、生徒が自分で考えて、一人でできる作業学習となっていくが、さらに教師が適切な支援の量を理解・実施することが必要である。

（26）教師が普段の指導とは異なる「仕事の服装」をすることで、生徒の仕事への意識を高めることができる。

　特別支援学校教員は、動きやすい服装をしていることが多いが、作業学習では一般的なビジネスマナーに準じた服装が望ましい。教員がいつもと違う服装をしていることで、生徒たちは多くを感じることができる。

（27）生徒への「接し方」「呼び方」は、職場の上司・同僚等の立場で行う。生徒がビジネスマナーを身に付ける契機となる。教師の言動が手本となり、生徒は職場における TPO に応じた言動を身に付けることができる。

（28）教師は意図的に生徒との「距離」をとる。肢体不自由特別支援学校において、教師は先回りして支援をしがちである。生徒と適正な「距離」を保つことで、生徒は、自分で考えて行動する力が育つ。また、まず自分でやってみよう、という前向きな気持ちも育つ。教師は、生徒と適正な距離・関係を保たない場合、生徒が自分で考え、一人で作業ができることへの阻害要因になり得る存在であることを自覚する必要がある。

（29）「教師が子どもの限界を決めない」ことで、生徒のキャリアの可能性を拓くことができる。

　「先生が子どもの限界を決めつけないでください。子どもたちの可能性はそこで閉じてしまうんですよ」―作業学習に取り組み始め

た頃、助言者の企業の方から言われた言葉である。

「できない」ではなく、「こうしたらできるのでは？」と考える癖をつけることが大切である。幸い、テクノロジーの進歩により、今まで「こういうことができたら」と思っていたことが次々とできるようになってきている（図4）。

作業学習において、他者から受けた助言についても最初から否定するのではなく、一度は試してみる。それが子どもたちのキャリアを切り拓くことにつながる場合もある。

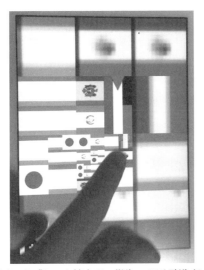

図4　タブレット端末で、指先一つでデザイン

(30)「各教科等を合わせた指導」として、各領域・教科とつないでいくことを常に意識し、行っていくことが、生徒たちのキャリアをより広げていくことになる。

3　おわりに

「本校では作業学習のポイント30」を基に、若手教員が主担当として授業を行っている。筆者は授業にSTとして入りつつ、製品開発を行ったり、一緒に必要な物を作ったり、二人三脚で進めている。

30のポイントをチェックリスト化し、定期的に実現状況を採点し、主担当と、「次にこれを用意しよう」と少しずつ確実に進んできている。

若手教員も手ごたえを感じてきているようで、自分の研究授業を「作業学習」で行う予定を立てている。

30のポイントすべてを単年度で実施することは厳しいが、年度末には「自分で考え、一人で仕事を進める」生徒の姿を最小限の教員数で見つめる状況を実現したいと願う。

参考文献

神代雅晴・三上行生・飯田憲一・渋谷正弘・長谷川徹也（2014）みんなで進める！職場改善ブック〜アクションチェックリストと目で見る改善事例．中央労働災害防止協会．

中川聰（2015）ユニバーサルデザインの教科書＜第3版＞．日経デザイン．

Comments

　肢体不自由教育において、意欲的・継続的に作業学習に取り組み、実践から得られたポイントを分かりやすくまとめた報告である。作業学習の定着のために、強い思いをもって若手教員の育成に取り組んでいることも伝わってくる。今後は、知的障害教育の文献等も活用し、作業学習のポイントや実践、指導者育成が一層充実することを期待したい。

実践報告

7

社会とつながり続ける学校をめざして
～SNSを活用した地域連携～

京都府立向日が丘支援学校教諭　杉木　紗矢香

　本校では、地域社会とともに歩む学校を目指して「地域社会連携部」を校務分掌として立ち上げた。児童生徒のキャリア発達において地域での活動は有効と考え、様々な実践に取り組んでいる。しかし現在、新型コロナウイルスが流行し地域の人々とのかかわりが遮断されてしまっている。その状況を打開するために「YouTube」という新たな媒体を利用しての取組を始めた。本稿では、これまでの地域との連携による実践及びYouTubeでの取組について報告する。

◆キーワード◆　肢体不自由、地域連携、ICT機器、自己選択、自己決定

1　はじめに

　本校は1967年、肢体不自由養護学校として開校した京都府内で三番目に歴史のある学校である。1979年からは、知的障害のある児童生徒を受け入れ、今年で開校55年を迎える。

　学校教育目標を「自分らしく　人とともに今を生きる力を」とし、恵まれた立地条件を更に活かすために地域社会とともに歩む学校を目指して、2018年度から「地域社会連携部」を校務分掌として立ち上げた。また、同年から2019年度の2年間「文部科学省特別支援教育に関する実践研究充実事業」の指定校として、地域社会と連携・協働した実践研究を進めてきている。

　新学習指導要領の基本的理念である「社会に開かれた教育課程」に「これからの時代に求められる教育を実現していくために、よりよい学校教育を通してよりよい社会を創るという理念を学校と社会とが共有する」という趣旨が示されている。この理念を具現化するためには、い

わゆる重度・重複障害や、障害が重度である（以下、重度重複障害）児童生徒にどのような取組ができ、地域の人々と、どのようにかかわりがもてるのかが課題であった。

　この課題を解決するために、担当する重度重複障害の生徒たちを対象に、生活単元学習を中心とした地域と連携する授業を行ってきた。しかし、新型コロナウイルスが流行しはじめてから、学校は保護者を含め地域の人々とのかかわりが遮断されてしまっている状況があった。その状況を打開するために「YouTube」という新たな媒体を利用しての取組を始めた。

2　地域と連携する授業作り
(1) 重度重複障害のある生徒のキャリア教育

　キャリア教育とは、「一人一人の社会的・職業的自立に向け、必要な基盤となる能力や態度を育てることを通して、キャリア発達を促す教育」（中央教育審議会，2011）と定義されている。筆者は重度重複障害のある児童生徒の社会

的・職業的自立に向け、育成を目指すべき力は「自己選択・自己決定」「コミュニケーション能力」と考えている。生徒は、自分の意見や気持ちを表現し相手に伝わるように表現することが難しいため、指導者が相手の思いを汲み取って決定している場面をよく見かける。しかし、本当に本人の意思なのか、指導者の主観が入り過ぎていないかと疑問に思うことがある。そこで、その生徒が自分なりの方法で選択、決定しそれを相手に伝えることが必要と感じている。

　これらの力を育むためには学校の中だけの活動にとどまらず、自分で選ぶ選択肢を増やすことや活動の場所・活動内容の幅を広げること、色々な人のかかわりを受け止め、自分の思いを伝えるような学習設定が必要である。そのためには、地域社会と連携した授業を行うことが有効だと考える。加えて、高等部卒業後、生徒たちは地域で生活をする。車椅子を利用する生徒たちにとって、卒業後利用できる地域資源の多さにより、生活の質も大きく変わってくる。いかに学校生活の中で地域の人々に生徒たちのことを理解してもらえるかが大きなポイントなってくる。そのため、以下のように授業作りの中で、地域との連携を工夫した。

　図1は、2020年度に取り組んだ「自分の街を紹介しよう」の単元計画表である。

次	時	活動内容	
1	1	「学校マップ作りをしよう①」・学校紹介ムービーを見よう・学校のクイズマップを作ろう。	学校内
	2	「学校マップ作りをしよう②」・学校のクイズマップを作ろう	
	3	「学校マップ作りをしよう③」・学校の良いところマップを作ろう。	
2	4	「自分たちの街マップ作り①」（小倉山荘）・街の施設について知ろう（インタビュー練習）	学校外での活動
	5	「自分たちの街マップ作り②」（施設見学：小倉山荘）	
	6	「自分たちの街マップ作り③」・街の施設について知ろう（マップ作り、事前学習）	
	7	「自分たちの街マップ作り④」（施設見学：ガソリンスタンド、TOYOTA）	
	8	「自分たちの街マップ作り⑤」・街の施設について知ろう（マップ作り、事前学習）	
	9	「自分たちの街マップ作り⑥」（施設見学：光明寺）	
	10	「自分たちの街マップ作り⑦」・街の施設について知ろう（マップ作り、事前学習）	
	11	「自分たちの街マップ作り⑧」（施設見学：ロビンガーデン）	
3	12	「マップを掲示しよう」	

図1　自分の街を紹介しようの単元計画表

写真1　インタビューする生徒

　本単元は、自分の身近な施設の名前や役割などをインタビューで聞き取り、マップで紹介するという内容である。最初は、自分たちが慣れている学校内の働いている人にインタビューし（写真1）、クイズマップにするという取組から始め、活動場所を地域へと広げていくように計画を設定し取り組んだ。

（2）「自分の街を紹介しよう」の取組について

　まず、地域社会連携部と授業の趣旨や目的を共有し、連携先に生徒の実態や学習の目的などを伝えてもらう事前準備を行ってから授業を開始した。その際に、生徒が使用する質問シートを準備した（図2）。質問は生徒たちが自らの言葉やICT機器を使って質問をする。そのためシートの1〜3の項目までを毎回固定の質問にし、4のみ、その施設の特徴にあった質問を生徒と指導者で考えることにした。

　生徒たちは、最初は知らない人とのかかわりに緊張している様子が見られたが、回数を重ねるごとに「ありがとうございました」と言えるようになり、名刺をもらう際には自ら

図2　インタビュー質問シート

手を伸ばす姿が見られるようになった。

　また、質問シートを使うことで生徒たちも見通しをもって活動にのぞむことができた。

　振り返りでは、生徒がインタビューをしている動画を使用した。すると、自分たちの活動の映像や音声から「ここは、○○って場所や、インタビューするとき緊張したわ」「インタビューしたときの部屋すごかった」とその時の様子を振り返る生徒がいた。また、視覚障害のある生徒は、動画に含まれる音や声を聞いて「ここは前に行った車屋さんや。今度、お母さんと一緒に行こうって言ってるねん」など自分の生活と結びつけることができた。自分たちの様子をヒントに状況を思い出し、次の活動への期待や自分たちの生活の広がりにつながったと考える。

写真2　友達と会話をしながら、撮影する様子

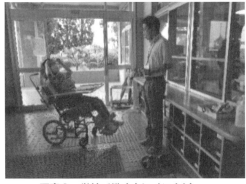

写真3　学校で働く人にインタビュー

写真4　ICT機器で撮影する様子

　連携にあたり、相手の方から「どのような生徒が来るのか」「どのように対応したら良いのか」という不安の声が聞かれたが、実際に地域の色々な場所へ赴き、接してもらう中で「ニコニコ笑顔で接してくれた。思ったよりいろいろなことができるんですね」「最初は緊張した表情でしたが、少しずつ笑顔になっていてホッとしました」「このような機械（ICT機器）はどのような仕組みですか？」（写真4）と、生徒たちへの印象も変わり、支援機器にも興味をもっていただく機会となった。

　重度重複障害のある生徒たちの、地域での活動は難しいと感じることも多いが、何度も繰り返し取り組むことで地域の人も接し方が変わってくる。地域の人々と協力して教育に取り組むことが互いを知り合う機会となり、生徒たちの深い学びや卒業後の生活へのスムーズな移行にもつながると感じた。

3　コロナ禍での地域連携～SNSの活用～
（1）コロナ禍での「学校」の存在について

　このような取組を続ける中、新型コロナウイルス感染症が流行し学校は休校を余儀なくされた。そうした状況の中で注目を浴びたのが

「YouTube」による動画配信授業である。生徒たちの学びを途絶えさせないために、学校から動画での授業を発信し続けた。その後、休校が解除されたものの、以前のような学校生活に戻ることは難しく、学習活動や学校行事に多くの制約があった。そのため、本校ではYouTubeチャンネルを開設し教育活動の配信を進めていった。

2021年度に入りYouTubeチャンネルを有効活用できないかと学級の中で話題になった。感染症が流行して1年経過していたが、校内外に多くの制約があった。そのような中で地域の方々や保護者に学校の様子を知ってもらうためにYouTubeが良いツールになると考え、以下のように学級での配信を行った（図3）。

①学級で取り組む授業を全て動画に録画する。

②週2本を目安に学校のYouTubeチャンネル「むこうがおかチャンネル」にアップする。

図3　YouTubeチャンネル

YouTube配信をするにあたり、動画が授業の一部分を切り取ったものになってしまうと誤解を招いてしまう可能性も高い。それを防ぎ関係者以外に教育活動を正しく知ってもらうために、誰が見ても意図が伝わるような指導・支援や声かけになっているか、言葉遣い等は適切か等を担任全員でチェックしながら検討を行った。

また、定点カメラを使用し様々な角度から撮影し、生徒が気にならない位置を検討し、自然な様子を動画に残せるように工夫した。

（2）YouTube配信の取組の結果について

YouTube配信をとおして以下のことが見られた。

①保護者

YouTubeを公開するにあたり、年度当初に保護者への説明を行った。SNSという不特定多数の人に見られる媒体には、メリットも数多くあるがデメリットもある。色々な状況を含め保護者の方とも意見を交わしながら進めていくように心がけた。動画を発信し始めると保護者の方から「動画を見て、歌は感情たっぷり歌っているんだなとか、腕の動かし方にも個性があるなと連絡帳では分からない色々な発見がありました」「動画を見た祖父母が、学校が大好きと言っていた理由がよく分かったわと言っていました」といった言葉を聞くことができた。

②他クラスの生徒

感染症に関する学校ガイドラインにより、クラスや学部を越えた生徒同士のかかわりを控えていることから、生徒同士の関係性も希薄になっていた。そのため生徒同士の理解が深まらない現状があった。しかし、YouTubeを見た他クラスの生徒たちが「○○くん、YouTube見たよ！頑張ってたね」「あの授業どんなんなん？また、見せて」と声を掛けてくれるようになった。また「○○ちゃん、あんなに上手に歌えるんやね」「おしゃべりむっちゃうまいね。またしゃべろう」と生徒への理解にもつながり、色々な場面でのかかわりがとてもスムーズになった。

③本人

YouTubeを活用することにより、家庭で一緒に上映会をして自分たちの取り組んでいる様

子を評価される機会が増えた。生徒の中にも「頑張っているところを、お母さんに YouTube で見てもらう？」と聞く様子も見られ、ある生徒は家族で動画を一緒に見た後、撮影場所を後日に保護者と一緒に訪れ、経験を共有したというエピソードもあった（写真5）。

写真5　撮影場所を探す生徒

④学級担任

　毎時間の授業を定点撮影し、その動画を見返し編集作業を行う。そして、その編集された動画を指導者全員で何度もチェックを入れる作業により、自分たちの立ち位置や声かけの回数などを見直す機会が増えた。その動画を題材に、担任同士で生徒の評価や授業の内容の検討等を自然に行うことができ、授業改善につながった。

⑤地域の方々

　地域の方々と連携を進める際に、生徒の実態を知ってもらうため YouTube チャンネルの動画を活用した。生徒の活動している様子を実際に見てもらうことで、連携する際のイメージをもってもらいやすくなった。また、教材等を提供していただく際にその教材をどのように活用したかなどの動画を実際に見てもらうことで、その後の連携をスムーズに進めることができた。

（3）YouTube 発信の取組を通して

　本実践では学校と外部のつながりを求め、YouTube の動画発信を行ってきた。しかし、動画を撮影していく中で、生徒たちの学習の中でも振り返りに活用できることがわかってきた。ある生徒は、家庭で保護者に「○○見たい」と伝え、家庭で授業の動画を見て楽しむ様子も見られている。また、卒業生の保護者からは、「卒業して学校とは疎遠になるかと思っていましたが、YouTube を通して学校の様子を知ることができ嬉しい」、卒業生自身からも「毎日チェックしています」「前、こんなことしてたね〜」と卒業生とのつながりもできつつある。

　YouTube は「誰でも見れる」「遠方や自分自身が現地に赴くことがなくても互いのことを知ることができる」といった利点がある。本実践を通して、YouTube の配信は学習のツールの一つとしても有効であると感じている。今後も、YouTube を使用した授業の動画配信を続けていき、様々な可能性を探っていきたい。

4　まとめ

　重度重複障害のある児童生徒に対するキャリア教育の中で育てたい力である「自己選択・自己決定」「コミュニケーション力」は地域の活動を通して、人とのかかわりや選択肢を増やせるような学習設定が必要だと考えていた。しかし、実際に上記のような設定のほか、「自分でできた」「通じた」と感じることや、「こんなことをやってみたい」「こんな人になりたい」と生徒自身が感じることも大切な要素だとわかった。

　生徒の中で、学校で通じていたことが地域の方々には通じない、練習したが上手くいかなかったということを経験した生徒がいた。そのような場面で、自分なりに工夫して何とか伝えようとしている姿や活動後に「なぜうまくいかなかったのかな」と振り返り、再度挑戦して成

功している姿を見ると、自身の中で試行錯誤しながら直面した困難な問題を解決することも、生徒にとっては重要な経験であると感じた。

このように、自ら試行錯誤した経験の中で「自分はできる」という自信をもつことや、自分で問題が解決できたという経験を積むことにより自己肯定感を高めることができると考える。自己肯定感が高まると、次の活動への意欲の高まりや、失敗してももう一度取り組んでみようと思う気持ちにもつながってくる。自分で問題解決する経験をした生徒の卒業後の姿を見ていると、進路先で困難なことがあっても「こうしたらできるかも」と提案をして、困難と向き合ったり、「自分はこんなことが得意だからできる」と自分から係に立候補したりするなど、学校での体験が卒業後の力につながっていると感じた。

SNSを活用した実践については、生徒が余暇の時間に自分たちの動画を見て過ごす姿や、授業の振り返りに使用できるなど、有効的な取組ではあると考えるが、生徒の大きな成長を捉えるためは長期的な視点が必要だと実践を通して感じた。一方で、発信を見た地域の方々や動画を通じて交流をもった人の意識は確実に変化していると感じる。SNSでの発信は、特別支援学校を知らない人や障害のある児童生徒との

かかわり方が分からないと感じている人への理解にもつながり、将来の生徒達の地域での生活を豊かにすることにつながっていくと考える。さらには、この積み重ねが共生社会への意識化へとつながっていくと考える。

この二つの実践を通して、地域の方々との直接的な交流、SNSを活用した間接的な交流を並行して取り組むことでキャリア教育の効果的な学びにつながっていくことを実感した。今後もこれらの取組を継続し、児童生徒のキャリア発達へとつなげていきたい。

最後に本稿の投稿に写真を提供いただいた保護者、関係者の方々に深く感謝を申し上げます。

むこうがおかチャンネルのぞいてみてください。

文献
京都府立向日が丘支援学校（2019）平成30年度・令和元年度文部科学省指定特別支援教育に関する実践研究充実事業 新学習指導要領に向けた実践研究研究報告書「地域社会との連携協働の下で創造する『喜びをともにする授業』－多様性は可能性－」.
文部科学省中央審議会（2011）今後の学校におけるキャリア教育・職業教育の在り方について（答申）.

Comments

コロナ禍の制約によるオンライン授業の実施を機に、学校のYouTubeチャンネルを開設した事例である。コンテンツの精査や守秘義務を踏まえた検討・調整は大変であり、学校全体をもっての努力と一体感が窺われる。

本稿で指摘するように、YouTubeは時間と場所を選ばずに視聴することができる。生徒が「出演」することで、在校生の間で、縦横にコミュニケーションが生じたという点は興味深い。こうしたかかわりの中に、キャリア発達支援の可能性もあるように思う。地域の人々を巻き込むことにも成功した「むこチャン」は、新しい時代の到来を予感するコンテンツとなっており、読者にも一度つないでいただきたい。

第 V 部

資料

「キャリア発達支援研究会
第8回年次大会」記録

キャリア発達支援研究会　第8回年次大会

1．大会テーマ

「いま、対話でつなぐ願いと学び　～キャリア発達支援の新たな広がりと深まり～」

2．大会概要

　　主　催：キャリア発達支援研究会

　　主　管：キャリア発達支援研究会第8回年次大会東京大会実行委員会

　　後　援：東京都教育委員会・東京都立特別支援学校長会

　　　　　　東京都特別支援学級・通級指導教室設置学校長協会

　　　　　　全国特別支援学校長会・全国特別支援学級・通級指導教室設置学校長協会

　　　　　　全国特別支援教育推進連盟、等

　　協　力：株式会社ジアース教育新社

　（1）　目　的

　　①　全国の特別支援学校や特別支援学級をはじめとする各校及び関係諸機関における実践や組織
　　　　的な取組について情報交換し、今後のキャリア教育の充実と改善に向けての情報を得る。

　　②　全国各地のキャリア教育の取組事例を基に研究協議を行い、今後の特別支援教育の充実に資
　　　　する具体的方策について検討する。

　（2）　期　日　　12月12日（土）12：30～17：00
　　　　　　　　　　12月13日（日）　9：30～13：00

　（3）　方　法　Web開催（zoom使用）

　（4）　日　程

1日目	
12:30～13:00	開会式・諸連絡　※会長挨拶・実行委員長挨拶
13:00～13:50	基調講演　東京都教育庁指導部特別支援教育指導課長／キャリア発達支援研究会 （前文部科学省視学官）　丹野　哲也　氏
13:50～14:00	休憩　書籍案内
14:00～15:30	記念講演　株式会社オリィ研究所　共同創設者代表取締役CEO　吉藤 オリィ　氏
15:30～15:40	休憩　書籍案内
15:40～17:00	ポスターセッション 　①子供たちの思いや願い　②授業改善とカリキュラムマネジメント 　③教員に求められる資質・能力とその育成 　④コロナ禍の新たな学び（ICT活用含む） 　⑤学校と地域の連携（社会に開かれた教育課程）
17:00～17:15	諸連絡　終了後情報交換会

2日目	
9:30 〜 9:45	話題提供及びグループセッションの説明等
9:45 〜 10:45	話題提供 ①願いを大切にする、障害の重い子供たちのキャリア教育 ②共に学び・共に生きる、多様性を活かすキャリア教育 ③キャリア教育のこれまでとこれから、学校と地域協働
10:45 〜 10:55	休憩
10:55 〜 12:05	グループセッション ※関心のある話題提供や職層等によるグルーピングによる協議
12:05 〜 12:15	休憩
12:15 〜 12:45	グループセッション全体共有
12:45 〜 13:00	閉会式 ※キャリア発達支援研究会副会長挨拶、実行委員会挨拶、次期開催地代表挨拶

（5） **参加者** 213名

3．主な内容

（1）基調講演

演題「キャリア発達を支援する教育の未来」〜学習指導要領に通底する「キャリア」の理念〜

講師：東京都教育庁指導部特別支援教育指導課長／キャリア発達支援研究会

（前文部科学省視学官）　丹野　哲也　氏

＊第Ⅱ部　第2章　講演報告を参照

（2）記念講演

演題　「分身ロボット OriHime による新たな働き方、社会とのつながり方について」

講師：株式会社オリィ研究所　共同創設者代表取締役 CEO　吉藤 オリィ　氏

＊第Ⅱ部　第2章　講演報告を参照

（3）実践発表

＊ポスターセッション一覧は次のページ

（4）グループセッション

＊第Ⅱ部　第3章　グループセッション報告を参照

キャリア発達支援研究会第8回年次大会東京大会

令和2年12月12日（土）：1日目
ポスターセッション
カテゴリー別発表者等一覧

ルーム		【ルーム1】		
カテゴリー		子供達の思いや願い		
運営担当支部		東北		
1回目	15:45 ～ 16:02	相田　泰宏	横浜市立上菅田特別支援学校	主幹教諭
		障害種・学校間を超えた進路指導への取組 ～すべての子どもたちへ「キャリア発達のチャンス」と「進路選択の自由」を～		
2回目	16:03 ～ 16:20	和田　茉莉子	名古屋市立南養護学校	教諭
		訪問教育におけるキャリア教育を考える ～生徒の願いに寄り添った場面設定の工夫を通して～		
3回目	16:21 ～ 16:38	滝本　南	横浜市立上菅田特別支援学校	教諭
		自分づくり・パスポート （横浜版キャリア・パスポート）上菅田特支 Ver について		
4回目	16:39 ～ 16:56	藤川　治也	青森県立むつ養護学校	教諭
		未来につなげ！子どもの『思い』や『願い』 ～「対話と気付き」、「可視化と共有化」に視点をあてたキャリア発達支援～		

ルーム		【ルーム2】		
カテゴリー		授業改善とカリキュラムマネージメント		
運営担当支部		北陸		
1回目	15:45 ～ 16:02	湯淺　真	宮崎県立みなみのかぜ支援学校	教諭
		高等部の課題解決に向けて ～教育課程改善と作業学習再編の検討より～		
2回目	16:03 ～ 16:20	小田　紀子	横浜市立上菅田特別支援学校	教諭
		卒業後を意識した進路学習 ～総合的な探究の時間から職業の授業へ～		
3回目	16:21 ～ 16:38	刀禰　豊	岡山県立岡山東支援学校	教諭
		支援を必要とする当事者への継続的なアプローチを目指す社会での支援体制の構築		
4回目	16:39 ～ 16:56	加嶋　みずほ	東京都立高島特別支援学校	主任教諭
		深い学びへのアプローチ ～目標と評価の一体化～ 国語・算数の授業改善、学校研究の推進を通して		

ルーム		【ルーム3】		
カテゴリー		教員に求められる資質・能力とその育成		
運営担当支部		中国四国		
1回目	15:45 ～ 16:02	佐々木　良治	広島県立三原特別支援学校	教諭
		「学びあいの場」の実践と中間結果報告 －第1～3回までのアンケート調査結果から－		
2回目	16:03 ～ 16:20	佐々木　貴子	横浜市立上菅田特別支援学校	主幹教諭
		ザ　チャレンジ -YOKOHAMA 上菅田らしいキャリア教育（自分づくり教育）の充実のために		
3回目	16:21 ～ 16:38	木本　恭嗣	静岡県立浜北特別支援学校	教諭
		現場の力が学校の力 ～学びあうことの楽しさ～		
4回目	16:39 ～ 16:56	太田　容次	京都ノートルダム女子大学	准教授
		インクルーシブ教育時代の教育現場に主体的・対話的に向かうことができる教員養成の実践		

ルーム		【ルーム4】		
カテゴリー		コロナ禍の新たな学び		
運営担当支部		関西		
1回目	15:45 ～ 16:02	鈴木　雅義	静岡大学教育学部附属特別支援学校	教諭
		COVID-19 感染症対策と学習支援 ～安定した生活支援と学びの保障のための対策及び構築～		
2回目	16:03 ～ 16:20	森　玲央名	京都市立白河総合支援学校	教諭
		コロナ禍における地域協働活動 ～ICTで「心を密」に～		
3回目	16:21 ～ 16:38	武　千夏也	横浜市立上菅田特別支援学校	教諭
		コロナ禍における進路学習の取り組み		

ルーム		【ルーム5】		
カテゴリー		学校と地域の連携 (社会に開かれた教育課程)		
運営担当支部		北海道		
1回目	15:45 ～ 16:02	西野　護	札幌稲穂高等支援学校	教諭
		地域協働活動の本質を考える ～福祉サービス科によるゴミ投げボランティアを通して～		
2回目	16:03 ～ 16:20	中塔　大輔	広島県立三原特別支援学校	教諭
		学校と地域の共生 ～地域共創活動の取組～		
3回目	16:21 ～ 16:38	檜山　祥芳	広島県立三原特別支援学校	教諭
		協働物語「わらしべ長者」 ～小さく始めて大きく育てる～		
4回目	16:39 ～ 16:56	石羽根　里美	千葉県立夷隅特別支援学校	教諭
		キャリア発達を支援する地域協働活動		

ルーム		【ルーム6】		
カテゴリー		その他授業実践		
運営担当支部		関東		
1回目	15:45 ～ 16:02	石井　幸仁	三重県立松阪あゆみ特別支援学校	教諭
		主体的・対話的で深い学びの視点に立った国語・数学・自立活動の授業実践		
2回目	16:03 ～ 16:20	岸本　信忠	岡山県立岡山東支援学校	教務主任
		中学部段階における作業学習の実践事例 ～働く力の連続性　作業学習の縦と横のつながりを考える～		
3回目	16:21 ～ 16:38	鈴木　雅義	静岡大学教育学部附属特別支援学校	教諭
		発達障害でミソフォニア症状を有する特別支援学校高等部生徒のキャリア発達を促す包括的支援方法の開発		

キャリア発達支援研究会機関誌

「キャリア発達支援研究 8」

【編集委員】

編集委員長　菊地　一文（弘前大学大学院教育学研究科教授）

編集副委員長　杉中　拓央（小田原短期大学保育学科専任講師）

坂本　征之（国立特別支援教育総合研究所研修事業部主任研究員）

清水　潤　（秋田県教育庁特別支援教育課指導班主任指導主事）

武富　博文（神戸親和女子大学発達教育学部准教授）

滑川　典宏（国立特別支援教育総合研究所情報・支援部総括研究員）

松見　和樹（千葉県教育庁教育振興部特別支援教育課指導主事）

【編集協力委員】

太田　容次（京都ノートルダム女子大学現代人間学部准教授）

柴垣　登　（岩手大学教育学部教授）

竹林地　毅（広島大学大学院人間社会科学研究科准教授）

深谷　純一（東京都立高島特別支援学校校長）

松本　和久（岐阜聖徳学園大学教育学部教授）

若松　亮太（広島県立呉南特別支援学校教諭）

【執筆者一覧】

第Ⅰ部
論説1

菊地　一文（弘前大学大学院教育学研究科教授）

論説2

飯野　順子（NPO法人地域ケアさぽーと研究所、社会福祉法人天童会秋津療育園理事長）

1　和田茉莉子（名古屋市教育センター指導主事）
2　関戸優紀子（横浜市立若葉台特別支援学校教諭）
3　片岡　愛　（広島県立広島特別支援学校部主事）
4　石井　幸仁（三重県立松阪あゆみ特別支援学校教諭）

第Ⅱ部
第1章、第4章

東京大会実行委員会

第2章　講演記録

丹野　哲也 氏（東京都立久我山青光学園統括校長、前東京都教育庁）

吉藤　オリィ（健太朗）氏（株式会社オリィ研究所 共同創設者代表取締役 CEO）

参加者の感想
　石羽根里美（千葉県立夷隅特別支援学校教諭）
　吉原　恒平（広島県立福山北特別支援学校部主事）
　渡部　英治（島根県立松江緑が丘養護学校教頭）
　竹田　憲功（東京都立高島特別支援学校主任教諭）

第3章
　1　下山　永子（青森県立森田養護学校教諭）
　2　原　　智彦（あきる野市障がい者就労・生活支援センターあすくセンター長）
　3　広兼千代子（広島大学大学院人間科学研究科）
　　　若松　亮太（広島県立呉南特別支援学校教諭）
　総括　菊地　一文（弘前大学大学院教育学研究科教授）

第Ⅲ部
　1　柳川公三子（富山県立富山総合支援学校教諭）
　2　相畑　利行（青森県立むつ養護学校教頭）
　3　川島　民子（滋賀県立野洲養護学校教頭）
　4　土居　克好（愛媛大学教育学部附属特別支援学校教諭）
　5　橋田喜代美（高知県立山田特別支援学校高等部主事）
　6　湯淺　真　（宮崎県立みなみのかぜ支援学校教諭）
　総括　武富　博文（神戸親和女子大学発達教育学部准教授）

第Ⅳ部
　投稿論文
【実践報告】
　若松　亮太　（広島県立呉南特別支援学校教諭）
　檜山　祥芳　（広島県立三原特別支援学校教諭）
【資料】
　尾島　幼子　（小田原短期大学保育学科非常勤講師）

実践報告
　1　小田　紀子　（横浜市立上菅田特別支援学校教諭）
　2　森　玲央名　（京都市立白河総合支援学校教諭）
　3　木本　恭嗣　（静岡県立浜北特別支援学校教諭）
　4　加瀬　恵　　（千葉県立千葉聾学校教諭）
　5　會田　晃子　（福島県立いわき支援学校教諭）
　6　江見　大輔　（東京都立八王子東特別支援学校主幹教諭）
　7　杉木紗矢香　（京都府立向日が丘支援学校教諭）

キャリア発達支援研究会機関誌「キャリア発達支援研究」

■編集規程

1. 本誌は「キャリア発達支援研究会」の機関誌であり、原則として1年1号発行する。
2. 投稿の資格は、本研究会の正会員とする。
3. 本誌にはキャリア発達支援に関連する未公刊の和文で書かれた原著論文、実践報告、調査報告、資料などオリジナルな学術論文を掲載する。
   (1) 原著論文は、理論的または実験的な研究論文とする。
   (2) 実践報告は、教育、福祉、医療、労働等の分野における実践を通して、諸課題の解決や問題の究明を目的とする研究論文とする。
   (3) 調査報告は、キャリア発達支援の研究的・実践的基盤を明らかにする目的やキャリア発達支援の推進に資することを目的で行った調査の報告を主とした研究論文とする。
   (4) 資料・レポートは、その他資料性の高い研究論文とする。
   (5) 上記論文のほか、特集論文等を掲載する。
   　　特集論文：常任編集委員会（常任理事会が兼ねる）の依頼による論文とする。
   　　上記の論文を編集する際は、適宜「論説」「実践報告」等の見出しをつけることがある。
4. 投稿論文の採択および掲載順は、編集委員会の査読をもって決定する。また、掲載に際し校閲・校正を行い、論旨・論拠の不明瞭な場合等において、編集委員が内容を補筆することがある。
5. 掲載論文の印刷に要する費用は、原則として本研究会が負担する。
6. 原著論文、実践報告、調査報告、資料等の掲載論文については、掲載誌1部を無料進呈する。
7. 本誌に掲載された原著論文等の著作権は本研究会に帰属し、無断で複製あるいは転載することを禁ずる。
8. 投稿論文の内容について、研究課題そのものや記載内容、表現方法において、倫理上の配慮が行われ、その旨を論文の文中に示す必要がある。

■投稿規程

1. 投稿する際は、和文による投稿を原則とする。
2. 原則としてMicrosoft Wordにより作成し、A4判用紙に40字×40行（1600字）で印字された原稿の電子データ（媒体に記憶させたもの）を提出すること（Eメール可）。本文、文献、図表をすべて含めた論文の刷り上がり頁数は、すべての論文種について10ページを超えないものとする。提出した電子データは、原則として返却しない。
3. 投稿時は、投稿論文のデータが下記の5点を満たしていることを十分に確認の上、送付すること。
   ① 投稿者情報　氏名・所属・投稿を希望する細目（例・原著論文）・論文タイトル・住所・eメールアドレスを記載する。
   ② 図表　白黒印刷されることを念頭に、図と地の明瞭な区分のできるもの、図表の示す意味が明瞭に認識できるもの、写真を用いる場合はできるだけ鮮明なものとする。図表や写真の番号は図1、表1、写真1のように記入し、図表や写真のタイトル、説明とともに一括して別紙に記載する。また、本文中にその挿入箇所を明示する。写真や図、挿絵の掲載、挿入に当たっては、著作権の侵害にあたるコンテンツが含まれないよう十分確認する。
   ③ 脚注　必要がある場合は、本文中に1）、2）・・・・のように上付きの通し番号で註を付し、すべての註を本文と文献欄の間に番号順に記載する。
   ④ 印刷の体裁について、常任編集委員会に一任することを承諾する。
   ⑤ 研究倫理　研究対象者のある場合は、先方よりインフォームド・コンセントを得られたものとする。ならびに、投稿者に所属先のある場合は、その承認を得られたものとする。

■投稿先

ジアース教育新社
〒101-0054 東京都千代田区神田錦町1-23 宗保第2ビル
TEL 03-5282-7183　FAX 03-5282-7892
E-mail：career-development@kyoikushinsha.co.jp
（Eメールによる投稿の場合は件名に【キャリア発達支援研究投稿】と記すこと。

キャリア発達支援研究 8

いま、対話でつなぐ願いと学び
ーキャリア発達支援の新たな広がりと深まりー

令和 3 年 12 月 22 日　初版第 1 刷発行

編　　著　キャリア発達支援研究会
　　　　　会長　森脇　勤
発 行 人　加藤　勝博
発 行 所　株式会社ジアース教育新社
　　　　　〒 101-0054　東京都千代田区神田錦町 1-23　宗保第 2 ビル
　　　　　TEL：03-5282-7183　FAX：03-5282-7892
　　　　　（https//www.kyoikushinsha.co.jp/）

■表紙・本文デザイン・DTP　株式会社彩流工房
■印刷・製本　株式会社日本制作センター
Printed in Japan

ISBN978-4-86371-610-0